W9-BVH-567

José Escarpanter

INTRODUCCION A LA MODERNA GRAMATICA ESPAÑOLA

PLAYOR

DOMINE SU LENGUAJE

Prohibida la reproducción parcial o total de
este libro sin previo consentimiento escrito
de sus editores.

DECIMO CUARTA EDICIÓN, 1988
© EDITORIAL PLAYOR, S. A., 1979
    Dirección postal: Apartado 50.869 Madrid
    Dirección oficina central: Santa Clara, 4
    28013 Madrid. Tel. 241 28 02
    Diseño de cubierta: J. A. Pérez Fabo
    ISBN: 84-359-0191-2
    Depósito legal: M-28.622-1988
    Impreso en España / Printed in Spain
    Talleres Gráficos Peñalara
    Ctra. Villaviciosa a Pinto, km. 15,180
    Fuenlabrada (Madrid)

Índice

ÍNDICE DE ILUSTRACIONES

1. La lengua española

El español es la lengua oficial de España, Argentina, Uruguay, Chile, Perú, Bolivia, Ecuador, Venezuela, Colombia, Panamá, Costa Rica, Honduras, Nicaragua, El Salvador, Guatemala, México, Cuba, la República Dominicana, Puerto Rico, Paraguay y Filipinas, hallándose en franca decadencia en este último país.

El castellano es hablado, además, por grandes núcleos de población de origen hispano en el sur de los Estados Unidos (California, Arizona, Nuevo México y Texas), existiendo importantes colonias de hispanohablantes en las ciudades de Nueva York, Miami y Chicago. Se calcula en unos 20 millones los habitantes de Estados Unidos que, por razones de su origen, poseen algún dominio del español o se expresan primordialmente en esta lengua.

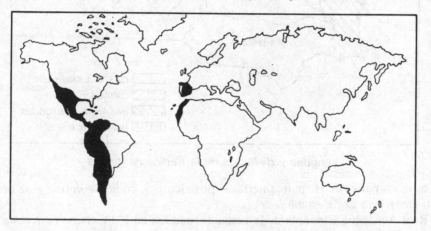

Cerca de 200 millones de personas hablan la lengua española en todo el mundo.

Los judíos expulsados de España en 1492 llevaron el idioma español a las regiones donde se establecieron y junto con sus tradiciones religiosas lo mantuvieron vivo en el seno de las familias, modalidad conocida hoy por el nombre de *judeo-español* o *sefardí*. Este español fosilizado, reducido a comunidades pequeñas incrustadas en sociedades de otras lenguas, apenas ha evolucionado y resulta hoy de gran interés por conservar muchos de los rasgos del español del siglo XV. Se encuentran importantes colonias de judíos que hablan *sefardí* en los países balcánicos (Yugoslavia, Bulgaria y Grecia) y en Turquía, Israel, Norteamérica y Marruecos.

El español ocupa el tercer lugar entre las principales lenguas del mundo, con un total de 200 millones de hablantes. Lo superan el chino, con 490 millones, y el inglés, con 310 millones. Le siguen en importancia el ruso, con 140 millones de hablantes, el alemán, con 98 millones, y el portugués, con 77 millones.

1.1. Español o castellano

Nuestro idioma recibe dos nombres: *español* y *castellano*. Ambas denominaciones tienen validez y vigencia. *Español,* porque es la lengua oficial de España y de los países pertenecientes a la llamada antes América Española y, modernamente, Hispanoamérica. *Castellano,* porque tuvo su nacimiento en la región de Castilla y porque en España, además de esta lengua, se hablan otras: el catalán, el gallego y el euskera o vascuence.

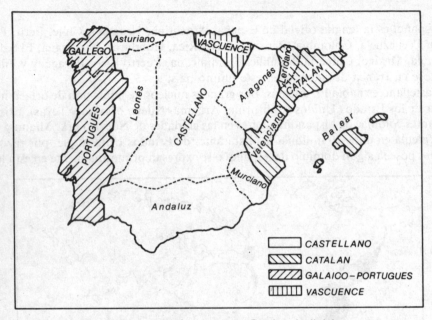

Lenguas y dialectos de la Península ibérica

En muchos países de Hispanoamérica —por ejemplo, en la Argentina— se prefiere el término *castellano* al de *español.*

La Real Academia Española de la Lengua, fundada en 1713, llamó *castellano* al idioma hasta 1923, fecha en que cambió esta denominación por la de *español.*

1.2. Origen y difusión de nuestra lengua

El castellano es una de las lenguas que se formaron de la evolución del *latín vulgar* durante la Edad Media, como el francés, el italiano, el gallego-portugués, el rumano y el romanche, que es una de las cuatro lenguas de Suiza.

Los romanos poseían dos clases de latín: el *culto,* usado para escribir y en la oratoria, y el *vulgar,* empleado en la conversación cotidiana y por los grupos de bajo nivel cultural. Frente al latín *culto,* que se mantuvo estático, fijo en la lengua escrita, el *vulgar* evolucionó mucho hasta llegar a mostrar profundas diferencias morfológicas, léxicas y sintácticas con el primero.

Se conoce con el nombre general de *Romania* la parte del mundo antiguo cuyas lenguas actuales proceden del latín y las lenguas derivadas del latín vulgar reciben el nombre de *neolatinas, romances* o *románicas.*

La Península ibérica, conquistada por los ejércitos de Roma, adoptó el latín como lengua y pasó a formar parte del Imperio Romano. Antes de esta invasión iniciada en el año 218 a. J. C. y concluida en el 19 a. J. C., se hablaban varias lenguas que desaparecieron, excepto el euskera, que ha permanecido hasta nuestros días, con literatura oral hasta el s. XVI y escrita desde 1545.

La evolución del latín en la Península ibérica dio lugar en el Medievo a varias lenguas que fueron, de oeste a este, el gallego, el astur-leonés, el castellano, el navarro-aragonés y el catalán. Entre éstas, las que alcanzaron un mayor florecimiento en el orden gramatical y literario fueron el castellano, el catalán y el gallego.

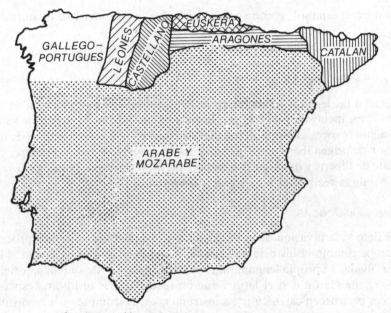

La expansión del dialecto castellano en 1072

La hegemonía política de Castilla en el siglo XV determinó el predominio de su idioma sobre todas las demás lenguas de España. Pero se conservaron con absoluta autonomía el euskera, el gallego y el catalán. El gallego y el catalán no deben ser considerados dialectos del español. Son lenguas hermanas del castellano, al igual que las otras mencionadas (el francés, el italiano, el portugués y el rumano).

Con el descubrimiento, la conquista y la colonización de América y algunas islas de Oceanía por los ejércitos de Castilla, el español se extendió por esas lejanas tierras y de ello resulta que actualmente el castellano se habla en casi todos los países hispanoamericanos y en las islas Filipinas.

1.3. La procedencia del léxico

Hemos afirmado que el castellano nació de la evolución del latín vulgar. Por tanto, la estructura gramatical de nuestro idioma es completamente latina y la mayor parte de su vocabulario está formado por palabras de esa lengua, más o menos evolucionadas. Por ejemplo:

LATÍN	ESPAÑOL
pater	*padre*
manus	*mano*
rosa	*rosa*
oculus	*ojo*
flamma	*llama*

Pero también el español, como sucede con todos los idiomas, se ha nutrido de otras lenguas.

Entre los idiomas que han influido en el español se encuentran:

LAS LENGUAS PRERROMANAS

Llámase así a las lenguas habladas en la Península ibérica antes de haber sido extinguidas todas ellas, menos el euskera, por la creciente importancia del latín. Estas lenguas han legado algunas voces al español, muchas de ellas recogidas en nombres de lugares (topónimos). Son de origen ibero el sufijo *-rro: ba-rro, pe-rro, ce-rro,* o nombres como *Elvira* (procedente de Iliberis y que significa ciudad nueva) o *izquierda* (análoga al vasco *ezquerra*). Estas palabras reciben el nombre de *prerromanas.*

LAS LENGUAS GERMÁNICAS

Hacia el siglo V, la invasión de la Península por los pueblos germanos procedentes del norte de Europa cambió la historia de España. Aunque estos grupos sabían el latín y terminaron por olvidar su propia lengua, muchas de las palabras de su lengua original —*germanismos*— se mezclaron con el latín y fueron incorporadas al idioma español.

Estas voces pertenecen casi siempre a instrumentos, costumbres y usos distintos de los existentes en el mundo romanizado. Los germanos dejaron en la lengua española términos de legislación, como *gabela* y *feudo,* otros de carácter militar, como *guerra, guardia, espuela, robar, botín, tropa, estribo, brida, yelmo, guante, dardo, estoque,* y de costumbres domésticas: *escanciar, guisar, brasa.* Otra aportación importante fue la de nombres propios, como *Álvaro* (todo prevenido), *Fernando* (atrevido en la paz), *Rodrigo* (poderoso en la guerra), *Gonzalo, Ernesto, Luis, Matilde.*

EL ÁRABE

La permanencia de los árabes en España, iniciada con la invasión en el 711 y terminada en 1492 con la caída del reino de Granada, dio lugar a que en esos siglos en que se alternaban las guerras y los períodos de paz pasaran multitud de vocablos árabes —*arabismos*— a las lenguas neolatinas que se formaban en la Península, sobre todo por la superioridad de la civilización y la cultura árabes en comparación con la de los cristianos españoles.

El castellano recogió más de 4.000 palabras árabes, unas de carácter bélico, como *adalid, atalaya, alfanje, alcázar, alférez;* otras, voces referentes a la agricultura: *alberca, acequia, aljibe, noria, alcachofa, acelga, berenjena, arroz, zanahoria, aceituna, azafrán, azú-*

car, algodón, tahona, azahar, azucena; palabras sobre la industria y el comercio: *alfarero, taza, jarra, alfiler, marfil, almacén, almoneda, tarifa, aduana;* voces de vivienda o de vestidos: *arrabal, barrio, aldea, zaguán, alcoba, azotea, almohada, alfombra;* palabras de orden jurídico: *alcalde, albacea;* voces científicas: *cifra, álgebra, química, alambique, elixir, jarabe;* nombres de lugares o toponímicos: *Alcalá* (castillo), *Guadiana* (río Agna), *Guadalquivir* (río grande), *Medina* (ciudad), *Guadalajara* (río de las piedras).

La influencia del árabe se advierte también en numerosos rasgos fonéticos del español. Uno de los más característicos es el sonido de la *j,* que no aparece en otros idiomas neolatinos o romances.

EL GRIEGO

Esta lengua clásica ha influido en la formación del léxico científico y técnico y su importancia no ha decrecido con el tiempo, pues continuamente se incorporan nuevas palabras al español que tienen su origen en voces griegas, como ha ocurrido con *televisión* en las últimas décadas.

Las palabras castellanas procedentes del griego reciben el nombre de *helenismos,* y se forman siguiendo estas cuatro posibilidades:

a) con prefijos: *anti* (contra) > *antídoto.*
b) con sufijos: *itis* (inflamación) > *bronquitis.*
c) con voces compuestas: *Antropología* < *antropos* (hombre) y *logos* (tratado).
d) con palabras derivadas de raíces griegas: *catártico, catarsis* (purificación).

Hay que tener en cuenta que miles de palabras latinas, de las cuales se han derivado palabras españolas, proceden a su vez de la lengua griega, como *aula, tragedia, fábula.*

EL FRANCÉS

El idioma francés ha influido en varios momentos de la historia de la lengua española. Como consecuencia de las relaciones entre ambos países durante los tiempos medievales, el español recibió en esa época muchas palabras francesas, que reciben el nombre de *galicismos* al penetrar en nuestro idioma. Entre las incorporadas en la época medieval se encuentran: *homenaje, mensaje, fraile, monje, manjar, vinagre.* En épocas posteriores, sobre todo en el siglo XVIII, el francés continuó proporcionando otras muchas voces al español: *paje, jardín, cofre, bajel, hotel, sargento, equipaje, bufanda, gabinete, detalle, funcionario, brillar, broche, banquete.*

EL ITALIANO

La importancia del arte italiano en el Renacimiento y la dominación de muchos territorios de esa región por la corona española en los siglos XVI y XVII hicieron que el español se enriqueciera con muchas voces de origen italiano —*italianismos*— como: *diseño, fachada, bizarro, campeón, novela, soneto, banca, charla, clientela, escopeta.*

LAS OTRAS LENGUAS NEOLATINAS PENINSULARES

La vecindad de las otras lenguas romances habladas en el territorio español ha determinado la inclusión de muchas palabras suyas en el vocabulario castellano. Proceden del gallego-portugués: *capullo, chubasco, sarao, morriña, bandera, biombo, mermelada, caramelo*. Estas palabras reciben el nombre de *lusismos* o *lusitanismos*. El catalán ha legado *paella, faena, retal*, entre otras muchas. Estas.últimas se llaman *catalanismos*.

LAS LENGUAS INDÍGENAS AMERICANAS

Así como España llevó al continente americano su idioma, éste ha aportado a la lengua española multitud de vocablos de sus distintas lenguas, que en una primera etapa correspondían a fenómenos privativos de las regiones americanas, como los nombres de la flora y la fauna y los accidentes climáticos, como *tabaco, chocolate, tiburón, huracán, patata, tomate*. Posteriormente las peculiaridades americanas se han extendido a un campo mayor al que dedicaremos una referencia especial. Todos estos vocablos reciben el nombre de *americanismos*.

EL INGLÉS

Los progresos en la industria y la intensificación del comercio en el mundo anglosajón en el siglo XIX determinaron que a partir de esa época muchos términos del idioma inglés penetraran en la lengua española, fenómeno que se ha incrementado en el presente siglo. Estas palabras se llaman *anglicismos*. Proceden del inglés voces como *vagón, bistec, tranvía, club, cheque, tatuar, túnel, raíl, yate*.

1.4. La evolución del castellano

El idioma castellano tuvo su origen en la región cantábrica, entre el alto Ebro y el alto Pisuerga, al norte de la Península ibérica. Desde sus primeras manifestaciones preliterarias (las *Glosas Emilianenses* y las *Glosas Silenses*[1]), esta lengua se diferenció de los otros romances peninsulares por presentar características fonéticas *progresivas* y *distintas*.

Progresivas porque su fonética evolucionó mucho más que las otras lenguas: el castellano presentó, por tanto, un mayor dinamismo en su fonética. *Distintas* porque las transformaciones que se verificaron en él no se ajustan a las normas de los restantes idiomas de la Península.

Los rasgos más destacables del castellano en relación con el latín y los demás romances son:

a) Cambio de la *f-* inicial por *h* aspirada, parecida a una *j* suave, que más tarde desapareció, aunque se conserva en la escritura.

LATÍN	CATALÁN	GALLEGO	ASTURIANO	CASTELLANO
filium	*fill*	*fillo*	*fiu*	*hijo*

---

[1] Se llama «glosas» a las explicaciones puestas al margen de cualquier escrito. Estas glosas son anotaciones en romance castellano a textos escritos en latín, que servían para ayudar a los monjes a comprender las obras latinas. Las *Glosas Emilianenses* fueron escritas en el monasterio de San Millán de la Cogolla, en la región de la Rioja, hacia el siglo X. Las *Glosas Silenses* fueron halladas en el monasterio de Silos, cerca de la ciudad de Burgos, y se suponen coetáneas de las anteriores.

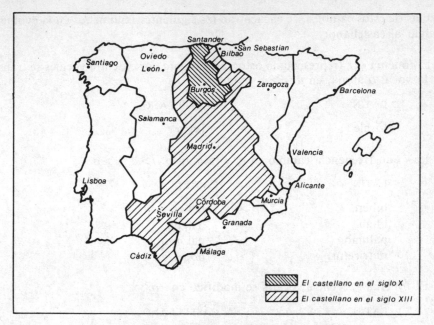

La expansión del dialecto castellano en 1300

b) El grupo latino *-li + vocal* se convierte en una *j* en castellano, pero en las demás lenguas peninsulares da *ll* o *y:*

LATÍN	CATALÁN	GALLEGO	ASTURIANO	CASTELLANO
mu*li*erem	mu*ll*er	mu*ll*er	mu*y*er	mu*j*er

c) El castellano diptonga la *o* y la *e* tónicas del latín: *ó > ue, é > ie.*

LATÍN		GALLEGO		CASTELLANO
*c*orpus	>	*c*orpo		c*ue*rpo
*f*errum	>	*f*erro		h*ie*rro
*n*ovu(m)	>	*n*ovo		n*ue*vo

d) Transformación de los diptongos latinos *ai* y *au: ai > e* y *au > o.*

LATÍN		CASTELLANO
carr*ai*ra	>	carr*e*ra
g*au*diu	>	g*o*zo

e) Palatalización de la *l* en las combinaciones iniciales latinas *pl, fl, cl.*

LATÍN		CASTELLANO
*pl*enus	>	*ll*eno
*fl*amma	>	*ll*ama
*cl*amare	>	*ll*amar

Además de estos cambios, se encuentran los siguientes fenómenos en la evolución del latín vulgar al castellano:

f) El fonema /k/ (representado ortográficamente por *c),* entre vocales se transformó en *g,* y la vocal *o* átona, en *u: c > g, o > u.*

LATÍN		CASTELLANO
lŏcale	>	lugar

g) La *i* con frecuencia cambió en *e;* y la *u* en *o: i > e, u > o.*

LATÍN		CASTELLANO
bibere	>	beber
lingua	>	lengua
palumbu	>	palomo
nutrice(m)	>	nodriza

h) El fonema /p/ entre vocales se modificó en /b/:

LATÍN		CASTELLANO
sapere	>	saber
riparia	>	ribera
aperire	>	abrir

i) Las consonantes *p, b,* y *v* se transformaron en *b* en castellano antiguo y ésta pasó a ser *u* modernamente:

LATÍN		CASTELLANO ANTIGUO	MODERNO
debita	>	debda	deuda
cīvitate	>	cibdad	ciudad

j) La *s* se convirtió en *x* y posteriormente en *j:*

sucu	>	xugo	>	jugo
sapone	>	xabon	>	jabón

k) La *s* líquida (antepuesta a otra consonante) cambió en *es:*

sculpere	>	esculpir
sphaera	>	esfera
sperare	>	esperar

l) La *t* intervocálica se transformó en *d:*

vita	>	vida
rota	>	rueda
catena	>	cadena

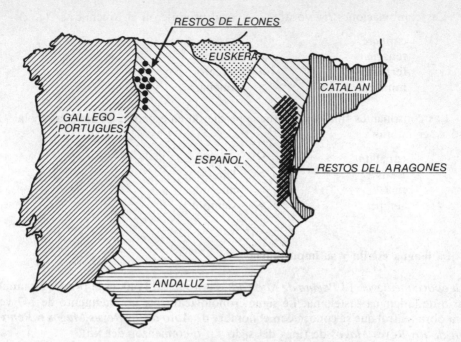

La lengua española hoy

m) El grupo consonántico *ct* se cambió en *ch:*

la*ct*e	>	le*ch*e
nŏ*ct*e	>	no*ch*e
pĕ*ct*u	>	pe*ch*o

n) A menudo la combinación *ult* se modificó en *uch:*

c*ŭltĕ*llu	>	c*uch*illo
m*ult*u	>	m*uch*o

o) Las combinaciones *gn, ng, mn* y *nn* produjeron la *ñ:*

ara*gn*ea	>	ara*ñ*a
do*m(i)n*a	>	do*ñ*a
pi*nn*a	>	pe*ñ*a
li*gn*um	>	le*ñ*o
so*mn*u(m)	>	sue*ñ*o
aut*ŭmn*u	>	oto*ñ*o

p) La combinación *di* + *vocal* dio lugar a la *y*, y a veces a la *z:*

ra*dia*re	>	ra*y*ar
gau*diu*	>	go*z*o

q) Las combinaciones *ti* + vocal y *ci* + vocal produjeron el fonema /z/ (c, z):

cap*ti*are	>	ca*z*ar
tena*cia*	>	tena*z*a
ter*ti*arius	>	ter*c*ero
mina*cia*	>	amena*z*a

r) Las consonantes finales del latín se perdieron en español, excepto la *-s* y la *-l*. La *-r* pasó a ser interior:

caballu*m*	>	caballo
Deu*s*	>	Dio*s*
me*l*	>	mie*l*
sempe*r*	>	siemp*r*e

1.5. La lengua escrita y su importancia

La época medieval. El *Poema de Mio Cid,* escrito hacia 1140, es el primer monumento literario de la lengua castellana. Le sigue cronológicamente un fragmento de 147 versos de una obra teatral que se conoce con el nombre de *Auto de los Reyes Magos* o *Representación de los Reyes Magos* de fines del siglo XII o comienzos del XIII.

Estos textos y otros que se han conservado de la misma época, como *Razón de amor, con los denuestos del agua y del vino,* y *La vida de Santa María Egipciaca,* revelan que no existía una norma lingüística que diera uniformidad al idioma escrito. Estos textos presentan muchos *giros localistas* procedentes de la región en que fueron compuestos. Por ejemplo, el *Poema de Mio Cid* tiene muchos aragonesismos, así como *La vida de Santa María Egipciaca.*

En el siglo XIII el romance castellano es ya empleado en la poesía y la prosa cultas y se convierte en lengua oficial en el reinado de Fernando III, que une los reinos de Castilla y León.

El primer poeta de nombre conocido es Gonzalo de Berceo. Berceo utiliza la estrofa de la *cuaderna vía,* compuesta por cuatro versos de catorce sílabas con una sola rima consonante, y pertenece a la escuela llamada del *mester de clerecía,* opuesta a la del *mester de juglaría.* Esta última era de espíritu popular, mientras que la primera tenía una intención culta. Al *mester de juglaría* pertenece el *Poema de Mio Cid.* Por esa intención culta, en la poesía de Berceo aparecen muchas palabras tomadas directamente del latín, que reciben el nombre de *cultismos.*

El verdadero creador de la prosa castellana es Alfonso X el Sabio aunque se conservan obras escritas en español anteriores a su labor, como *Calila e Dimna,* conjunto de relatos de origen indio, una traducción de la Biblia y la traducción del *Forum judicium (Fuero Juzgo).*

La importancia de Alfonso X el Sabio reside en que intentó conseguir libros de todas las partes del mundo y mandó *traducir al castellano* los más importantes. Ante las vacilaciones y ambigüedades que presentaba la nueva lengua, el rey decidió que se siguiera el uso y la norma del idioma hablado en Toledo.

Con la labor de Alfonso X, el léxico se enriqueció con la incorporación de muchos neologismos que pertenecen al ámbito científico, nunca antes empleados en el lenguaje vulgar, y la sintaxis alcanzó una mayor flexibilidad con la introducción de numerosos nexos conjuntivos.

En el siglo XIV el idioma español amplía sus registros con dos figuras fundamentales: el Infante Don Juan Manuel, sobrino de Alfonso X, y Juan Ruiz, arcipreste de Hita.

Don Juan Manuel fue el primer escritor castellano que se preocupó de dar a sus obras un sello estilístico personal. Su prosa consigue una mayor naturalidad y soltura sintáctica que la de su tío. Su obra más importante es *Libro de Petronio* o *Conde Lucanor,* el primer libro de cuentos original de la Edad Media.

El arcipreste de Hita es autor del *Libro de buen amor,* obra miscelánea escrita en verso con gran variedad de estrofas, en la que predomina la mencionada «cuaderna vía». Este libro sobresale por su humorismo, que le otorga al lenguaje literario en verso una frescura popular que no había aparecido todavía en ningún poeta anterior.

El siglo XV presenta la transición de la etapa medieval a la época renacentista. En cuanto al desarrollo del español, en esta centuria hay un gran aumento de la producción literaria y la fonética va sentando los caracteres que regirán en el español actual.

La lengua de la literatura que se cultiva ofrece dos vertientes: una culta, presente en la poesía cortesana, y otra popular, espontánea y fresca que se prodiga en la prosa y el verso *(El Corbacho* del Arcipreste de Talavera, el *Romancero).* Ambas expresiones coexisten a lo largo de la época y llegan a fundirse en una obra excepcional de la literatura española: *La Celestina* o *Tragicomedia de Calisto y Melibea* de Fernando de Rojas, publicada en 1499.

Todavía en aquellos tiempos se vacilaba en la pronunciación de algunas vocales, en el empleo de la *e* final y en la pronunciación de algunas consonantes. Existían también algunos sonidos que hoy han desaparecido del español moderno, como por ejemplo:

ç   (*ts*) braço, començó
x   (*sh*) baxo, traxo
s   (sonora) case
z   (*dz*) vezino, fazer
j,g (*j* francesa) oreja, mugier
h   (*h* aspirada) *harina*

Entre las características ortográficas y fonéticas del español de entonces destacan:

a)   La presencia de muchas consonantes iniciales dobladas:

    *ss*on las *rr*osas

b)   La terminación del participio pasivo era en muchas ocasiones *udo* en vez de *ido:*

    sab*udo*   conosc*udo*   entretend*udos*

c)   Se usaba el verbo *haber* con la significación de *tener:*

    el cuerpo *ha* muy grant.

d) Se utilizaba la *u* con oficio de *v* y viceversa:

a*v*n (a*u*n)	na*u*es (na*v*es)
*v*na (*u*na)	pro*u*echo (provecho)

e) Algunas palabras se usaban según el sonido inicial de la palabra que las seguía:

do*n* Elvira (doña)	*el* espada (la)

f) El participio pasivo concordaba con el complemento directo:

la lan*ç*a a quebrad*a*   (la lanza ha quebrado)

g) Se usaba el artículo delante del pronombre posesivo:

la tu fermosura me puso en prisyon

h) Se fundían sonidos de varias palabras en una sola:

d*e*stos (de estos)

En los siglos siguientes, el XVI y el XVII, el idioma español logra su plena madurez lingüística y literaria. Es la época conocida en la literatura como Edad o Siglo de Oro, aunque en realidad abarca más de cien años. En el terreno político es el momento de la hegemonía española en el panorama mundial. La lengua castellana se convierte en la más importante de la época y el término *español* va sustituyendo al de *castellano*.

En esa lengua comienzan a escribirse obras de contenido filosófico y científico que hasta ese momento se habían redactado en latín, por considerarse esta última la lengua del conocimiento y la sabiduría.

En el orden fonológico, el castellano en este período presenta una serie muy compleja de cambios y reajustes. En un principio se siguen las normas del habla de Toledo, pero más tarde se prefieren los fonemas generales de Castilla la Vieja.

Los fonemas de entonces son ya los que posee la lengua en nuestros días, salvo pequeñas excepciones, como la conservación de la *ç* con sonido de *ts,* que evolucionó al fonema /θ/ (c, z) en el siglo XVIII. La *h* aspirada, parecida a la *j,* perdió su sonido en el siglo XVI.

Renacimiento y Barroco. El ámbito literario del siglo XVI se caracteriza por la escuela renacentista y el XVII por el predominio del estilo barroco. El estilo renacentista sobresale por la mesura, la ponderación y el equilibrio: se busca en todo momento una compenetración entre fondo y forma. El barroco, por el contrario, se recrea desmesuradamente en la forma y gusta del juego de palabras y significados.

En la primera escuela encontramos las figuras de Garcilaso de la Vega, Santa Teresa de Jesús, Fray Luis de León, San Juan de la Cruz y Miguel de Cervantes.

En la segunda hay dos tendencias: el *culteranismo* y el *conceptismo*.

La escuela culterana empleó abundantes palabras latinas *(latinismos)* e hizo uso desmedido del *hipérbaton* o alteración del orden habitual de las palabras en la oración. Su principal cultivador fue Luis de Góngora.

El conceptismo se dedicó a experimentar sobre la semántica con malabarismos de ingenio. Francisco de Quevedo y Villegas, poeta y prosista, es su figura más importante.

A fines del siglo XVII la literatura española experimenta una profunda decadencia, coetánea con la pérdida de la hegemonía política y militar del país. Al morir Carlos II, el último de los monarcas de la dinastía de los Austrias, sin dejar sucesión, la corona española pasa a manos de la familia de los Borbones, de procedencia francesa.

Este hecho y el extraordinario florecimiento de la literatura francesa en aquella época producen en la lengua española la incorporación masiva de *galicismos*. Este fenómeno es combatido por muchos autores que defienden el casticismo en el idioma.

En 1713 se crea la Real Academia Española de la Lengua, institución que llega hasta nuestros días, para la defensa y codificación del idioma.

La Academia, que adoptó el lema de «Limpia, fija y da esplendor», compuso un *Diccionario de Autoridades,* en el que cada vocablo definido va acompañado de una breve cita de un autor clásico español que subraya el uso del término y la exactitud de su definición, editó su *Gramática castellana* y una *Ortografía,* que puso fin a la anarquía existente todavía en la lengua escrita.

El *Neoclasicismo* es el movimiento que define a la literatura de este siglo, caracterizado por el empeño de establecer la sensatez y el buen gusto en el lenguaje literario. Este propósito le llevó a crear un estilo frío y rígido, sometido a estrechas reglas de composición.

El *Romanticismo,* aparecido a principios del siglo XIX, buscó derrocar los cánones del Neoclasicismo anterior por el camino de la exaltación de los sentimientos, con lo que amplió el campo de la expresión lingüística. El *Realismo,* que le sustituye como escuela importante a mediados del siglo, conecta con la vena popular típica de la literatura española desde el *Poema de Mio Cid,* y el grupo de escritores de la llamada *Generación del 98* y los de la escuela modernista, ambas de finales del siglo XIX, enriquecen el idioma con deslumbradores juegos de color y ritmo y con una profundidad científica que han contribuido a considerar esta época como la Edad de Plata de la literatura española.

Esta etapa se extiende hasta el presente siglo con la llamada *Generación del 27,* compuesta de brillantes poetas.

En nuestros días existe un florecimiento literario que ha producido excelentes maestros en el dominio de la lengua, la Real Academia ha abandonado sus criterios tradicionales y ha incorporado al idioma las aportaciones americanas y se advierte un notable auge de los estudios científicos sobre la lengua española, tanto en los países hispanohablantes como en otros, como Estados Unidos y Francia.

1.6. El español en América

La lengua culta castellana que se habla y se escribe en América es casi la misma que se usa en España. La diferencia de algunos vocablos que se emplean en zonas específicas no logran quebrantar la unidad profunda del idioma. Millones de hombres a un lado y otro del Atlántico poseen un común ideal de lengua.

En cambio, el idioma popular y familiar ofrece variedades dialectales, regionales y locales en los numerosos países que componen Hispanoamérica, al igual que ocurre en España. Pero puede afirmarse que estas diferencias son menores en el continente americano, pese a su extensión, que en la Península ibérica.

Los españoles, a menudo, no son justos en la aceptación de las peculiaridades americanas, porque la lengua es un patrimonio común y no habla «mejor» un labrador andaluz, por ser español, que un campesino venezolano: ambos hablan un español determinado por contextos históricos diferentes.

Pero puede ocurrir que ciertos vocablos hispanoamericanos sean más conformes con el espíritu del idioma que los que se hallan en España. Esto ha sido declarado por el español Dámaso Alonso, ex-presidente de la Real Academia Española de la Lengua, con motivo del término *grabadora,* usado en América, frente a los vocablos aplicados en España: *magnetofón* o *magnetófono,* y *estacionamiento* frente a *aparcamiento.* O puede ocurrir lo contrario, como es el caso de la palabra *chance,* muy difundida en América, mientras que los españoles utilizan *oportunidad,* más apropiada.

Y es que el idioma no es algo que esté fijado para siempre, sino un organismo vivo que evoluciona por un proceso en el que participamos *todos* los hablantes.

La unidad del idioma se robustece mediante la difusión cultural. Otro elemento unitario es la divulgación de la literatura española e hispanoamericana en todos los territorios. Un hecho importantísimo se ha producido en los últimos tiempos con el florecimiento de la narrativa hispanoamericana, que ha desplazado el interés literario de España hacia América y ha tenido repercusión internacional, más allá de las fronteras del idioma.

Otro elemento a ser tenido en cuenta es la labor conjunta de la Real Academia Española y las Academias nacionales de América, que trabajan para hallar soluciones léxicas comunes y dirigir la evolución coherente del idioma.

Las diferencias que presenta el español en América se refieren al campo fonético, al morfológico, al semántico y al sintáctico. Estos rasgos peculiares se produjeron por la influencia de las distintas lenguas indígenas y por el origen de los conquistadores que se establecieron en las regiones americanas.

En el terreno fonético, las características más importantes son las siguientes:

a) *seseo,* o sea, pronunciación del fonema /θ/ *(c, z)* como /s/.
b) *yeísmo,* que es la pronunciación de la *ll* como *y.*
c) *aspiración o pérdida de la -s final de sílaba:* mohca por mosca.
d) confusión mutua de *r* y de *l:* pie*l*na por pierna; so*r*dao por so*l*dado.
e) *aspiración de la h- inicial procedente de f- inicial latina:* *j*ilo por *h*ilo (procedente del latín *filum*).

Todos estos rasgos son comunes al dialecto andaluz, que ejerció una decisiva influencia en los tiempos posteriores al descubrimiento de América, por ascender el número de los andaluces emigrantes al 60 por ciento del total de los españoles y portugueses que fueron a América hasta 1519, y el número de las andaluzas al 67 por ciento de las mujeres.

Todos los fenómenos fonéticos mencionados más arriba se encontraban ya en pleno desarrollo a fines del siglo XV en Andalucía y en las islas Canarias.

En cuanto a la morfología:

a) El *voseo:* uso de *vos* en lugar de *tú* y de *ti,* en grandes zonas que comprenden Argentina, Uruguay, Paraguay, América Central y una parte de México (estado de Chiapas). Este fenómeno tiene su origen en un estado de cambio que sufrió el castellano de España hacia 1500. El *tú* era usado para el trato familiar y con inferiores. Para el tratamiento de respeto se empleaba el *vos,* sustituido poco después por *vuestra merced,* que evolucionó en el actual *usted.* Así *vos* cayó en desuso en España, donde se fijó el sistema *tú-vosotros/*usted-ustedes. Al propagarse *usted* por América fue *tú* la forma que quedó relegada en algunas zonas y *vos* pasó a ocupar su lugar para el trato familiar. El sistema imperante en las zonas de *voseo* es:

SINGULAR	PLURAL
vos (familiaridad)	*ustedes* (en ambos casos)
usted (respeto)	

El uso de *vos* es compatible con *te: vos te debés lavar.*

Vos afecta en la acentuación a la forma verbal que acompaña y con ello a la antigua vocal tónica, que ya no diptonga.

vos sabés
vos tenés   y no tienes
vos rogás   y no r*ue*gas

b) Numerosas formas de aumentativos y diminutivos: *platita* (dinero), *ranchito, cansazo, suavecito, merito.*

c) Variaciones de género inhabituales en España: *comedianta, bachillera, el llamado, la insultada, la conversada.*

En el aspecto léxico:

a) Uso frecuente de frases especiales: *recién, ¿cómo no?, ¿cómo le va yendo?, no-más.*

b) Abundancia de colectivos: *muchachada, criollada, caballada, carnerada, mujerero.*

c) Supervivencia de arcaísmos: *ponerse bravo* por enfadarse; *pollera* por falda.

d) Incorporación de extranjerismos: *rentar,* en México, por alquilar, que procede de *to rent,* inglés; *carro,* por coche o automóvil, que procede de *car,* del inglés.

En el terreno semántico se encuentran acepciones distintas en voces ya conocidas: *prometer,* por asegurar; *escobilla,* por cepillo; *cueriar,* por azotar, *guapo,* por valiente.

En el orden sintáctico:

a) Sustitución en algunos países de Centroamérica del futuro por la expresión *va + presente: No me des el dinero, porque va y se me pierde.*

b) Hipérbaton en las Antillas, en las oraciones interrogativas: *¿Qué tú quieres?* y no *¿Qué quieres tú?*

EJERCICIOS 1

1. La lengua española

1.1. Explique por qué pueden usarse indistintamente los términos de *español* y *castellano* aplicados a nuestro idioma.

1.2. Además del español o castellano, ¿qué otras lenguas se hablan en la Península ibérica?

1.3. Explique las diferencias entre el latín culto y el latín vulgar.

1.4. ¿Qué es la Romania?

1.5. ¿Qué nombre reciben las lenguas derivadas del latín?

1.6. ¿Qué países en América tienen el español como lengua oficial?

1.7. ¿A qué se llama *judeo-español* o *sefardí*? ¿Cómo se formó y dónde se habla?

1.8. ¿Qué otras lenguas, además del latín, han colaborado en la formación del castellano?

1.9. Clasifique, consultando el libro de texto, estas palabras por su procedencia:

arroyo	novela	tragedia
cerro	jardín	antídoto
alcázar	túnel	feudo
espuela	tiburón	mensaje

taza	caramelo	biombo
aula	álgebra	campeón
fábula	detalle	fachada
algodón	yate	cheque
estribo	guerra	vinagre
alfarero	botín	bandera
atalaya	aduana	huracán
azotea	Rodrigo	banquete
centinela	Antropología	alcoba
paella	guardia	química
manjar	azúcar	barrio
chocolate	marfil	patata

1.10. Explique los cambios sufridos en las siguientes palabras latinas al pasar al español:

lignum	leño	farina	harina
pĕctu	pecho	autumnu	otoño
vita	vida	clave	llave
plorare	llorar	sapere	saber
lingua	lengua	ferrum	hierro
corpus	cuerpo	inter	entre
martius	marzo	nocte	noche
multu	mucho	plovere	llover
sperare	esperar	petra	piedra
debita	debda (deuda)	bonu	bueno

palumbu	palomo	somnu(m)	sueño
bibere	beber	catena	cadena
cŭltĕllu	cuchillo	clamare	llamar
flamma	llama	semper	siempre
civitate	cibdad (ciudad)	causa	cosa

1.11. ¿Cuál es el primer monumento literario de la lengua castellana y de qué fecha?

1.12. ¿Bajo qué rey se convierte el castellano en lengua oficial?

1.13. Explique brevemente los siguientes conceptos:

mester de clerecía

mester de juglaría

cuaderna vía

cultismo

1.14. ¿Quién es considerado como el creador de la prosa castellana y por qué?

1.15. ¿Qué significación posee el Infante Don Juan Manuel dentro de la prosa castellana?

1.16. Señale brevemente la importancia de Juan Ruiz, arcipreste de Hita.

1.17. ¿Qué fenómenos caracterizan la lengua española del siglo XV?

1.18. La obra cumbre de la literatura española en el siglo XV:

1.19. Características principales de la lengua castellana en el llamado Siglo de Oro.

1.20. Rasgos más importantes de la literatura renacentista y figuras principales.

1.21. Rasgos más importantes de la literatura barroca y figuras principales.

1.22. Explique brevemente el *culteranismo*. ¿Quién fue su representante máximo?

1.23. Explique brevemente el *conceptismo*. ¿Quién fue su representante máximo?

1.24. Causas de la decadencia de la literatura española a fines del siglo XVII.

1.25. ¿En qué fecha y con qué fin se fundó la Real Academia Española de la Lengua?

1.26. Características principales del *Neoclasicismo* literario.

1.27. ¿Qué representó el *Romanticismo* frente al *Neoclasicismo*?

1.28. Según algunos críticos e historiadores, ¿cuál es la Edad de Plata de la literatura española?

1.29. Señale los principales rasgos fonéticos que diferencian el español de América del de España.

1.30. Cite y explique las peculiaridades morfológicas más importantes del español en América.

1.31. Cite algunas modificaciones semánticas del español en América.

1.32. Mencione algunos rasgos sintácticos que se advierten en el español de América.

2. Las aportaciones lingüísticas del siglo XX

En el siglo XX se ha producido una verdadera revolución en el campo de los estudios gramaticales y lingüísticos. Como consecuencia de ello, la lingüística, que durante siglos fue una rama de la filosofía y la gramática y, más tarde, una parte de los estudios filológicos, hoy en día es una ciencia avanzada, a pesar de que su existencia como disciplina autónoma es muy reciente.

2.1. La lingüística y los signos verbales

La lingüística se ocupa del lenguaje articulado oral, no del escrito. El lenguaje escrito es el objeto de estudio de la filología.

El lenguaje articulado oral es uno de los medios que posee el hombre para expresarse y poder comunicarse con sus semejantes.

Los medios que utiliza el ser humano para expresarse son de una variedad asombrosa: la literatura, la pintura, la danza y las señales de tránsito son sólo algunos de los muchos que existen y pueden existir.

En todos estos ejemplos de la capacidad de comunicación del ser humano se utilizan *signos,* es decir, manifestaciones de alguna manera codificadas bajo principios más o menos convencionales.

Para que se produzca la comunicación lingüística es indispensable que existan dos sujetos sometidos a un código común que les sirve de nexo. Los elementos de este nexo son las *palabras,* que, a su vez, pertenecen de antemano a la experiencia vivida por cada uno de los interlocutores. El emisor selecciona y combina las palabras que estima adecuadas para transmitir su mensaje al receptor.

La lingüística se dedica al estudio de estos *signos verbales.* Se interesa por la pronunciación, la selección, la ordenación y la significación relativa de todos ellos mediante el análisis del mayor número de datos que sea posible aportar.

El lenguaje oral siempre se produce a través de una lengua específica y sujeta a un *espacio,* un *tiempo* y un *hombre.* Estos tres condicionantes *(espacio, tiempo y ser humano)* son fundamentales en la vida del lenguaje y son los que originan las variedades de las lenguas. De la consideración conjunta de estos tres elementos nace la lingüística en todas sus formas y consecuencias.

2.2. La gramática tradicional y sus postulados

La lingüística, como hemos señalado antes, nació como disciplina auxiliar primero de la filosofía y, después, de todas las restantes ciencias humanas aplicadas. Cuando el estudio teórico de las lenguas clásicas (el griego y el latín) se convirtió en objeto de reflexión y, luego, de enseñanza, nació la gramática, regida por los mismos principios de la lógica filosófica.

La lingüística y la gramática tradicional estudian el mismo objeto, pero desde puntos de vista diferentes.

La gramática tradicional responde a los siguientes postulados:

MAYOR IMPORTANCIA DE LA LENGUA ESCRITA SOBRE LA LENGUA HABLADA

Esta idea nace como consecuencia de la admiración que los griegos de la etapa helenística (siglos IV-I a. J. C.) tuvieron hacia los autores griegos de la época clásica (siglo V a. J. C.). Se creyó que la lengua hablada era «inferior» y que la gramática tenía como propósito impedir las incorrecciones de la lengua coloquial. Este supuesto ha perdurado en la enseñanza gramatical hasta nuestros días; y se ha manifestado en el hecho de que los gramáticos defienden la existencia de sus reglas con ejemplos extraídos de la literatura y no del habla común.

CREENCIA DE QUE LA LENGUA ALCANZA UNA ETAPA DE MÁXIMA PERFECCIÓN, A LA QUE ES NECESARIO AJUSTARSE

Esa etapa fue, para los griegos, la literatura homérica; para los latinos, la literatura de la época de Augusto. Para los hispanohablantes que siguen estos principios, la culminación se produjo en el llamado Siglo de Oro y llegan casi a ejemplarizarlo exclusivamente en la obra de Miguel de Cervantes.

LA GRAMÁTICA ENSEÑA A HABLAR Y A ESCRIBIR

El carácter normativo que muestra la gramática tradicional es consecuencia de los postulados anteriores. Ella se define como «ciencia que enseña a hablar y a escribir correctamente una lengua».

LAS CATEGORÍAS DEL LENGUAJE CORRESPONDEN A LAS DEL PENSAMIENTO LÓGICO

Esta idea tiene su raíz en que los primeros estudios gramaticales, como hemos dicho, nacieron en Grecia relacionados con las investigaciones lógicas.

Se creyó, pues, que las categorías lógicas correspondían con las que podían hallarse en la lengua griega. Así, a la categoría lógica de *sustancia* correspondía la gramatical de *sustantivo;* a la de *accidente,* la de *adjetivo;* a la de *acción,* la de *verbo,* etcétera.

En la Edad Media y en los siglos XVI y XVII se produjo una acentuación de este paralelismo lógico-gramatical y llegó a establecerse que todas las lenguas tenían una misma gramática. Los diferentes idiomas se distinguirían entre sí por variaciones accidentales, debajo de las cuales podría descubrirse siempre una misma estructura especial.

2.3. La gramática comparada y la teoría del árbol genealógico

La gramática tradicional dedicada a la descripción y clasificación de hechos cayó en descrédito durante el siglo pasado. Se puso en tela de juicio su carácter científico, pues carecía de leyes. Éstas sólo son posibles cuando se produce la regularidad en los fenómenos observados, y todo en el lenguaje parecía como asistemático, irregular y anómalo.

En esta etapa de grandes descubrimientos y progresos de las ciencias naturales que fue el siglo XIX, la fuerza de los principios gramaticales establecidos parecía inconsistente.

Pero a fines del siglo XVIII varios investigadores habían llegado a la conclusión de que el sánscrito, antigua lengua sagrada de la India, guardaba relaciones con el griego y el latín. De este descubrimiento se originó la llamada gramática comparada, dedicada a comparar entre sí lenguas próximas y remotas para definir parentescos y familias. Nació así la *teoría del árbol genealógico* enunciada por Schleicher, según la cual existió un primitivo idioma desaparecido —el indoeuropeo— del cual, como las ramas cada vez más abundantes, pequeñas y distantes de un árbol, surgieron multitud de lenguas que a su vez dieron origen a otras.

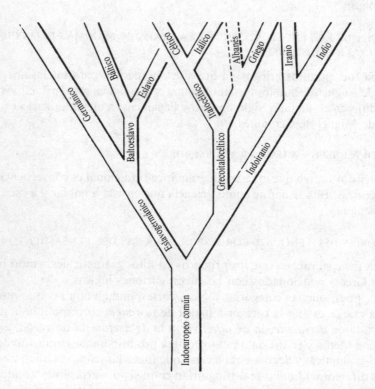

El tronco común indoeuropeo. (De Lingüística, hoy, *de Ramón Cerdá Massó)*

Según esta teoría, al tronco indoeuropeo pertenecían el sánscrito, el griego, el latín, el germánico y el eslavo. A su vez de estas lenguas se gestaron otras, como sucedió efectivamente con el latín, que dio lugar al grupo de las lenguas neolatinas o romances.

2.4. La gramática histórica o diacrónica

Como consecuencia de las teorías de la gramática comparada nació la gramática histórica o diacrónica. Las comparaciones de las distintas lenguas arrojaron que entre los sonidos de las palabras equivalentes de los idiomas de una familia había correspondencias constantes. Jacobo Grimm en 1822 destacó que las lenguas germánicas tenían una *f* en posiciones donde las otras lenguas indoeuropeas tenían una *p*.

	LATÍN	GRIEGO	SÁNSCRITO	GERMÁNICO
Así, *pie*	*pedis*	*podos*	*padas*	*fotus*

También las lenguas germánicas tenían una *p* donde otras tenían una *b;* una *z* donde otras presentaban una *t,* etc.

Estas regularidades hacían posible establecer *leyes de correspondencia* entre unas lenguas y otras; y *leyes de evolución* entre una lengua y sus dialectos.

Por ejemplo, el grupo latino *kt* había evolucionado de la siguiente manera en las lenguas romances:

LATÍN	ITALIANO	FRANCÉS	PORTUGUÉS
fa*ct*o	fa*tt*o	fa*it*	fe*it*o
no*ct*e	no*tt*e	nu*it*	no*it*e

CATALÁN	ESPAÑOL
fe*it*, después f*it*	fe*it*o, después he*ch*o
nu*it*, después n*it*	no*it*e, después no*ch*e

Estos casos permiten enunciar la siguiente ley: «El grupo *kt* latino evolucionó en *tt* en italiano, en *it,* en catalán y en castellano esta *it* se transformó posteriormente en *ch*.»

Investigaciones y leyes de esta clase concedieron a la lingüística un carácter *científico* que no presentaba la gramática tradicional. La lingüística en el siglo XIX se hizo, pues, *histórica* o *diacrónica*.

Los principales cultivadores de esta tendencia recibieron el nombre de *neogramáticos*. Los neogramáticos defendieron la tesis de que las leyes fonéticas poseían la misma regularidad que las leyes de la naturaleza. Uno de ellos, Scherer, afirmaba en 1875: «Los cambios fonéticos... proceden según leyes inmutables, que sólo admiten variación para someterse a otras leyes.»

2.5. La renovación de Saussure: el estructuralismo científico

Interesados en los estudios diacrónicos, los lingüistas despreciaron las restantes investigaciones sobre el lenguaje que no fuesen evolutivas. La gramática continuó siendo normativa y siguió aferrada a sus viejos postulados, comentados antes.

Esta situación cambió radicalmente con Ferdinand de Saussure (1857-1913), el creador del *estructuralismo lingüístico*.

Saussure se había formado dentro de la gramática comparada e histórica y publicó importantes trabajos sobre esta disciplina en su juventud, pero en los últimos veinte años de su vida fue elaborando sus apreciaciones personales sobre el lenguaje, insatisfecho de las bases poco sólidas de los neogramáticos.

La muerte le hizo imposible la publicación de estas investigaciones, pero sus discípulos en la Universidad de Ginebra, Charles Bally y Albert Séchehaye, compusieron con los apuntes de clases su *Curso de lingüística general,* publicado en 1916 en nombre del maestro.

Las ideas principales de Saussure se oponen a los principios de la gramática tradicional.

IMPORTANCIA MAYOR DE LA LENGUA HABLADA SOBRE LA LENGUA ESCRITA

Saussure afirma: «La palabra hablada es la que constituye por sí sola el objeto de la lingüística.» Atender sólo a la escrita, como hace la gramática tradicional, es como pensar que «para conocer a alguien es mejor mirar su fotografía que su cara».

LENGUAJE, LENGUA Y HABLA

Saussure establece divisiones muy claras entre estos tres fenómenos.

EL LENGUAJE

Es para él la capacidad de comunicación mediante signos orales (y escritos). Pero el hecho lingüístico es muy complejo. En él intervienen —como hemos comentado al principio de este capítulo— factores fónicos, acústicos, fisiológicos, individuales, sociales, etc. Saussure opina que si la lingüística se ocupara del *lenguaje* no podría ser una ciencia independiente, sino una compleja masa de actividades referentes a otras ciencias (física, acústica, fisiología). Para que la lingüística sea una ciencia independiente es necesario que se dedique a estudiar un objeto que le corresponda a ella sola. Según Saussure este objeto es la *lengua.*

LA LENGUA

Según Saussure, está formada *por un sistema de signos* que sus hablantes aprenden y conservan en su memoria. Es, por tanto, un código formado por signos.

EL HABLA

Es el acto personal en el cual un hablante, extrayendo del código los signos y las reglas que precisa en aquel momento, emite un mensaje.

La *lengua* es, por tanto, *inmaterial,* pues descansa en la memoria, y *social,* porque pertenece a la colectividad de sus hablantes.

El *habla,* por el contrario, es *material* —es algo que se oye y se puede leer— y es *individual,* corresponde a un hablante particular en un momento dado.

SINCRONÍA Y DIACRONÍA

La lengua en un momento dado es consecuencia de una evolución y, a la vez, constituye una etapa de esa evolución que continuará a través del tiempo. El estudio de la evolución de una lengua es un estudio *diacrónico,* como hemos comentado al hablar de la gramática histórica. El estudio de una lengua en una de sus etapas es un estudio *sincrónico*. Para Saussure el estudio fundamental que debe desarrollar la lingüística es el del estado de una lengua en un momento dado, sin tener en cuenta la acción del tiempo sobre ella, es decir, debe realizar un estudio *sincrónico*.

El concepto de *sincronía* de Saussure no debe confundirse con el de *actualidad*. Puede hacerse un estudio sincrónico del español del siglo XVI, del siglo XVIII y también, por supuesto, del español contemporáneo.

LA LENGUA ES UN SISTEMA DE SIGNOS

Esta es la idea fundamental de Saussure, que ha dado origen a toda la doctrina estructuralista.

Sistema quiere decir «conjunto de cosas que dependen unas de otras». La concepción tradicional del lenguaje consideraba que el número de signos —fonemas, morfemas y palabras— parecía indefinidamente abierto: la aparición de unos y la desaparición de otros no influía a la lengua como tal. Pero Saussure señaló que los signos son interdependientes. Los elementos lingüísticos —afirma— mantienen un equilibrio parecido al que guardan las piezas del ajedrez en un momento de una partida (una *sincronía*). Si se cambia de posición una pieza, si desaparece alguna o si se añade otra en el juego, el equilibrio se altera y se pasa de un sistema a otro diferente. Cada movimiento *diacrónico* da lugar a una *sincronía* nueva en la que las piezas mantienen un equilibrio interdependiente, pero distinto del que presentaban en el estado anterior.

EL SIGNO LINGÜÍSTICO

Los signos lingüísticos que integran una lengua tienen un *valor,* en oposición a los demás signos. Por ejemplo, *bueno* tiene sentido por su oposición a *malo*.

El valor de un signo no es algo que reside en sí mismo, sino por *oposición* a los otros.

El signo lingüístico, para Saussure, no une una cosa (el objeto *casa,* por ejemplo) con un nombre (la palabra *casa*), sino que une un *concepto* (el concepto que tenemos de *casa*) con una imagen acústica (la secuencia fonética c-a-s-a), que tenemos en nuestra memoria y que materializamos fonéticamente como hablantes, cuando deseamos emitir el concepto *casa* o que relacionamos con dicho concepto cuando la escuchamos como receptores.

Saussure llama al concepto, *significado* y a la imagen acústica, *significante. El signo es la combinación de un significante con un significado.*

Una característica muy importante del signo lingüístico es su *arbitrariedad,* pues no hay nada en el sistema de fonemas c-a-s-a que lo determine a significar *casa* y viceversa. La prueba es que al significado *casa* corresponden significantes distintos en cada lengua: español: *casa;* inglés: *house;* francés: *maison.*

2.6. Las escuelas estructuralistas europeas

Las investigaciones y las teorías de Saussure sentaron las bases de todo el trabajo lingüístico posterior, bien para discutirlo, modificarlo o aplicarlo al estudio de las distintas lenguas.

Una rama muy importante de los estudios lingüísticos fue el Círculo Lingüístico de Praga, fundado en 1926, que llevó a cabo la creación de la disciplina lingüística más importante de orientación estructural, la fonología. Las figuras principales de este movimiento fueron Nicolás Trubetzkoy (1890-1938) y Roman Jacobson (1896), profesor actualmente en los Estados Unidos.

Otro movimiento importante que tiene su origen en las teorías de Saussure es el Círculo Lingüístico de Copenhague, que tiene como teórico máximo a Luis Hjelmslev.

2.7. El estructuralismo norteamericano

Las investigaciones de esta escuela fueron coetáneas con los trabajos de Saussure. Este grupo llegó a establecer, como el profesor ginebrino, el principio de la lingüística sincrónica, pues al centrar su interés en el estudio de las lenguas indígenas de Norteamérica, por carecer éstas de escritura, resultaba imposible aplicarles una investigación diacrónica.

Se ha discutido la influencia que pudo ejercer Saussure sobre esta escuela, pero Leonard Bloomfield, su principal teórico, reconoció en 1922 que era Saussure quien había echado las bases de la nueva lingüística.

El hecho de investigar sobre las lenguas indígenas fue lo que dio originalidad a los métodos del estructuralismo norteamericano. Como estas lenguas no podían estudiarse según las clasificaciones establecidas por la gramática tradicional (nombre, verbo, tiempo, modo, etc.), fue preciso buscar otras categorías adecuadas a los sistemas peculiares que presentaban. Esta necesidad evidenció las debilidades que mostraban las categorías tradicionales aun en el caso de su aplicación a las lenguas europeas.

Por estas razones, el estructuralismo norteamericano avanzó más que el europeo en los terrenos de la morfología y de la sintaxis.

Sus dos principales maestros son Edward Sapir y el ya mencionado Leonard Bloomfield. El primero se dedicó al estructuralismo fonológico, con muchos puntos de contacto con los descubrimientos del Círculo Lingüístico de Praga. Bloomfield profundizó en el campo de la morfología y de la sintaxis.

Sapir y Bloomfield difieren radicalmente en sus respectivas concepciones del lenguaje. Sapir defiende el llamado *mentalismo:* para él la interpretación del lenguaje está unida sustancialmente a los actos de la mente.

Bloomfield es *antimentalista:* estima que existe una separación entre los significantes y los significados, y por ello, excluye a estos últimos de su estudio. El lingüista, según Bloomfield, sólo debe preocuparse del sistema de significantes y abandonar todo lo relativo al mundo de los significados. Él analiza la lengua desde una perspectiva estrictamente formal.

El estructuralismo de Bloomfield es *analítico* y *descriptivo.* Parte de la *oración,* como máxima unidad para ser analizada, hasta llegar al *fonema,* que es la unidad mínima.

2.8. La gramática generativa y transformacional

Las teorías de Bloomfield alcanzaron su apogeo entre 1932 y 1957. En 1956 la aparición del libro *Estructuras sintácticas* del también norteamericano Noam Chomsky aportó a los estudios lingüísticos una nueva teoría que ha recibido el nombre de *gramática generativa y transformacional.* Chomsky desde entonces ha revisado, rectificado y ampliado los principios de su tesis, de modo que ésta no constituye un cuerpo de doctrina definitivo y estable. Chomsky y sus discípulos continúan las investigaciones hasta nuestros días.

Las teorías gramaticales de Chomsky nacen del propósito de descubrir qué conocimiento de su lengua tiene el hablante, que le permite construir y entender oraciones que nunca ha oído.

Los hablantes no nos limitamos a repetir frases, como las expresiones fijadas y los refranes, sino que las construimos según las necesidades cambiantes de cada situación. Y cuando somos oyentes, comprendemos lo que otros dicen o escriben, a pesar de no haberlo escuchado o leído antes.

Para Chomsky en el acto lingüístico hay que separar dos elementos: la *competencia* y la *actuación* del hablante-oyente.

(De Lingüística, hoy, *de Ramón Cerdá Massó*)

La *competencia* es el conocimiento que tiene de su idioma y que le permite *construir* y *entender* mensajes. La *actuación* es el uso que en determinada circunstancia realiza de su *competencia*.

Como puede observarse, los términos de *competencia* y *actuación* se acercan, respectivamente, a los de *lengua* y *habla* establecidos por Saussure.

La *gramática* para Chomsky *debe ser una teoría de la competencia.* Debe mostrar de una forma clara las reglas gramaticales que el hablante-oyente utiliza implícitamente para crear o comprender oraciones.

La *competencia* del hablante-oyente está compuesta, en lo esencial, por un conocimiento de signos y por una serie de reglas que sirven para combinarlos. Las reglas son las que *generan* las oraciones. Gracias a estos dos factores, los signos y las reglas, el ser humano puede expresarse y ser comprendido por sus semejantes.

La *gramática generativa* se opone a la gramática descriptiva de Bloomfield. Ésta se dedica a analizar en sus elementos las oraciones ya emitidas. La *generativa* se dedica a investigar las reglas que hacen posible las oraciones.

La *gramática generativa* tiene algunos puntos de contacto con la gramática tradicional, pues cuando ésta afirma, por ejemplo, que una oración se compone de *sujeto* y de *predicado,* está estableciendo reglas que permiten *generar oraciones.* Pero las divergencias entre ambas gramáticas son muy grandes. La *generativa* busca un grado de rigor y formalización que no ha poseído nunca la tradicional.

La *gramática generativa,* a diferencia de la de Bloomfield, es *mentalista:* está interesada en los significados y en las operaciones de la mente que permiten *generar* oraciones.

Nacida en Norteamérica, la *gramática generativa y transformacional* se ha extendido a muchos países y actualmente se hallan importantes núcleos de lingüistas generativos en Inglaterra, Francia, Italia, Japón y la Unión Soviética.

2.9. Estado actual de los estudios lingüísticos

Todas las tendencias que hemos comentado brevemente demuestran la actividad febril que se ha desencadenado en el terreno lingüístico en las décadas recientes de este siglo.

Durante los primeros treinta años, predominó la teoría estructuralista, que derrumbó el viejo cuerpo de principios de la gramática tradicional. El estructuralismo ha sido el movimiento más fructífero hasta el presente en la historia de la lingüística.

El estructuralismo estableció un método coherente en las investigaciones, que ha sido aprovechado por todas las escuelas posteriores, y su influencia ha penetrado en otros terrenos, como en el de la crítica literaria.

Después de las aportaciones estructuralistas, los fundamentos de la gramática tradicional y de la histórica han pasado a un segundo plano.

Los estructuralistas concedieron más importancia a la fonología que a los demás aspectos gramaticales de la morfología, la sintaxis y la semántica. Pero con el advenimiento de la gramática generativa, hoy, en pleno proceso de desarrollo, se han reconsiderado estos elementos, sobre todo la semántica y la lexicología, que constituyen actualmente objeto de estudio, bien desde el punto de vista estructuralista clásico, bien desde el ángulo generativo y transformacional.

EJERCICIOS 2

2. Las aportaciones lingüísticas del siglo XX

2.1.   ¿Cuáles son, respectivamente, los objetos de la Lingüística y de la Filología?

2.2.   ¿Qué elementos son los que originan la variedad de las lenguas?

2.3.   Señale y explique los postulados básicos de la Gramática tradicional.

2.4.   ¿Cuándo surgió la Gramática comparada y cuál es su objeto?

2.5.   ¿En qué consiste la teoría del árbol genealógico?

2.6.   ¿Qué es la Gramática histórica o diacrónica?

2.7.   ¿Quién fue el creador del estructuralismo lingüístico?

2.8.   Señale los postulados básicos del estructuralismo lingüístico.

2.9.   Diferencias entre *lenguaje, lengua* y *habla,* según el fundador del estructuralismo lingüístico.

2.10.   Explique los conceptos de *sincronía* y *diacronía.*

2.11.   Según los conceptos anteriores, el estudio del castellano en América en el siglo XVIII, ¿será un estudio diacrónico, sincrónico o actual?, ¿por qué?

2.12.   ¿Qué es un signo lingüístico?

2.13.   La secuencia fónica m-e-s-a, ¿corresponde en realidad al objeto *mesa*? ¿Podríamos darle otro nombre?; si es así, ¿cuál es una de las características del signo lingüístico?

2.14.   Explique la característica a que se refiere la pregunta anterior.

2.15.   ¿Qué disciplina lingüística fue creada por el Círculo Lingüístico de Praga?

2.16.   ¿Cuál es la figura más importante del Círculo Lingüístico de Copenhague?

2.17.   ¿En qué se diferenciaron los estudios del estructuralismo lingüístico norteamericano del estructuralismo europeo?

2.18.   ¿En qué disciplinas gramaticales avanzaron más los estructuralistas norteamericanos que los europeos?

2.19.   ¿Quiénes son los principales representantes del estructuralismo lingüístico norteamericano?

2.20.   Explique brevemente las opiniones opuestas de ambos grupos lingüistas.

2.21.   ¿Quién es el creador de la Gramática Generativa y Transformacional?

2.22.   Explique los conceptos de *competencia* y *actuación* del creador de la Gramática Generativa.

2.23.   Señale los puntos de contacto de la Gramática Generativa con la Gramática tradicional y el Estructuralismo lingüístico.

3. La gramática:
sus clases y sus partes

Hemos visto cómo las aportaciones de los estudios de Saussure y sus continuadores modificaron sustancialmente los conceptos que hasta principios de este siglo existían sobre la lengua y los estudios gramaticales.

Hoy en día consideramos que la gramática es el estudio de las formas fundamentales de una lengua con su contenido significativo.

La gramática es la ciencia que estudia lo sistemático del lenguaje en un momento o fase de éste para formular las reglas gracias a las cuales se construyen o generan todas las frases de un idioma y sólo aquellas que son correctas.

Leamos las siguientes frases:

a) *El camino hacia el río era peligroso.*
b) *María contemplaron el atardecer.*
c) *Los niñas alegres nevaban un carro.*

Enseguida advertimos que la frase *a* es una frase que tiene sentido en nuestro idioma, pero también que las otras dos no lo tienen, aunque podemos afirmar que la frase *b* es más correcta que la *c,* pues tiene un solo error *(contemplaron* en lugar de *contempló).* Pero la tercera es un verdadero disparate.

¿Cómo llegamos a estas afirmaciones? Porque reconocemos que las frases *b* y *c* violan reglas que conocemos, que hemos aprendido desde pequeños, aunque no sepamos enunciarlas.

Por tanto, todos llevamos reglas gramaticales en nuestra mente, aunque no sepamos formularlas. La tarea del gramático es establecerlas.

El gramático es, pues, un científico que medita sobre el idioma, sin interesarse en el uso bueno o malo que se haga del mismo. Se parece a un químico, que investiga las reacciones de las distintas combinaciones, sin preocuparse de su aplicación posterior a otras actividades.

Sin embargo, así como en el terreno químico existe la aplicación práctica de los descubrimientos de esta ciencia, por ejemplo, el desarrollo industrial, junto a la verdadera ciencia gramatical existe una vieja disciplina que se ocupa de la enseñanza de la lengua y de la aplicación correcta de sus reglas gramaticales. Esta rama, menor hoy, es la que hemos llamado antes *gramática tradicional.*

La gramática tradicional se define como «el arte de hablar y de escribir correctamente» y fue la única que existió durante muchos siglos, como hemos visto.

Esta gramática responde a necesidades prácticas y no debe ser menospreciada. Se apoya en el uso idiomático, en la autoridad de los grandes autores y en las opiniones de los especialistas.

En este libro incluimos, junto a la exposición de la ciencia gramatical, los aspectos tratados por la *gramática tradicional,* como la *ortografía* y la *ortología.*

Existe también una tercera clase de gramática a la que hemos aludido: la *gramática histórica* o *diacrónica,* que se dedica a investigar la evolución de la lengua y que actualmente se considera una disciplina incluida en la historia de la lengua.

Como cada ciencia investiga determinados elementos —los botánicos, por ejemplo, se dedican a investigar las plantas, etcétera—, la ciencia gramatical estudia las unidades especiales como los *fonemas, morfemas, oración, nombre, verbo, adjetivo,* etc.

Según las unidades que estudia, la gramática se divide en las siguientes partes:

FONOLOGÍA, o estudio de los *fonemas* y *sonidos.*
MORFOLOGÍA, o estudio de los *morfemas.*
SINTAXIS, o estudio de la *oración.*
SEMÁNTICA, o estudio de la significación de *morfemas y oraciones.*

Dentro de la gramática tradicional hay que señalar:

ORTOGRAFÍA, o estudio de la escritura correcta.
ORTOLOGÍA, o estudio de la pronunciación correcta.

Debemos destacar que esta división no es aceptada unánimemente por los gramáticos contemporáneos. Por ejemplo, J. Roca Pons, en su *Introducción a la gramática* (1970), excluye la fonología, y la Real Academia Española de la Lengua establecía antes cuatro partes en su *Gramática: Analogía, Sintaxis, Prosodia y Ortografía,* pero en su *Esbozo de una nueva gramática de la lengua española* (1973) reduce las partes a tres: *Fonología, Morfología* y *Sintaxis.*

EJERCICIOS 3

3. **La gramática: sus clases y sus partes**

3.1.   Definición moderna de la Gramática.

3.2.   ¿Cómo se definía la Gramática tradicional?

3.3.   ¿Debemos despreciar la Gramática tradicional?

3.4.   Explique los puntos en que fundamenta su respuesta anterior.

3.5.   Señale las partes de que se compone la Gramática moderna y explique cada una de ellas.

3.6.   ¿Qué es la Ortografía?

3.7.   ¿Qué es la Ortología?

4. La fonología

La *fonología,* como hemos dicho, es la parte de la gramática que estudia los *fonemas.*

La *fonología* es una ciencia creada por el Círculo Lingüístico de Praga, que se basa en los conceptos de Saussure de *lengua* y *habla. Fonología* es el término que se usa corrientemente en Europa para designar estos estudios. En Estados Unidos esta disciplina recibe el nombre de *fonémica,* y por este hecho, a menudo, algunos autores de lengua española usan el término *fonémica* para referirse al estudio de los *fonemas.*

El lingüista francés Martinet ha destacado que lo que diferencia al lenguaje humano del de los animales es su *doble articulación.* Martinet entiende por articulación «la posibilidad de subdividir lo que se presenta unido».

En verdad, si leemos una frase como: *Mi hija salió temprano,* podemos ir dividiéndola en unidades menores que tienen significación y obtendremos las siguientes partes:

/mi/	«expresa que lo designado por el nombre que va a seguirle pertenece al hablante».
/hij/	«persona respecto de su padre o de su madre».
/a/	«femenino».
/sal/	«pasar de dentro afuera».
/ió/	«tercera persona, singular, pretérito, indicativo».
/temprano/	«antes del tiempo regular».

Después de este análisis no podemos descomponer estas unidades en otras menores que posean también significación. Hemos llegado, por tanto, a las *unidades mínimas dotadas de significación,* que se llaman *morfemas,* y que son estudiadas por la morfología y la semántica, como veremos después.

Ahora bien, el análisis de estas unidades puede continuar. El morfema /mi/ puede descomponerse en dos unidades, /m/ e /i/, como lo demuestra el hecho de que podamos sustituirlos por otras unidades y obtener morfemas españoles: /tu/, /su/ (hemos cambiado la /m/ de /mi/ por /t/ y por /s/, y la /i/ de /mi/ por /u/ en ambos casos).

Reciben el nombre de *fonemas* las unidades mínimas [/m/, /i/, /t/, /u/, /s/] carentes de significación, que corresponden a la segunda articulación del lenguaje, según Martinet.

Los *fonemas* son, pues, los elementos más pequeños de que consta el lenguaje. Cuando se combinan, dan lugar a unidades mayores *(sílabas, morfemas,* palabras).

Como hemos afirmado al principio, la *fonología* se encarga del estudio de los fonemas.

Si estimamos que la lengua tiene dos planos: el de la *expresión* (forma) y el del *contenido* (significación), podemos establecer que los *fonemas* pertenecen al plano de la expresión, de la forma, y que los *morfemas* a ambos (forma + significación).

4.1. Fonología y fonética: fonemas y sonidos

La *fonología* se relaciona con la fonética en que ambas disciplinas tratan de los sonidos de una lengua, pero desde puntos de vista diferentes.

La *fonología* estudia los *fonemas* de una lengua. La *fonética* es una rama experimental y aplicada de la fonología que estudia los *sonidos* de esa lengua.

El *fonema* es el mínimo elemento del significante que no puede ser dividido en unidades más pequeñas, es abstracto y queda realizado en el sonido. El *sonido* es lo que el hablante *realmente pronuncia,* el sonido material expresado por el hablante.

El fonema pertenece, por tanto, al plano de la *lengua.* Es una unidad inmaterial. *El sonido es la realización física de un fonema y pertenece al habla,* no a la lengua. Los *fonemas* son muy pocos y forman un número fijo y cerrado en cada idioma.

Los *sonidos,* por el contrario, son innumerables, porque están condicionados por muchos factores: el contexto en que aparecen, la persona que los pronuncia, la circunstancia en que se dan (habla normal, emotiva, enfática, etc.).

El sonido es la actualización de un fonema. De ahí que un mismo *fonema* pueda dar lugar a muchos sonidos. Por ejemplo, el fonema /b/ tiene una variedad oclusiva (al principio de las palabras *bueno, Vigo, brillar, vega)* y otra fricativa (en posición intervocálica: *alabanza, lavar).* El fonema /θ/ tiene la variedad /s/ en las personas que practican el *seseo* (Andalucía, Canarias, Hispanoamérica). El fonema /d/ tiene, como el /b/, variedades fonéticas oclusivas *(deber)* y fricativas *(nadar).*

Se llaman *variantes fonéticas* o *alófonos* a estas realizaciones físicas de un fonema. Los *alófonos,* como puede suponerse, interesan más al fonetista que al fonólogo.

El *fonema* está formado por un *conjunto de rasgos pertinentes.* Estos rasgos sirven para diferenciar a los fonemas entre sí y a las palabras. Por ejemplo, las diferentes significaciones de *rana* y *rata* se apoyan en que los fonemas /n/ y /t/ son distintos.

Los fonemas españoles son sólo veinticuatro. Con ellos se construyen todos los morfemas y todas las unidades lingüísticas superiores (palabras y oraciones).

Es oportuno aclarar aquí que *no existe una correspondencia absoluta entre los fonemas y las letras del alfabeto de la lengua castellana.* Hay más letras que fonemas en nuestro idioma.

Hay fonemas españoles que sólo se representan con una letra, como /t/, /l/, /m/, pero hay otros que se representan con dos letras, como /θ/, que usa la *c* y la *z, c*isne, *z*ona; /k/: *c* y *qu: c*asa, *qu*iero; /b/: *b* y *v, b*ueno, *v*alija.

Otras veces, letras dobles *(ch, ll, rr, qu, gu)* representan un solo fonema.

La letra *x* representa dos fonemas: *ks, examen* [eksamen] cuando se encuentra entre vocales. Cuando precede a consonante responde al fonema /s/ *extraño* [estraño], *explorador* [esplorador].

La letra *h* no responde a ningún fonema del español actual. Es muda y se conserva en la escritura sólo por las razones históricas ya comentadas (Ver 1.4.).

4.2. Clases de fonemas

Los fonemas están divididos en dos clases: los *vocálicos* y los *consonánticos.*

Los *vocálicos* son los fonemas que pueden formar sílabas por sí solos: *o-í-a, i-*ban, *e-*ra. Son *vocálicos:* /a/, /e/, /i/, /o/, /u/.

Los *consonánticos* no pueden formar sílabas por sí solos, tienen que combinarse con fonemas *vocálicos*. Son consonánticos: /p/, /b/, /t/, /d/, /k/, /g/, /ĉ/, /f/, /θ/, /s/, /x/, /y/, /m/, /n/, /ñ/, /l/, /ʎ/, /r/, /r̄/

Pese a la aparente falta de relación entre las formas gráficas y los fonemas, según el experimento de W. Köhle una gran mayoría de individuos, hablantes de lenguas diferentes, asocian el sonido maluma *a la forma redondeada y* takete *a la de contornos agudos.* (*De* Lingüística y Significación, *Salvat Editores.*)

4.2.1. Los fonemas vocálicos

En los fonemas vocálicos los rasgos pertinentes que aparecen se deben a:

a) *la localización.* De acuerdo con esta característica las vocales se dividen en: *anteriores (e, i), posteriores (o, u) y media (a).*

b) *el grado de abertura* de la cavidad bucal, que puede ser: *máximo (a), medio (e, o) y mínimo (i, u).*

CLASIFICACIÓN DE LAS VOCALES:

según la localización
$$\left\{\begin{array}{l}\text{anteriores } (e, i)\\ \text{posteriores } (o, u)\\ \text{media } (a)\end{array}\right.$$

a es una vocal de localización *media* y abertura *máxima.*
e es una vocal de localización *antèrior* y abertura *media.*
i es una vocal de localización *anterior* y abertura *mínima.*
o es una vocal de localización *posterior* y abertura *media.*
u es una vocal de localización *posterior* y abertura *mínima.*

El sistema vocálico español puede representarse con los siguientes triángulos:

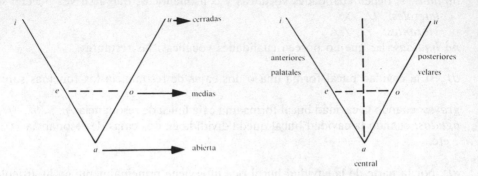

La base es la *localización (anterior, media* y *posterior)* y la altura indica la *abertura:*
/i/, /u/ son vocales cerradas; /a/ es vocal *abierta* y /e/, /o/ son vocales de abertura *media.*

4.2.2. Los fonemas consonánticos

En los fonemas *consonánticos* existen varios rasgos según diferentes peculiaridades:

a) de acuerdo con la *localización,* es decir, el punto de la cavidad bucal en que se
acerca un órgano activo a uno pasivo o a otro activo, para clasificar el fonema, los rasgos
que se presentan son:

bilabial (órgano activo: labio inferior; pasivo: labio superior); /p/, /b/, /m/.
labiodental (órgano activo: labio inferior; pasivo: borde de los incisivos superiores);
   /f/.
interdental (órgano activo: punta de la lengua; pasivo: borde de los incisivos superiores); /θ/.
dental (órgano activo: punta de la lengua; pasivo: cara interior de los incisivos superiores); /t/, /d/.
alveolar (órgano activo: punta de la lengua; pasivo: los alvéolos de los dientes superiores), /s/, /n/, /l/, /r/, /r̄/.
palatal (órgano activo: predorso de la lengua; pasivo: el paladar duro); /ĉ/, /λ/, /ñ/,
   /y/.
velar (órgano activo: postdorso de la lengua; pasivo: el velo del paladar); /k/, /g/, /x/.

b) de acuerdo con la resonancia procedente de las fosas nasales que los fonemas reciben, al ser realizados:

nasales: /n/, /m/, /ñ/.
no nasales u *orales:* los restantes fonemas consonánticos.

c) de acuerdo con la condición de tener cualidades vocálicas además de consonánticas:

líquidas: si tienen cualidades vocálicas y consonánticas, que a su vez pueden ser:
    laterales: /l/, /ʎ/.
    vibrantes: /r/, /r̄/.
no líquidas: las que no poseen cualidades vocálicas: las restantes.

d) si la cavidad bucal forma una o dos cajas de resonancia los fonemas son:

graves: cuando la cavidad bucal forma una caja única de resonancia /p/, /b/, /f/, etc.
agudos: cuando la cavidad bucal queda dividida en dos cajas de resonancia /t/, /d/, /n/, etc.

e) por la parte de la cavidad bucal que interviene principalmente en la articulación de los fonemas:

difusa: cuando participa la parte anterior de la cavidad bucal /p/, /t/, /m/, etc.
densa: cuando predomina la parte posterior /k/, /g/, /ʎ/, etc.

f) según la vibración de las cuerdas vocales:

sorda: sin vibración de las cuerdas vocales: /p/, /t/, /k/, /ĉ/, /f/, /z/, /s/, /x/.
sonora: hay vibración de las cuerdas vocales: los demás fonemas.

g) según la interrupción o no de la cavidad bucal en algún punto:

interrupta: cuando la cavidad bucal tiene alguna interrupción en un punto que es necesario vencer para emitir el sonido: /p/, /t/, /ĉ/.
continua: cuando la cavidad bucal está estrechada pero no interrumpida: /f/, /θ/, /s/.

Reciben el nombre de *oclusivas* las consonantes no nasales con el rasgo *interrupta*.

Se llaman *fricativas* las consonantes no nasales con el rasgo *continua*.

Los fonemas consonánticos españoles se definen según los siguientes rasgos pertinentes:

    /p/   bilabial, no líquida, oral, grave, difusa, oclusiva, sorda.
    /b/   bilabial, no líquida, oral, grave, difusa, sonora.
    /f/   labiodental, no líquida, oral, grave, difusa, fricativa, sorda.
    /t/   dental, no líquida, oral, grave, difusa, oclusiva, sorda.
    /d/   dental, no líquida, oral, aguda, difusa, sonora.
    /θ/   interdental, no líquida, oral, aguda, difusa, fricativa, sorda.
    /ĉ/   palatal, no líquida, oral, aguda, difusa, oclusiva, sorda.
    /y/   palatal, no líquida, oral, aguda, densa, sonora.
    /s/   alveolar, no líquida, oral, aguda, densa, fricativa.
    /k/   velar, no líquida, oral, grave, densa, oclusiva, sorda.

/g/   velar, no líquida, oral, grave, densa, sonora.
/x/   velar, no líquida, oral, grave, densa, fricativa, sorda.
/m/ bilabial, nasal, grave, difusa.
/n/   alveolar, nasal, aguda, difusa.
/ñ/   palatal, nasal, densa.
/l/   alveolar, líquida, oral lateral, difusa.
/λ/   palatal, líquida, oral lateral, densa.
/r/   alveolar, líquida, oral vibrante, floja.
/r̄/   alveolar, líquida, oral vibrante, tensa[2].

4.3. El sistema fonológico, la neutralización y el archifonema

Los fonemas de una lengua forman un sistema, como afirmó Saussure: «Hay que trazar el sistema fonológico del idioma estudiado, es decir, el cuadro de los sonidos que utiliza; cada lengua, en efecto, opera con un número determinado de fonemas bien diferenciados. La única realidad que interesa al lingüista es este sistema.»

Un sistema fonológico en un momento dado *(sincronía)* puede sufrir la aparición de cambios que determinan a su vez un nuevo sistema. Este nuevo sistema es distinto del anterior.

En el sistema fonológico español, por ejemplo, se produjo una gran modificación en los siglos XVI y XVII, como hemos señalado oportunamente (Ver 1.5.). Del sistema fonológico medieval se pasó al sistema fonológico moderno, que está vigente todavía.

El valor de un fonema depende de las relaciones que establece con los restantes fonemas. Como todo signo lingüístico, el fonema /t/ tiene un valor determinado porque se *opone* a /d/, a /k/, a /n/, etc. Pero para que un fonema pueda oponerse a otro es necesario que tenga una base de comparación, es decir, algún rasgo común. De ahí que /t/ se opone a /d/ porque /t/ tiene el rasgo de ser sorda, mientras /d/ es *sonora,* pero a su vez poseen algunos rasgos comunes, según el cuadro que hemos visto antes.

La /t/ y la /d/ son fonemas completamente diferentes en posición inicial (*t*eja, *d*eja), en posición intervocálica (co*t*o, co*d*o) y en grupo con /r/ (cua*t*ro, cua*d*ro), pero en posición final de sílaba podemos pronunciar A*t*lántico o A*d*lántico, sin que esta variación afecte al significado. Cuando esto sucede, decimos que la oposición *d/t* se ha *neutralizado.*

La *neutralización* es el fenómeno por el cual, en un fonema, cuando se dan algunas condiciones, el rasgo o los rasgos distintivos que lo oponen a otros fonemas pierden su carácter diferenciador. El rasgo *sonoridad,* decisivo para diferenciar *coto* de *codo,* pierde su importancia en el ejemplo de *Atlántico.*

Cuando esto ocurre, es decir, cuando desaparecen las diferencias entre dos fonemas que se oponían, surge el *archifonema,* que está compuesto por el *conjunto de los rasgos comunes* a los dos fonemas neutralizados: en el ejemplo basta con que aparezcan los rasgos *dental, no líquida, oral* y *difusa.*

La *neutralización* no es un fenómeno frecuente en las lenguas, pero, como en este caso, puede aparecer de vez en cuando.

---

[2] Alarcos Llorach, Emilio: *Fonología española.* Madrid, Gredos, 1965, pp. 177-8.

4.4. La sílaba

La sílaba es el fonema o conjunto de fonemas que se pronuncian con cada una de las intermitencias de la voz. Son también unidades fonológicas, ya que no pronunciamos las palabras en forma continuada, sino que cada sílaba es en sí misma: *ac-ti-tud.*

Las sílabas son *libres* si terminan en vocal, como —*ti*— en el ejemplo anterior, y *trabadas* si terminan en consonante: *ac-* y *-tud.*

4.4.1. Clasificación de las palabras según el número de sílabas

a) *Monosílabas:* las que tienen una sola sílaba: *pez, con, que, e.*
b) *Bisílabas:* las que tienen dos sílabas: *plu-ma, pa-pel.*
c) *Trisílabas:* las de tres sílabas: *sí-la-ba, o-re-ja.*
d) *Polisílabas:* las de más de tres sílabas: *ci-ga-rri-llo, ma-re-mo-to, pe-ni-ci-li-na.*

4.4.2. El diptongo

El diptongo es la reunión en una misma sílaba de una vocal cerrada con otra abierta, o de dos vocales cerradas.

Los fonemas consonánticos no pueden formar sílaba si no llevan un fonema vocálico, pero puede ocurrir que lleven dos fonemas vocálicos, formando así lo que se llama *diptongo: sue-lo, bai-le, con-cien-cia.*

El diptongo siempre está constituido por el fonema /i/ o por un fonema /u/ átono, antes o después de otra vocal, o bien, pueden ir juntos: *iu, ui: Miura, juicio.*

Los fonemas /i/, /u/ se llaman vocales *cerradas* (Ver 4.2.1.) porque en su pronunciación cerramos la boca más que al pronunciar /a/, /e/, /o/.

Los diptongos se dividen en:

Crecientes: los que empiezan por vocal cerrada, porque al pronunciarlos aumenta la abertura de la boca desde /i/ o /u/ hasta la siguiente vocal (*iu, ui* son diptongos crecientes, porque el segundo elemento es más perceptible, el primero es por tanto la semiconsonante).

Decrecientes: los que terminan en vocal cerrada.

	CRECIENTES		DECRECIENTES
ie:	*hie-lo*	ai:	*ai-re*
ia:	*fa-mi-lia*	ei:	*rei-ne*
io:	*pio-jo*	oi:	*voy*
ua:	*a-gua*	au:	*pau-sa*
ue:	*hue-co*	eu:	*eu-fo-ní-a*
uo:	*a-tes-ti-guo*	ou:	*bou*
iu:	*triun-fo*		
ui:	*huir*		

4.4.3. El triptongo

Cuando se juntan *tres vocales* en una misma sílaba forman un *triptongo*. Éste consta siempre de una vocal *no cerrada* situada entre dos vocales *cerradas*. Los de mayor uso son:

iai:	*limpiáis*	*uai:*	*averiguáis*
iei:	*limpiéis*	*üei:*	*averigüéis*

4.4.4. El hiato

Hay veces en que van dos vocales juntas, pero sin formar diptongo porque ninguna es *cerrada* y, por tanto, no pertenecen a la misma sílaba, como ocurre en la palabra *roer,* que es bisílaba. La *o* y la *e* van en *hiato*.

Sin embargo, puede haber hiato cuando una de esas vocales es cerrada. Así sucede, por ejemplo, en *Lu-cí-a,* que no puede formar diptongo porque el fonema */i/* no se junta con el fonema */a/,* ya que, al llevar acento constituye una sílaba por sí solo. Así pues, pertenecen a sílabas distintas y forman *hiato.*

El *hiato,* por tanto, se produce:

Cuando van las vocales juntas y ninguna es *cerrada: á-lo-e, Bil-ba-o, cam-pe-ón.*

Cuando una de las vocales es *cerrada,* pero forma parte de otra sílaba: *Ra-úl, mí-a.*

El *hiato* se puede producir también entre *tres* vocales: *cre-í-a, le-í-a* y *entre una vocal y un diptongo: ve-áis.*

4.4.5. La sinéresis

Consiste en reunir en una misma sílaba dos vocales que van en *hiato.* Se forma, entonces, un diptongo impropio: *rea-ta, pa-seo,* o se deja de pronunciar una de las vocales: *al-col* por *al-co-hol.*

La tendencia a la diptongación impropia está muy extendida, y así vemos su presencia en algunas palabras: *pa-siar,* por *pa-se-ar, rial* por *re-al.*

EJERCICIOS 4

4. La fonología

4.1.   ¿Existe alguna diferencia entre Fonología y Fonética?

4.2.   ¿Qué son los fonemas?

4.3.   Señale las diferencias entre la Fonología y la Fonética.

4.4.   Señale las diferencias entre *fonema* y *sonido*.

4.5.   ¿Qué son los alófonos o variantes fonéticas?

4.6.   ¿Cuántos fonemas tiene la lengua española?

4.7.   ¿Existe una correspondencia absoluta entre los fonemas y las letras del alfabeto en la lengua castellana?

4.8.   ¿Qué letras representan en español el fonema /θ/?

4.9.   ¿Qué letras representan en español el fonema /b/?

4.10.   ¿Cuántos fonemas representa la letra *x*?

4.11.   ¿Representa la letra *h* algún fonema en el español moderno?

4.12.   Señale la diferencia entre los fonemas vocálicos y los consonánticos en español.

4.13.   Clasifique los fonemas vocálicos según su localización:

4.14.   Clasifique los fonemas vocálicos según su grado de abertura.

4.15.   Represente gráficamente el sistema vocálico español.

4.16.   Clasifique los fonemas consonánticos según su localización.

4.17.   Clasifique los fonemas consonánticos según su resonancia.

4.18.   ¿Son inmutables los sistemas fonológicos de las lenguas?

4.19.   ¿Qué son la neutralización y el archifonema?

4.20.   ¿Qué es la sílaba?

5. Ortografía

La ortografía es el estudio de la forma de representar, por medio de letras, los fonemas del lenguaje. Este estudio no incluye sólo la escritura correcta de las palabras, sino el empleo de una serie de signos que reflejan aspectos de la significación de las palabras: (mayúsculas), la intensidad (acentos), la entonación (puntuación); o que corresponden a necesidades materiales de la expresión escrita (guión, abreviaturas). En algunos de estos aspectos las normas tienen aplicación clara y terminante, como en la acentuación; pero en otros, como la puntuación o las mayúsculas, el uso es más liberal y depende, en mucho, de la costumbre, del gusto y del matiz intencional del que escribe.

5.1. Ortografía de los fonemas vocálicos

Las únicas vocales que pueden ofrecer alguna dificultad ortográfica son la *i* y la *u*. El fonema /i/ se representa gráficamente por las letras *i* o *y*. La primera es la que se usa normalmente. La *y* se utiliza en estos casos:

1) Como conjunción copulativa: *viento y lluvia*.
2) Cuando el fonema /i/ es semivocal y va a final de palabra; *ley, rey, Camagüey, buey, doy, estoy, voy*.

El fonema /u/ puede escribirse en la forma de /ü/ cuando va precedido del fonema /g/ y precede, a su vez, a /e/ o /i/: *pedigüeña, pingüino, cigüeña*.
Si en casos como los anteriores no se usase el signo (¨), llamado *diéresis,* no pronunciaríamos la /u/ y se diría *pedigueña, pinguino, cigueña,* como decimos *guerra, guitarra,* palabras que no precisan del uso de la diéresis.

5.2. Ortografía del fonema /b/

El fonema /b/ se representa gráficamente por las letras *b* y *v*.

Se escriben con *b:*

1) Los infinitivos de los verbos terminados en -*bir* y todos los tiempos de estos verbos: *recibir, percibir, recibimos, percibieron;* se exceptúan: *hervir, servir* y *vivir*.
2) Las terminaciones de los pretéritos imperfectos de indicativo de los verbos de la primera conjugación: *amaba, callábamos, llevaban*.

3)   El pretérito imperfecto del indicativo del verbo *ir: iba, íbamos, iban*.

4)   Las palabras que principian con los fonemas: *bibl-*, o con las sílabas *bu-, bur-* y *bus-: biblioteca, buzón, burdo, búsqueda*.

5)   Las palabras terminadas en *-bundo, -bunda* y *-bilidad: tremebundo, vagabunda, abunda, viabilidad,;* se exceptúan: *movilidad* y *civilidad*.

6)   Toda palabra en que el fonema /b/ vaya delante de consonante: *brazo, noble, abjurar, obstruir, subsuelo, obvio;* también a final de palabra: *Jacob*.

7)   Los infinitivos terminados en *-aber: saber, caber;* excepción: *precaver*.

8)   Los verbos terminados en *-buir: imbuir, atribuir*.

Se escriben con *v:*

1)   Las palabras terminadas en *-viro, -vira, -ívoro, ívora: triunviro, Elvira, omnívoro, herbívoro;* excepción: *víbora*.

2)   Las palabras cuya primera sílaba es *ad-: advertir, adversario, advenimiento*.

3)   Las palabras llanas terminadas en *-ava, -ave, -avo, -eva, -eve, -evo, -iva, -ivo: esclava, suave, nueva, leve, relevo, activa, decisivo*.

4)   Los presentes de indicativo, imperativo y subjuntivo del verbo *ir: voy, ve, vayamos, ve;* así como el pretérito indefinido, pretérito imperfecto y futuro del subjuntivo de los verbos *estar, andar, tener* y sus compuestos: *estuve, anduve, tuve;* a excepción de *hube* por ser del verbo *haber*.

5)   Las voces compuestas que empiezan con *vice-: vicepresidente*.

Las palabras compuestas y derivadas se escribirán según las voces primitivas de las que se derivan: *contrabando* (contra y bando), *bienvenida* (bien y venida), *gravoso* (grave), *agravado* (grave).

Algunas palabras tienen distinto significado, según se escriban con *b* o con *v*; ejemplos:

revelar (un secreto)	*rebelar* (sublevar)
vello (pelo)	*bello* (hermoso)
vacía (sin nada dentro)	*bacía* (vasija de barbero)
votar (dar el voto)	*botar* (un barco, una pelota)
savia (de las plantas)	*sabia* (femenino de sabio)
tuvo (del verbo tener)	*tubo* (de vidrio, de goma, de hierro)
vasto (extenso)	*basto* (grosero)
gravar (aumentar la carga)	*grabar* (esculpir en una superficie dura, registrar sonidos)

5.3.   Ortografía de la letra «h»

Esta letra no representa ningún sonido.

Se escriben con *h:*

1)   Todas las formas de los verbos *haber* y *hacer*.

2)   Todas las palabras que empiezan por *ia-, ie-, ue-, ui-: hiato, hierro, hueco, huir*.

3) Todas las palabras que empiecen por *idr-, iper-, ipo-: hidrosfera, hipertenso, hipódromo.*

4) Los compuestos y derivados de palabras que tienen *h: deshacer, desheredar, rehabilitar, habladuría;* se exceptúan: *oquedad, orfandad, osamenta* y *óvalo,* porque en las palabras de donde se derivan (hueco, huérfano, hueso y huevo), la *h* no es originaria, sino que la toman al empezar, esas palabras, por el diptongo *ue.*

5.4. Ortografía de los fonemas /θ/ y /k/

Con cuatro letras, *c, k, q, z,* representamos únicamente dos fonemas, el fonema /θ/, como en *cine, buzo, difícil, doscientos, azúcar,* y el fonema /k/, como en *carro, recoger, kilómetro, quinto, que.*

Empleamos ortográficamente *c,* para el sonido del fonema /θ/:

1) Siempre que vaya delante de las vocales *e, i,* como en: *cinco, cinta, centena, celulosa.*

Empleamos ortográficamente *z,* para el sonido del fonema /θ/:

2) Cuando precede a las vocales *a, o, u* y cuando va al final de sílaba o de palabra: *zancada, zumo, rizo, Velázquez, pez;* también en *enzima* (fermento), a diferencia de *encima* (adverbio), *zigzag, zipizape, ¡zas!;* los nombres propios como: *Zebedeo, Zoraida, Zenaida, Zita, Zenobia.*

Algunas palabras admiten doble grafía, como *ácimo* o *ázimo; ceda, ceta* o *zeda, zeta; celandés* o *zelandés; cinc* o *zinc.*

La mayor dificultad en el empleo correcto de estas dos letras se halla en las regiones de España y América, donde se pronuncian como *s.* Este fenómeno se llama, como hemos visto, *seseo* (Ver 1.6). Donde se practica habitualmente esta confusión fonética entre *c, z* y *s,* no es posible establecer reglas ortográficas generales, sino que hay que aprender la grafía correcta, palabra por palabra.

El escribir *c* o *cc* depende generalmente de la etimología de la palabra, aunque los compuestos y derivados se escribirán como los simples: *reacción, discreción, inspección* y otros.

LISTA DE VOCABLOS USADOS CON *CC* Y CON *C*

acción	*rarefacción*	*inanición*
perfección	*calefacción*	*solución*
facción	*inspección*	*relación*
fricción	*elección*	*continuación*
sección	*operación*	*ración*
cocción	*ignición*	*noción*
infección	*concreción*	*moción*
lección	*discreción*	*ebullición*

Algunas palabras, casi todas de origen *extranjero,* terminan con el sonido /k/ y se escriben con c: *coñac, frac, tic-tac;* excepción de *cok.*

Empleamos ortográficamente *c* para el fonema /k/:

3) Cuando este fonema precede a los fonemas vocálicos /a/, /o/, /u/ o a cualquier consonante: *coco, curioso, cacao, aclamar, crecer, dictado, afecto.*

Empleamos ortográficamente *qu* para el fonema /k/:

4) Cuando precede a las vocales *e* o *i: queso, quitar.* La letra *k* se emplea solamente en algunas palabras de origen extranjero, como *kilómetro, kiosko, kilogramo,* aunque también pueden escribirse con *qu.*

5.5. Ortografía del fonema /x/

El fonema /x/ puede representarse gráficamente por las letras *g* o *j.*
A la letra *g* corresponden dos fonemas, uno /g/ velar y sonoro, como en *cargar, grande, ígneo, guitarra;* otro velar, sordo y más o menos áspero, que equivale al fonema /x/, como en *gimnasia, región, proteger.*
En el primer caso no hay dificultad en la escritura, porque el sonido suave de *g,* no puede confundirse con ningún otro. Cuando este sonido suave de *g* va delante de las vocales *e, i,* se escribe *gue, gui,* para que no se pronuncie como /x/ así en *guerra, guinda, Miguel.*
En los vocablos en que la *u* que sigue a la *g* debe pronunciarse, se coloca sobre ella el signo (¨), llamado *diéresis,* para pronunciar *antigüedad, desagüe, lingüístico, pingüino.*
La dificultad que puede prestarse a confusión entre el uso de *g* o *j,* estriba en las palabras en que ambas letras tienen el mismo sonido. Su empleo depende del origen de la palabra y de la tradición. Con todo, daremos algunas reglas que pueden aplicarse en muchos casos.

Se escriben con *g:*

1) Las palabras compuestas por *geo* (que significa tierra): *geología, hipogeo, geógrafo.*
2) Los infinitivos terminados en los sonidos *-igerar, -ger, -gir,* como *aligerar, proteger, fingir, rugir;* y todas las formas de estos verbos en los que la *g* no vaya delante de *a* o *u,* en cuyo caso habrá que sustituir *g* por *j,* así escribiremos: *proteja, finja, reja;* se exceptúan *crujir, tejer* y sus compuestos, así como otros menos usados.
3) Las palabras que tienen las siguientes terminaciones:

-gen	*origen* (se exceptúa *comeján*)
-gélico	*angélico*
-genario	*nonagenario*
-géneo	*heterogéneo*
-génico	*fotogénico*
-gesimal	*sexagesimal*

-gésimo	trigésimo
-gético	apologético
-giénico	higiénico
-ginal	original
-genio	ingenio
-génito	unigénito
-gíneo	virgíneo
-ginoso	ferruginoso
-gia	demagogia
-gional	regional
-gio	regio
-gión	región
-gionario	correligionario
-gioso	prodigioso
-gírico	panegírico
-ogía	arqueología
-ógica	arqueológica
-ógico	lógico
-ígena	indígena
-ígeno	oxígeno
-ígera	flamígera
-ígero	flamígero
-gismo	neologismo (se exceptúan *salvajismos*, derivado de *salvaje* y *espejismo*, derivado de *espejo*)

Se escriben con *j*:

1) Las voces terminadas en *-je* y *-jería: carruaje, relojería, teje, garaje;* se exceptúan *esfinge, falange, laringe, faringe, cónyuge, auge.*

2) Las formas irregulares de los verbos cuyo infinitivo no tiene *g* ni *j: dije* (de decir), *trajimos* (de traer), *produjeron* (de producir), *bendijo* (de bendecir), *predijeron* (de predecir).

3) Siempre que este sonido vaya delante de las vocales *a, o, u: jaca, judío, reja, piojo.*

4) Las palabras con sonido *je, ji,* derivadas de las voces en que entra el del fonema /x/ con las vocales *a, o, u: rajita* (de raja), *rojizo* (de rojo), *hojear* (de hoja), *cojear* (de cojo).

5) Cuando el sonido correspondiente a /x/ está a final de palabra: *reloj, boj.*

5.6. Ortografía del fonema /s/

El fonema /s/ se representa generalmente por medio de la letra *s*. Pero cuando va ante otra consonante, suele estar representado por la letra *x*. Esta letra corresponde ordinariamente a los fonemas /ks/ o /gs/, en la pronunciación culta, cuando va entre vocales: *examen, reflexión, axioma.* Las dudas se presentan cuando el fonema /s/ va precediendo a otro fonema consonántico. Sólo el uso puede enseñar el empleo correcto, ya que no existen reglas ortográficas fijas.

La Real Academia Española de la Lengua autoriza la pronunciación como *s* o como *x*, al principio de ciertas palabras que comienzan con la letra *x: xilografía, xilófono, xero-fagia, xilófago, Xochimilco, xilógrafo.* Pero cualquiera que sea su pronunciación, la *x* ortográfica debe ser mantenida.

Asimismo se autoriza la pronunciación de la *x* con valor fonológico de fonema /x/ en grafías conservadas por tradición como *México, Oxaca* y en algunos nombres de personas como *Xavier, Ximena* que también se pueden escribir con *j: Javier, Jimena.*

5.7. Ortografía del fonema /y/

Por ser el *yeísmo* un fenómeno tan extendido por España y América, son muy frecuentes las dudas ortográficas entre *y* y *ll.*

Se escriben con *y:*

1) Las palabras en que este sonido siga a los prefijos *ad-, dis-, sub-: adyacente, dis-yuntiva, subyugar.*

2) Las formas verbales que presenten este sonido en su terminación, siempre que no exista *ll* en el infinitivo: *disminuye* (de disminuir), *oyendo* (de oír), *huyendo* (de huir), *ca-yendo* (de caer).

3) Las formas de plural cuyo singular termina en el fonema /y/: *rey-reyes, ley-leyes.*

4) Los vocablos en los que se presenta la posibilidad de la confusión *y/hi,* a principio de la palabra ante la vocal *e,* se admite la doble grafía: *hierba* o *yerba, hiedra* o *yedra,* si bien la primera forma es más frecuente.

5) Las formas verbales que comienzan por el fonema /ye/ y cuyos infinitivos empiezan por *he,* se escriben siempre con *hi: hierra* (de herrar), *hiede* (de heder), *hiere* (de herir), *hiervo* (de hervir).

La ortografía es la única diferencia que presenta *hierro* (metal) y *yerro* (error), *hiendo* (de hender) y *yendo* (de ir).

PALABRAS CON DIFERENTE SIGNIFICADO SEGÚN ESTÉN ESCRITAS CON *Y* O CON *LL:*

arrollo	*arroyo*
halla	*haya*
pollo	*poyo*
olla	*hoya*
llena	*hiena*
pulla	*puya*
rollo	*royo*
callado	*cayado*
valla	*vaya*
hulla	*huya*

5.8. Ortografía del fonema /r̄/

El fonema /r̄/ se representa unas veces como *rr* y otras como *r*. La norma ortográfica es clara:

Se escribe con *r:*

1) A principio de palabra: *rosa, rico, rama, red, rumor.*
2) Después de los fonemas /l/, /n/, /s/: *alrededor, Enrique, enrojecer, enriquecer, enredar, enrejar, Israel, israelita.*

Se escribe con *rr:*

1) Cuando el fonema se presenta entre vocales: *arriba, arroyo, errar, irrisorio, arrojar, arre, arrebatar.*
2) En las palabras compuestas cuyo segundo elemento empieza por *r*, conviene duplicarla para facilitar la lectura: *pelirrojo, contrarreforma, pararrayos;* cuando los componentes se separan con un guión, no se duplica la *r: hispano-romana, anglo-ruso.*

5.9. Ortografía de los fonemas /n/ y /m/

Generalmente no hay confusión posible entre estos dos fonemas, puesto que cada uno tiene su propio sonido. Sin embargo, el fonema /n/ se articula como /m/ cuando le siguen los fonemas /p/, /b/ o /f/: *un beso, convidar.* Por otra parte, tiende a asimilarse en pronunciación rápida en palabras como *inminente,* que suena [*imminente*].

La regla ortográfica es la siguiente:

1) Delante de *(p)* y de *(b)* se escribe siempre *m: ambos, campos, ámbar.*
2) Delante de *(f)* y *(v)* escribiremos siempre n: *anfibio, invento.*
3) Delante de *(n)* se escribe *m: gimnasia, alumna, columna.*
4) Si la palabra está formada por los prefijos *con, en, in,* se escribe *nn: connotación, ennoblecer, innoble.*
5) Para la posición de /m/ y /n/ a final de palabra, basta saber que en español son contadas las palabras que terminan en /m/: *álbum, ídem, Abraham, ultimátum* y pocas más.

5.10. Ortografía de la sílaba

La presencia de una o varias consonantes determinan la separación silábica. La cuestión de a qué sílaba pertenecen estas consonantes afecta tanto a la ortografía como a la fonética.

El número de fonemas que componen una sílaba varía de uno a cinco. En toda sílaba hay por lo menos una vocal, que, a su vez, ella sola puede constituir sílaba. Pueden reunir-se dos o tres vocales en una sílaba: *ai-re, vien-to, a-ve-ri-guáis, a-mor-ti-güéis.*

La reunión de dos vocales en una sílaba se llama *diptongo;* tres vocales en una sílaba constituyen un *triptongo.* Dos vocales que estén juntas, pero sin formar diptongo, se dice que están en *hiato: re-a-le-za, ba-úl, ve-ní-a, ac-tú-e, si-tú-e, si-tú-o.*

NORMAS DE AGRUPACIÓN SILÁBICA

1) Una sola consonante entre dos vocales se agrupa con la segunda sílaba: *me-sa, lá-piz, a-gu-je-ro, le-tar-go.*

2) En un grupo de consonantes iguales o diferentes, entre dos vocales, la primera consonante se une con la vocal anterior y la segunda con la siguiente: *co-ac-ción, op-ción, óp-timo, áb-side, gim-na-sia, in-mu-tar.* Excepción muy importante es la de los grupos consonánticos *pr, pl, br, fr, fl, tr, dr, cr, cl, gr, gl,* que se unen con la vocal siguiente: *a-pre-ciar, a-pla-zar, a-bre-viar, a-blan-dar, re-fres-co, a-flo-rar, a-dre-na-li-na, re-cre-ar, re-cla-mar, a-gra-de-cer, a-glu-ti-nar.*

3) En un grupo de tres consonantes, las dos primeras se unen a la vocal precedente y la tercera a la siguiente: *cons-tar, cons-pi-rar, obs-ta-cu-li-zar, pers-pec-ti-va, trans-mu-tar, des-pre-ciar, en-tre-gar.*

4) Si son cuatro consonantes, las dos últimas constituyen uno de los grupos estudiados: *cons-truc-ción, trans-gre-sión, obs-truc-ción.*

5) No se considera correcto dividir la palabra de manera que queden separadas dos vocales, a final de renglón, aunque éstas formen sílabas diferentes; así no se escribirá: *le-er, pe-rí-o-do, pe-le-a, ca-no-a, ve-a-mos.*

6) En los compuestos formados por palabras que, por sí solas, tienen significado en el idioma, o por prefijación, la separación ortográfica se hará en el punto de unión de los dos componentes: *des-e-char, mal-es-tar, vos-otros, bien-ve-ni-do, in-móvil, pre-e-mi-nen-te;* sin embargo, también se admite la separación de acuerdo a las reglas normales: *de-se-char, vo-so-tros, pre-e-mi-nen-te, ma-les-tar.*

7) Nunca deben separarse la *rr* y la *ll* porque representan un fonema único: *ce-rro, a-lla-nar, co-rres-pon-den-cia, ra-llar.*

5.11. Acentuación

La mayor o menor intensidad de pronunciación de determinada sílaba en una palabra es el *acento.* La mayor fuerza de pronunciación sobre una sílaba, sin representarlo gráfica-mente, se llama *acento fonético;* cuando sí se representa, se le denomina *acento gráfico* (o tilde).

Según el lugar que ocupe el acento fonético, las palabras se clasifican en *agudas, llanas* o *graves, esdrújulas* y *sobreesdrújulas.*

Agudas: se acentúan en la última sílaba: *pared, sillón, café, beber.*

Graves: se acentúan en la penúltima sílaba: *lápiz, mesa, árbol, libro.*

Esdrújulas: se acentúan en la antepenúltima: *teléfono, técnica.*

Sobreesdrújulas: se acentúan en la anterior a la antepenúltima: *dígaselo, cómpremelo, llévatelo, explícanoslo.*

REGLAS DE ACENTUACIÓN GRÁFICA

Llevan acento gráfico (o tilde):

1) Todas las palabras *agudas,* no monosílabas, que *terminan en vocal,* en *-n* o en *-s: corazón, francés, papá, volvió, amó, llegarás, Panamá, rubí, llegué, acertó.*

2) Las palabras *graves* que *no terminan en vocal,* ni en *-n,* ni en *-s: árbol, Velázquez, lápiz, cárcel, álbum, césped, huésped.*

3) *Todas* las palabras *esdrújulas* sin excepción: *héroe, árboles, lápices, telégrafo, cápsula, lámpara, electrónica.*

4) También se acentúan *todas las sobreesdrújulas: dígaselo, demuéstramelo, conociéndotelo.*

5.11.1. *Acentuación de diptongos y triptongos*

Las reglas anteriores se cumplen igualmente cuando existe un diptongo o un triptongo en la sílaba tónica o acentuada.

El *diptongo* se produce cuando se une una vocal abierta *(a, e, o)* con una cerrada *(i, u),* sin acento, o dos cerradas. El *triptongo* es la unión de una vocal abierta con dos cerradas.

El acento de un diptongo se coloca:

1) Sobre la vocal más abierta: *coméis, archipiélago.*
2) Sobre la última, si las dos vocales del diptongo son cerradas: *cuídate.*

Los *triptongos,* en la sílaba tónica, *se acentúan* en la vocal intermedia: *averigüáis, espiáis, riáis, ampliéis.*

Dos o más vocales juntas que no forman diptongo o triptongo, se dice que están en *hiato: cro-ar, fal-se-ar, pe-le-ar, se-seo.*

Cuando las vocales *i, u* están en hiato y se pronuncian con acento, deben llevar tilde, aunque no sigan las reglas generales: *te-ní-a, con-ti-nú-o, ra-íz, le-í-ais, ba-úl, o-ír.*

Cuando la vocal en hiato que recibe el acento no es *i* ni *u,* se coloca la tilde si la palabra sigue las reglas generales estudiadas anteriormente: *pe-le-ón, ri-ó, re-hén.*

La Real Academia Española considera que el grupo *ui forma siempre diptongo,* por lo que no debe acentuarse más que cuando lo exijan las normas generales que se aplican a las palabras agudas, graves, esdrújulas y sobreesdrújulas; así no se acentúan: *obs-truido, hui-do, flui-do, ex-cluir, in-mis-cuir.*

5.11.2. *Acentuación de las palabras compuestas*

1) La última palabra del compuesto debe acentuarse si lo exigen las reglas estudiadas: *vaivén, puntapié, ciempiés.* Las palabras *ven, pie* y *pies* no se acentúan porque son monosílabas, pero sí llevan acento gráfico al formar parte de otra palabra, porque esta última ya no es monosílaba, sino aguda, terminada en vocal, en -n, o en -s.

2) La primera palabra de la compuesta pierde su acento si lo llevaba cuando era simple: *decimoséptimo, cefalotórax,* ya que *décimo* y *céfalo* se acentúan por ser esdrújulas.

Conservan el acento:

3) La primera palabra de la compuesta, si va unida mediante guión: *químico-farmacéutico, vagón-restaurante.*

4) El adjetivo de los adverbios terminados en *-mente,* si lo llevan cuando van solos: *hábilmente, enérgicamente;* pero no se acentúan: *amablemente, valientemente,* porque *amable* y *valiente* tampoco llevan acento.

5) Las formas verbales a las que se les añaden pronombres: *comíle, déle, acentúole, escribíle.*

6) Si estas formas verbales no se acentúan, al unírseles el pronombre resulta una palabra esdrújula y se les debe poner tilde: *dáselo, mírale, estúdialo, díjotelo, recuérdame.*

5.11.3. *Acentuación de los monosílabos y palabras con varias funciones gramaticales*

Los monosílabos no se acentúan, salvo en los casos en que se puedan confundir con otra palabra; veremos los monosílabos acentuados:

Él, pronombre personal, para distinguirlo de *el,* artículo: *él no habló con el sereno.*

Más, adverbio de cantidad, para distinguirlo de *mas,* conjunción: *dije que traería más, mas no fue posible.*

Dé, tiempo del verbo dar, para distinguirlo de la preposición *de: dé esto de mi parte.*

Tú, pronombre personal, para distinguirlo de *tu,* adjetivo posesivo: *tú afirmaste que era tu amigo.*

Sí, adverbio de afirmación y forma pronominal, para distinguirlo de *si,* conjunción condicional: *dale un sí, si quieres que te deje tranquilo, que todo lo quiere para sí.*

Mí, forma pronominal para distinguirlo de *mi,* adjetivo posesivo: *piensa en mí, dijiste a mi oído.*

Sé, del verbo saber y del verbo ser, para distinguirlo de *se,* forma pronominal: *sé lo que él se quiere llevar, pero sé prudente y no se lo digas.*

Té, nombre, para distinguirlo de la forma pronominal *te: ¿te serviste más té?*

Existen otros vocablos, no monosílabos, afectados por una doble función, que hay que tener en cuenta para la acentuación correcta de los mismos:

Aún, adverbio de tiempo, con igual significado que *todavía,* para distinguirlo de *aun,* conjunción: *¿aún no dijo nada?; no, ni aun preguntándoselo el juez.*

Sólo, adverbio de modo con el mismo sentido que *solamente,* para distinguirlo de *solo,* adjetivo, con sentido de sin compañía: *visité sólo tres casas, pero desde luego, yo solo.*

Sola, solos, solas, no se acentúan nunca.

Porqué, sustantivo precedido de artículo u otro determinante (puede ir en plural): *el porqué lo hizo no lo sé; este porqué me preocupa; siempre tiene un porqué; tus porqués no me interesan.*

Porque, conjunción causal: *vendrá a comer porque está invitada; ¿porque me llamó, desconfías?*

Por qué, sirve para preguntar: *¿por qué se habrá ido sin avisar?; pienso por qué se habrá ido.*

Por que, compuesto de la *preposición por* y el *relativo que,* equivalente a *el cual, la cual, los cuales, las cuales: se provocaron estas situaciones, por que fue necesario impedir que siguiera; no comprendo los motivos por que se molestó.*

Los demostrativos *este, esta, estos, estas, ese, esa, esos, esas, aquel, aquella, aquellos, aquellas,* no se acentúan cuando funcionan como determinantes. Cuando funcionan como pronombres, pueden o no acentuarse, pero es obligatorio hacerlo si se presta a confusión: *de los dos chicos que vimos, éste (este) aprobó, aquél (aquel), no; aquéllos (aquellos) que pasaron, eran éstos (estos) mismos; nos lo dijeron ésos (esos), porque éstos (estos) no lo sabían.*

Se acentúan algunas palabras cuando tienen sentido interrogativo o exclamativo:

qué: ¿qué quieres?
cuál: ¿cuál de los dos?
cuáles: ¿cuáles dice?
quién: ¡quién me lo iba a decir!
quiénes: ¿quiénes llegaron antes?
dónde: no sé dónde estará.
adónde: ¡adónde irá!
cuánto: pregunta cuánto tardará.
cuándo: ¿cuándo terminas?
cómo: ¡cómo se te ocurre decirlo!

No se acentúan cuando no tienen el significado anterior:

que me contestes, espero.
tuve una visita, *la cual* me entristeció.
donde quiera que vayas, estarás mejor que allí.
quien quiera que fuere, que pase.
cuanto más tardes tendrás menos oportunidades.
adonde tú vayas, iré yo también.
cuando lo hayas pensado me lo dices.
lo haremos *como* tú digas.

5.12. Signos de puntuación

Los signos gráficos que se hacen en la escritura para indicar las pausas y el sentido de lo escrito, de forma que su significado quede claro, se llaman *signos de puntuación.* Son pocas las reglas fijas que se pueden dar para el uso correcto de estos signos. Son los siguientes:

coma	(,)
punto y coma	(;)
dos puntos	(:)
punto	(.)

puntos suspensivos	(...)
interrogación	(¿?)
admiración	(¡!)
paréntesis	( )
diéresis	(¨)
comillas	(»)
guión	(-)
raya	(—)

5.12.1. La coma

La coma indica una breve pausa en la lectura.
Se emplea:

1)   Para separar dos o más partes consecutivas de la oración y que sean de la misma clase, siempre que entre ellas no figuren las conjunciones *y, ni, o: había manzanos, ciruelos, naranjos y cerezos; alegre, amable, así era mi amigo; estudia, trabaja, atiende la casa y se divierte.*

2)   Para separar dos miembros independientes de una oración, exista o no conjunción entre ellos: *unos cantaban, otros bailaban, algunos reían, y todos parecían contentos; al anochecer las flores se cierran, los pájaros buscan su nido, las sombras cubren el campo, y el hombre busca el descanso en su hogar.*

3)   Antes y después de las oraciones explicativas que aclaran o amplían la oración principal: *no vayas, me dijeron, ya está todo arreglado; la gran sabana, que se extendía ante su vista, le atemorizó; aquellos días, que esperábamos con ansia, se presentaron tristes.*

4)   Detrás del nombre seguido de palabras en aposición: *en San Juan, capital de Puerto Rico, hicimos escala; mis amigos, gente despreocupada, no le dieron importancia.*

5)   Las expresiones adverbiales, sea cual sea su posición, van precedidas y seguidas de coma; tales como:

en efecto: en efecto, iremos por carretera;
es decir: todos le obsequiaron, es decir, los que le apreciaban;
de acuerdo: de acuerdo, se hará como tú digas;
en fin: en fin, paciencia;
por último: por último, se repartieron los premios;
por tanto: te lo advierto, por tanto, procura evitarlo;
efectivamente: efectivamente, fuiste tú el culpable;
sin embargo: todo salió bien, sin embargo, no le agradó.

5.12.2. El punto y coma

Indica una interrupción más larga que la de la coma.
Se emplea:

1)   Para separar las diferentes proposiciones de una oración larga en la que ya hay una o más comas: *La lluvia arreciaba, el viento soplaba con fuerza, la marejada iba en aumento; pero el barco se mantenía a flote. Había estudiado toda la noche, tenía que aprender aquello; se levantó, fue a la cocina y tomó café.*

2)   Antes de las conjunciones adversativas *mas, pero, aunque,* cuando van en proposiciones largas, ya que, cuando son cortas, basta con la coma: *Salió a la calle; mas no sabía a qué. Pensó en hablar con él, en hacerle frente y aclarar la situación; pero cuando se encontró ante él, no se atrevió. Pensaba en ella día y noche, le escribía diariamente; aunque ella nunca contestaba.*

5.12.3.   El punto

El punto separa oraciones autónomas. La oración siguiente puede empezar en el mismo renglón (punto y seguido), o en el siguiente (punto y aparte), según la fuerza de relación que exista entre una y otra oración. El punto final indica la terminación de un escrito (capítulo, lección, parte).

También se emplea punto después de las abreviaturas: V. (usted), Sr. (señor), Kg. (kilogramo), pág. (página), cap. (capítulo) y otras.

5.12.4.   Dos puntos

Los dos puntos se diferencian del punto en que están precedidos de algún verbo como: *decir, afirmar, asegurar, pensar, replicar, contestar, añadir* y otros, usados para introducir frases literalmente exactas a como las dijo el hablante a quien nos referimos; si es un diálogo, cada intervención del interlocutor irá precedida de punto y aparte.

Asimismo se usan los dos puntos después de palabras que indican una aclaración: *por ejemplo, son los siguientes, son los que siguen.*

Los dos puntos siguen también a los encabezamientos de las cartas y solicitudes: *Distinguido Sr.:; Querido amigo:*

5.12.5.   Puntos suspensivos

Se emplean cuando se quiere dejar incompleta la idea de lo que el hablante quiere expresar, con matices de duda, temor, ironía.

También se emplean cuando se interrumpe lo que se está diciendo por creer innecesaria su continuación: *si, pero...; es que yo...; no, si ya te decía yo que...*

5.12.6.   Signos de interrogación

Estos signos se escriben al principio y al final de la oración interrogativa: *¿qué pasa?* Si hay varias oraciones interrogativas seguidas y cortas, no deben empezar cada una de ellas con mayúscula, sino sólo la primera: *¿Qué tiempo hace? ¿lloverá? ¿llevaré paraguas?*

Interrogación directa: ¿Cómo se llama? — ¿A qué hora llegó?

Interrogación indirecta: Dígame cómo se llama. No sé a qué hora llegó.

El uso de estos signos puede ofrecer alguna dificultad cuando la pregunta no empieza con la oración; en ese caso, el signo se escribe sólo en la parte de la oración que tiene sentido interrogativo: *En aquellos momentos, ¿qué esperaban? — Cuando llegaron, ¿qué hiciste?*

5.12.7. Signos de admiración

Se escriben para empezar y finalizar una oración exclamativa, exhortativa o imperativa: *¡Qué pesado eres! — ¡Apúrate! — ¡Caramba, cómo llueve!*

Igual que en el caso de la interrogación, la admiración puede afectar sólo a una parte de la oración en: *parece que esto marcha, pero ¡a cuenta de qué esfuerzo!*

5.12.8. Uso del paréntesis

Estos signos escritos sirven para introducir una aclaración que podría sustituirse formando una oración aparte: *En Puerto Rico (estado asociado a Estados Unidos) se habla español e inglés. Los presidentes de algunos países hispanoamericanos (Venezuela, Chile y Perú) se reunieron en Punta del Este.*

5.12.9. Uso de la raya

Además de poder sustituir al paréntesis, tiene usos exclusivos:

Introduce oraciones con expresiones como: *dijo, contestó, aseguró, repusieron, afirmé, argumentó... y él dijo: —como usted quiera; yo —contestó ella—, no iré; no habrá otra guerra —aseguró el presidente—; ¿qué desean? —pregunté—; eso no tiene validez —argumentó—.*

5.12.10. Uso de las comillas

Se emplean para:

1) Citar algo literalmente: *recuerda lo que dijiste: «volveré pronto»,* y el protagonista dice: *«España y yo somos así, señora.»*

2) Para encerrar en ellas los títulos de las obras literarias, de programas de televisión, de películas, los nombres de cines, teatros, barcos, trenes, bares: *¿has visto el «Expolio» de El Greco?; ¿entrevistaste al autor de «Cien años de soledad»?; oí cantar a Caruso en la «Scala» de Milán; estudia en el «Liceo Bolívar».*

3) Se escriben entre ellas las palabras que se inventan al escribir y que tienen un sentido especial sólo para el momento; para introducir palabras extranjeras en el idioma del que escribe; palabras que se dicen con doble sentido con la intención de hacer resaltar algo que parece contradecir lo que está expresando: *una casa de un piso, cuatro árboles alrededor y un pozo seco, ésa era su «hermosa finca»; estudiaba «marketing» para entrar en la «Ford».*

EJERCICIOS 5

5. **Ortografía**

5.1.   Forme oraciones con las siguientes palabras de tal manera que expresen la perfecta comprensión de la palabra y teniendo en cuenta el diferente significado según estén escritas con *b* o con *v*.

abeja	sabia	vello
grabar	basto	vacía
rebelar	silba	tuvo
botar	oveja	savia
bello	gravar	vasto
bacía	revelar	silva
tubo	votar	

5.2.   Escriba *b* o *v* según corresponda:

Tiene pocas pro__a__ilidades de ganar.

Es admira__le la mo__ilidad de los delfines.

Aquella re__olución demostró la falta de ci__ismo.

La escla__itud re__ela la deshumanización del hom__re.

Era un __aga__undo ama__le y cordial.

No será secreto si lo re__elas a alguien.

La tierra ardiente a__sor__ió la llu__ia.

Se espera__a que el juez lo a__sol__iera.

Los alpinistas se refugiaron en las ca__idades de la montaña.

Las maderas de é__ano y de cao__a son muy __aliosas.

Está ali__iada de su dolor de ca__eza.

Todo lo que ha__ía allí era nausea__undo.

Las ca__ernas de los hom__res primiti__os esta__an resguardadas.

Las a__es rapaces de__oraron todo.

Los a__iadores hicieron gala de su destreza.

Se exhi__ieron __arios modelos de __arcos.

Las __e__idas alcohólicas tomadas en exceso, son noci__as.

Mis __ecinos son __astante ama__les.

La cal__icie afecta principalmente a los __arones.

Sil__a__a mientras recita__a una sil__a.

En sel__as ecuatoriales el aire es irrespira__le.

Los ca__allos sal__ajes i__an montados por domadores de experiencia.

Los __í__eres escasearon en las zonas de__astadas.

Las ha__itaciones de esta __i__ienda no están __entiladas.

La __aca es un animal her__í__oro.

Esta moneda es falsa, se __e en el an__erso.

La mordedura de la __í__ora es gra__e.

Los __arcos de __ela se mue__en por el __iento.

Los __ínculos de unión entre ellos son amistosos.

Tenían sólo lo necesario para su__sistir.

Aquellos __alles eran fértiles y apropiados para el culti__o.

El ár__itro sil__ó la falta de __arios jugadores.

En el con__ento nos reci__ió el a__ad.

Los __orrachos molesta__an al __ecindario.

Las a__ejas picaron al re__año de o__ejas.

Los en__idiosos son a__orrecidos.

El imperati__o del __er__o ir es __e.

Nos in__itó con un a__ono para la ópera.

En un __re__e recorrido de __einte kilómetros se produjeron dos a__erías.

Se negaron a re__elar lo a__eriguado.

¿Te re__elaron ya los clichés fotográficos?

Mandó gra__ar sus iniciales en la __ajilla.

Los impuestos gra__an exageradamente algunos artículos.

Parecía le__e su enfermedad pero después agra__ó.

5.3.   Tache, en el paréntesis, la palabra que no corresponda según el sentido
        de la oración.

    (Ha - A) llegado ya lo que esperábamos.

    (Hay - ¡Ay!) que marcharse enseguida.

    Voy (haber - a ver) lo que ocurre.

    No (hoy - oí) lo que decían.

    Ella (oyó - hoyo) lo más interesante.

    Se oía un (¡ay! - hay) lastimero.

    (¡Ah! - Ha), por fin llegaron.

    (Ahí - Hay) estaba cuando yo lo vi.

    (A ver - Haber) estado en tu sitio, como era tu deber.

    Las banderas ondeaban a media (hasta - asta).

    El (herrar - errar) es de hombres.

    El (hecho - echo) de ser su amigo no te da derecho a abusar de su con-
    fianza.

    El (deshecho - desecho) de aquel abono no pudo ser aprovechado.

    Yo no (he - e) estado nunca en París.

    El (yerro - hierro) es un metal muy útil para la industria.

    (Hojeé - Ojeé) una por una las páginas del libro y no encontré nada in-
    teresante.

    (¡Oh! - O) qué horror, ¡qué desgracia!

    Los (hunos - unos) invadieron Europa al mando de Atila.

    Lo que (hay - ahí) no es lo que buscamos.

    (Errar - Herrar) los caballos es ponerles herraduras.

5.4.   Escriba la letra *h*, si lo cree conveniente.

    Varias personas fueron llevadas como re__enes.

    __uyeron los que vivían en la ba__ía.

    Yo __e __echo lo posible por no dejar __uellas.

    Los niños estaban __inquietos.

    La __inchazón producida por el __asta del toro le llegó __asta el __ombro.

    No __oyó el golpe que se produjo en el __ueco de la escalera.

    Se cayó y se __irió la cabeza.

    En los __árboles que fueron talados, __abía __ongos y __ormigas.

    La __epatitis es una enfermedad del __ígado.

    Tu amigo __oracio me llevó __asta el aeropuerto.

Las __astas de las banderas __estaban pintadas de __azul.

Pasaban las __oras y él seguía __orando.

El a__orró para __acer un viaje alrededor del mundo.

El botón estaba cosido con un __ilo muy fino, a__ora lo coseré mejor.

Los médicos desa__uciaron al enfermo y ya no __iban a visitarle.

__ace falta buena vista para en__ebrar esta __aguja, porque el __ojo es muy pequeño.

Aquellos __ombres pasaban __ambre.

La __embras ponen los __uevos para reproducir la __especie.

La desgracia le convirtió en un __ombre __osco y __uraño.

El __eliotropo es una planta __originaria del Perú.

Llenó los pesebres de __eno y __ierba para las caballerías.

Puerto Rico está en el __emisferio occidental.

A__uecó la almo__ada para dormir mejor.

Ese actor vestido de __arapos es extraordinario.

Los __orfanatos actuales son más acogedores para los __uérfanos.

Las __oquedades de aquel __árbol estaban __echas por pájaros carpinteros.

__echa esos desperdicios a la basura porque __uelen muy mal.

__echo esto, lo demás es más fácil.

La carne a__umada no me gusta.

5.5. Coloque las letras *c-z-k* o *qu,* según convenga:

po__o	con__ista	ri__a
pa__	bo__a	nue__
feli__	__itamanchas	po__o
a__ella	__obarde	__ilo
halla__go	__eni__a	__a__ar
nue__es	pa__es	borri__illo
__uñado	feli__es	bo__ete

5.6.   Escriba *c* o *cc* en el espacio vacío:

La inten__ión precede a la a__ión.

No exijas tanta perfe__ión en los demás.

Las fa__iones de su cara me son familiares.

Hubo fri__iones entre los partidos políticos.

La se__ión de ventas no está bien organizada.

El resultado de la opera__ión no fue favorable.

Esta cerámica necesita doble co__ión.

Se le presentó una infe__ión en la sangre.

Recibió una buena le__ión de prudencia.

En los países cálidos no es necesaria la calefa__ión.

La discre__ión es virtud estimada.

No encontraron la solu__ión a sus problemas.

Muchos miles de personas mueren por inani__ión en el mundo.

La inspe__ión sanitaria es necesaria.

Se celebraron las ele__iones con tranquilidad y civismo.

Las rela__iones entre ambos países son amistosas.

Se exigió al presidente su continua__ión en el poder.

La ra__ión de carne de los animales del zoológico ha sido aumentada.

No tengo la menor no__ión de lo que me dices.

Se presentó una mo__ión a favor del aumento de salarios.

La ebulli__ión del agua se produce cuando ésta empieza a hervir.

Rea__ionó violentamente contra quien no era culpable de aquello.

La ambi__ión desmedida le llevó a estafar varios millones a la empresa donde trabajaba.

¿Cuándo vas de va__aciones?

La trai__ión era lo que menos esperaba de él.

Pensó a__eder al puesto de Secretario.

Los países o__identales se creyeron superiores a los orientales.

El o__ipital es un hueso del cráneo.

Una afe__ión de garganta le impidió dar la conferencia programada.

No hubo altera__ión en los planes previstos.

Lo que le impidió venir fue un asunto a__idental.

Antela__ión es sinónimo de anticipa__ión.

No alcanzó el número necesario de votos ni por aproxima__ión.

La o__iosidad es la madre de todos los vicios.

La a__epta__ión de los hechos es lo único que se puede hacer.

Los a__ionistas exigieron sus dividendos.

La corre__ión de ejer__i__ios es un trabajo muy pesado y la califica__ión
de los mismos un asunto de responsabilidad.

La calcifica__ión de los huesos fue muy lenta.

La alea__ión de metales se produce fundiéndolos.

Surgió la complica__ión cuando todo parecía estar resuelto.

La constru__ión de las pirámides se llevó a cabo en el Egipto faraónico.

La continua__ión de tus estudios depende de tu espíritu de trabajo.

La contra__ión de *a* y *el*, produce *al*.

Se hizo una acusa__ión grave contra ellos.

Se avinieron a una reconcilia__ión.

Produjo cavila__ión en el país la determinación del Gobierno.

Se espera una mayor coopera__ión entre los países más poderosos.

La destru__ión de nuestro mundo es un absurdo.

La mayoría del país votó por coa__ión y no por convi__ión.

La política no se puede ejercer sin voca__ión.

No es lo mismo educa__ión que instru__ión.

5.7. Escriba *g* o *j* en el espacio vacío:

__emelo	li__ero	carrua__e
__igante	en__endrar	__ente
__énero	ré__imen	su__eto
mu__er	in__enio	le__ítimo
re__ir	distra__e	su__etar
condu__imos	a__itación	pá__ina

con__elar	re__enerar	me__icano
án__el	ele__iré	mane__e
ál__ebra	co__er	prodi__io
hi__iene	te__ido	a__edrez
ve__etal	pere__il	extran__ero
cabota__e	pla__io	su__erir
ré__imen	mon__e	tra__e
o__iva	paisa__e	vi__ilar

5.8. Coloque *s* o *x* según convenga:

conve__o	fle__ión	au__iliar
te__to	ple__o	e__tornudar
e__celente	e__tirar	e__túpido
e__uberancia	e__tómago	e__piar (pagar una culpa)
e__tricto	e__pontáneo	e__pectáculo
e__pecular	refle__ivo	e__plicar
e__piar (acechar)	e__cusa	e__tender
e__tranjero	e__trecho	e__peranza
la__ante		

5.9. Coloque *s* o *x* en los espacios vacíos:

La educación se__ual debe comenzar en edad temprana.
Este hombre es muy se__udo.
No se le debe e__igir tanto a este niño.
Están e__imidos de presentarse a e__amen.

Aquel hombre era e__belto y buen mozo.

Esta es la teoría del «e__labón perdido».

Me pareció un precio e__orbitante.

Las gallinas e__carbaban sin cesar.

Le cuesta mucho e__pabilarse por la mañana.

Me e__acerba tu actuación.

Empezó el é__odo en los países en guerra.

Parecía una e__finge egipcia.

La buscaré en la oficina de objetos e__traviados.

El tiempo era e__pléndido en aquel lugar.

El precio e__cedía de mi presupuesto.

Me pareció una persona e__tupenda.

Este material es ino__idable.

5.10. Palabras de ortografía dudosa de las letras *ll* e *y:*

arrollo	arroyo	rollo	royo
halla	haya	callada	cayada
pollo	poyo	valla	vaya
olla	hoya	hulla	huya
llena	hiena	rallar	rayar
pulla	puya		

Subraye la palabra conveniente según el sentido de la oración.

Estos muebles son de (haya - halla).
Cruzaremos el (arrollo - arroyo) descalzos.
Nos sentaremos en este (pollo - poyo) para descansar.
Esta (hoya - olla) es de acero inoxidable.
(¡Huya - Hulla) por favor! que hay un incendio.
El pastor descansa mudo sobre su larga (callada - cayada).
Los niños saltaban la (valla - vaya) para coger la fruta.
Esta hoja está totalmente (rayada - rallada).
La (hulla - huya) es un carbón de piedra muy combustible.

5.11. Escriba *r* o *rr* según convenga:

Vino pa__a co__tar esa pa__a.

Co__o para oir cantar al co__o infantil.

El a__te por el a__te, no es comp__endido por todos.

La o__la de ese vestido le da elegancia.

Pe__o... ¿todavía está aquí ese pe__o callejero?

La co__ida fue bastante abu__ida.

Aho__a que puedes, ¡aho__a!

El tu__ón se suele comer en Navidad.

No existe la supe__io__idad de las __azas.

Habrá que poner una cerca al__ededor del jardín.

Se en__iqueció ilegalmente.

El pa__a__ayos es necesario.

El acuerdo hispano__uso no fue eficaz.

La civilización hispano__omana cruzó el Atlántico.

Esas luces de tu automóvil son anti__eglamentarias.

No volvimos a saber nada de En__ique.

Los is__aelitas luchan por una patria.

Más vale hon__a sin barcos, que barcos sin hon__a.

No hubo contra__éplica.

El __atón __eco__ió los al__ededores.

5.12. Complete el siguiente ejercicio:

Acentúe si conviene	Divida en sílabas	Diptongo	Triptongo	Hiato
Ej. abecedario	a-be-ce-da-rio	sí	no	no
voy				
viento				
apreciais				
suave				
cohibido				

Acentúe si conviene	Divida en sílabas	Diptongo	Triptongo	Hiato
averiguais				
bueno				
lieis				
teneis				
baul				
maullido				
patrimonio				
aun				
rey				
peine				
aurora				
malo				
agüeis				
caos				
reido				
Dario				
coaccion				
caotico				
roer				
aire				
laud				
Camagüey				
desahucio				
oi				

Acentúe si conviene	Divida en sílabas	Diptongo	Triptongo	Hiato
hoy				
reuma				
galeria				
ahumar				
exhalacion				
rehen				
policia				
siete				
fuimos				
rio				
negocio				
consiguio				
inercia				
huia				
vendiendo				
vacio				
ataud				
periodico				
bohio				
piragua				
fragüeis				
poniente				
mamey				

5.13. Coloque el acento donde corresponda.

guion	ovalo	matras
sonreir	milimetro	desajustar
periferia	miercoles	raiz
celula	rigidez	rustico
practicamente	tio	proximo
huesped	quinquenio	ti
resumen	crisis	panteon
telefonee	complemento	dieciseis
indolencia	concluimos	sabado
pais	medula	devuelvelo
arbol	decimoseptimo	crater
Felix	Sion	revolvais
mio	pared	reuma
telefonia	examen	origen

5.14. Coloque una x al lado de las palabras bien acentuadas:

Diós	locuacidád	freír
automóvil	guajíra	aúlla
jardín	estudiábaselo	tatuáje
escándalo	rádio	pués
americáno	reúne	releí
rédes	álbum	máquina
vendríais	dátil	locuáz

tubería	fé	guáira
maullár	dióle	clavícula
Héctor	pueríl	vendíamelo
después	guarída	raído
releé	anárquico	cacareár
regímenes	atún	régimen
maquinár	estuviéran	redacción

5.15. Complete el siguiente ejercicio. Suponga que tiene que dividir a final de renglón.

Acentúe si conviene	*Divida en sílabas*	*Clasifique por la acentuación*		
		Agudas	Llanas	Esdrújulas
Ej.: inspección	ins-pec-ción		X	
construir				
complemento				
intransigente				
alfiler				
jesuita				
cacharro				
indolencia				
soltero				
atletismo				
trasatlantico				
connatural				
inmune				

gimnasia

respiracion

obstaculo

perspicaz

conspiracion

gloton

agravio

afluye

habla

transferencia

alhaja

vosotros

reo

5.16.   Algunas de estas palabras llevan acento o no según la función que repre-
senten en la oración. Acentúe o absténgase, según las reglas estudiadas,
las que estén en cursiva:

Le aseguré que *el* automóvil era *mas* rápido.

Descansaría, *mas el* no me lo permite.

Para *que* esté tranquilo, *dele esto de* mi parte.

Tu perro y *tu* tenéis cierto parecido.

Si, iré *si mi* amigo me invita.

Consiguió lo que quería para *si*.

Este regalo no era para *mi*.

Nunca pensé que se fijara en *ti*.

Se juicioso y llévale el trabajo que *se* olvidó.

No *se* para *que se* escribe tanto sobre las relaciones humanas, ¡nadie *se*

entiende!

El *te* que *te* trajeron, ¿*te* gusta?

Aun cuando llegues pronto, no *te* dejarán pasar.

Se lo llevó hace dos semanas y aún no lo ha devuelto.

Lo hizo *el solo;* pero *solo* se lo han reconocido dos de los miembros del jurado.

Salieron los dos *solos* para dar un paseo.

La *sola* instrucción no forma al hombre.

No *se* decidió a confesar los *porques* de su actuación.

Ella tiene su *porque* y no *se* engañará.

Porque no estuvo puntual, *se* molestaron los demás.

No se casan *porque el* no quiere.

Supongo *por que* escribió *esta* carta.

¿*Por que* piensas que no es sincero?

Porque me lo ha demostrado *mas* de una vez.

Entrevisté a varias personas, *esta* me parece la *mas* adecuada.

Aquella o *esta* otra es la que me habló allí.

Escucha, *estos* son los maravillosos cuentos de *mi* infancia.

Aquellos largos paseos por el campo le fueron prohibidos.

¡*Que* calor!, ¿*que* quieres beber?

¡*Que* me digas *que te* pasa! Estoy esperando.

¿*Cuando* pensaste en marcharte?

Cuando vuelvas llámame.

Quien llegue antes *que* prepare la comida.

¿*Cual* de los dos crees *tu* que nos convendrá?

Lo dije *como* me lo dijiste.

¡*Cuanta* vida inútil! Tanta *cuanta* llega aquí.

Descansaremos *adonde tu* quieras.

Cuéntame *donde* estuvisteis anoche.

Cual elegir es un problema.

¿No dijiste *que aquella* tarde habías salido?

Yo no lo *se,* pero *si,* llévatelas, que estorban.

De esto no le *de* nada a *el.*

5.17. Repaso general.

Verdadero o falso (V o F):

__V__ *Párrafo* se acentúa porque es esdrújula.

____ *Confieis* se acentúa en la tercera vocal del triptongo.

____ La palabra *genuino* es trisílaba.

____ *De* es un monosílabo que nunca se acentúa.

____ En la palabra *rumorear* hay hiato.

____ En la palabra *ausencia* hay dos diptongos.

____ *Uruguay* no se acentúa porque la *y* no es vocal.

____ *Brutalmente* se acentúa porque es un adverbio terminado en *mente.*

____ En *aire, rey, fui* y *ciudad* hay diptongos.

____ La palabra *maúlla* debe separarse así: ma-ú-lla.

____ *Examen* no se acentúa porque es una palabra llana que termina en *n.*

____ *Héroe* es esdrújula y se divide así: hé-ro-e.

____ Se acentúa *pared* porque es aguda.

____ *Amor* lleva acento prosódico, pero no ortográfico.

____ La palabra *tenía* se acentúa porque es llana.

____ En la palabra *vámonos, nos* es un pronombre enclítico.

____ En *¿qué te pasa?,* la palabra *te* no se acentúa porque se refiere al nombre de la infusión.

____ *El* artículo se acentúa algunas veces.

____ *¿Cuándo?* se acentúa porque tiene sentido interrogativo.

____ En *no sé nada, sé* se acentúa porque es del verbo saber.

____ *Aun,* con oficio gramatical de conjunción no se acentúa.

____ En *Ellos sólo lo vieron, sólo* se acentúa porque hace oficio de adjetivo.

5.18. Escriba la letra que corresponda en el espacio vacío, según esté bien hecha o no la separación silábica:

a) a-ta-úd   a) ce-cear   a) leí-a-is

b) ata-úd   b) cece-ar   b) le-í-a-is

c) a-taúd   c) ce-ce-ar   c) le-ía-is

a) en-fria-do	a) dilui-do	a) sub-te-nien-te
b) en-fri-a-do	b) di-lu-i-do	b) sub-tenien-te
c) enfria-do	c) di-lui-do	c) subte-nien-te
a) u-ni-ón	a) son-de-ar	a) re-e-du-ca-ci-ón
b) u-nión	b) sonde-ar	b) ree-du-ca-ción
c) uni-ón	c) son-dear	c) re-e-du-caci-ón
a) re-ía-mos	a) des-trucción	a) ve-í-a
b) re-í-a-mos	b) des-truc-ción	b) veí-a
c) reía-mos	c) destru-cción	c) ve-ía

5.19.   Acentúe y coloque los signos de puntuación en los siguientes párrafos:

Puerto Rico patria mia
la de blancos almenares
la de los verdes palmares
la de la extensa bahia
Que hermosa estas en las brumas
del mar que tu playa azota
como una blanca gaviota
dormida entre las espumas
En vano patria sin calma
muy lejos de ti suspiro
yo siempre siempre te miro
con los ojos de mi alma
En vano me trajo Dios
a un sueño extraño y distante
en vano esta el mar de Atlante
interpuesto entre los dos
En vano se alzan los montes
con su manto de neblinas

en vano pardas colinas
me cierran los horizontes
Con un cariño profundo
en ti la mirada fijo
para el amor de tu hijo
no hay distancias en el mundo

A Puerto Rico
José Gautier Benítez

Ay que lindo es mi bohio
y que alegre mi palmar
y que fresco el platanar
de la orillita del rio
Que sabroso tener frio
y un buen cigarro encender
Que dicha no conocer
de letras ni astronomia
Y que buena hembra la mia
cuando se deja querer

Vida criolla
Luis Lloréns Torres

Piedad Señor piedad para mi pobre pueblo
Donde mi pobre gente se morira de nada
Aquel viejo notario que se pasa los dias
En su minima y lenta preocupacion de rata
Este alcalde adiposo de grande abdomen vacuo
Chapoteando en su vida tal como en una salsa
Aquel comercio lento igual de hace diez siglos
Estas cabras que triscan al resol de la plaza
Algun mendigo algun caballo que atraviesa
Tiñoso gris y flaco por estas calles anchas
La fria y atrofiante modorra del domingo
Jugando en los casinos con billar y barajas

Todo todo el rebaño tedioso de estas vidas
En este pueblo viejo donde no ocurre nada
Todo esto se muere se cae se desmorona
A fuerza de ser comodo y de estar a sus anchas

Pueblo
Luis Palés Matos

Algo debi decirte y hoy me pesa
Orfeo cuanto amor cuanto silencio
me conforme al oirte nada dije
ni siquiera te dije que te quise

La voz se me agolpaba en mis entrañas
dejandome caer en tu mirada
Tu cancion a las venas me llegaba
y en tus ojos quede joven y triste

Hoy me pesa el silencio sin silencio
esta lluvia esta muerte por tu muerte
quedada desde mi para no verte
Si al menos me inventara cosas dulces
y tu volvieras para yo decirlas
Cuanto valen las cosas ya perdidas

Algo debí decirte
Violeta López Suria

Civilizacion es racionalizacion y no se racionaliza una humanidad como
la actual que por una parte lleva el juicio hasta una concepcion tan exacta de su destino como la hoy intuitiva en todas las generaciones que se
levantan a recibir el legado del pensar contemporaneo y por otra parte
lleva la locura hasta no poderse guiar en la vida real o practica o concreta por la nocion de su destino

Moral social
Eugenio María de Hostos

Don Tomas Navarro Tomas ha vivido mas de una vez en la menor de las Grandes Antillas De 1948 es su libro *El español en Puerto Rico* obra de especialista De la pagina 228 de la misma cito En conjunto las formas del español hablado por los campesinos puertoriqueños coinciden en gran parte con el fondo del habla popular que se oye entre esas mismas clases en todos los paises hispanicos

Y ahora reproduzco de la pagina 230

Desde mediados del siglo XIX se suceden sin interrupcion escritores puertorriqueños de alto prestigio en los campos de la novela de la poesia del ensayo y de la erudicion historica

El primer aserto de Navarro Tomas se refiere al campesino puertorriqueño el segundo al intelectual

Puerto Rico y la lengua española
José Agustín Balseiro

Por el monte resonaron unos estallidos sordos como bajo tierra Venian acercandose rapidamente El sargento intento levantarse pero cayo de espaldas

No dijo y lanzo un rugido

Genaro puso la mano sobre su frente lo devoraba la fiebre Vino aqui porque estaba herido penso pero no me lo dijo los tiene en su sitio Y esta vez la frase no le produjo malestar alguno

Como se siente le pregunto y comprendio que la pregunta no tenia objeto

Frio

Genaro le subio el abrigo hasta la barbilla Pero eso tampoco tenia objeto

Calma le dijo y le parecio que la palabra habia sonado a burla

Alguien cruzo chapoteando frente a la puerta Luego pasaron hacia el sur a escape otros hombres

El asalto
Emilio Díaz Valcárcel

6. La morfología

Ya hemos afirmado que la *morfología* es la parte de la gramática que se encarga del estudio de los *morfemas* y sus combinaciones.

Precisemos antes de seguir adelante qué es un *morfema:*

La oración:

Mi hermana continúa inconsolable

es posible descomponerla en pedazos más pequeños dotados de significación. Así:

Mi: determinante que expresa posesión.

herman-: secuencia de fonemas que significa «persona que con respecto a otra tiene los mismos padres».

-a: expresa «femenino».

continu-: secuencia de fonemas que significa «proseguir lo comenzado», «durar, permanecer».

-a: desinencia que expresa «tercera persona, singular, presente, indicativo».

in-: secuencia de fonemas que significa «no».

consol-: secuencia de fonemas que significa «aliviar la pena».

-able: secuencia de fonemas que significa «que puede ser».

Ninguna de las partes de este análisis puede ser descompuesta en otras más pequeñas, porque perderían su significado. Esto ocurre porque son *morfemas.*

6.1. El morfema y sus clases

El *morfema* es la unidad lingüística más pequeña dotada de significación.

Los *morfemas* se dividen en dos clases:

1) *Morfemas léxicos o lexemas:* aquellos que tienen significación plena, porque se refieren a objetos *(nombres),* acciones *(verbos)* o cualidades *(adjetivos y adverbios).* En el ejemplo anterior son lexemas: *herman-, continu-, consol-.*

2) *Morfemas gramaticales:* aquellos que poseen sólo significado gramatical y se utilizan para modificar el significado de los *lexemas* o para relacionarlos entre sí *(prefijos, sufijos, desinencias, determinantes, preposiciones* y *conjunciones).* En el ejemplo anterior los *morfemas* gramaticales serían: *mí, -a, -a, -in, -able.*

Los *morfemas* pueden ser: *libres,* los que funcionan o pueden funcionar constituyendo por sí solos una palabra. Por ejemplo: *mi, su, para, y.* Son los llamados *determinantes, las preposiciones, las conjunciones* y algunos verbos auxiliares.

Morfemas trabados, son aquellos que necesariamente tienen que combinarse con uno o más *morfemas* para formar una palabra. Son morfemas trabados:

1) Los *prefijos:* anteceden al *lexema* y modifican su significación: *in*-consolable, *pre*-destinado, *contra*-rrevolucionario.

2) Los *sufijos:* se sitúan a continuación del *lexema.* Inconsol-*able,* predestin-*ado,* contrarrevolucion-*ario.*

Entre los *sufijos* merecen especial atención los *aumentativos,* los *despectivos* y los *diminutivos.*

a) Los sufijos *aumentativos,* como su nombre indica, contribuyen a aumentar la significación del nombre y del adjetivo a los que se aplican. Los principales son -*ón,* -*azo,* -*ote:* bodeg-*ón,* porr-*azo,* catarr-*azo.*

b) Los sufijos *despectivos* señalan el desprecio que el hablante siente por el objeto o la cualidad expresada por el *lexema.* Los principales son: -*ucho,* -*aco,* -*astro,* -*acho,* -*ajo,* -*orrio:* flac-*ucho,* libr-*aco,* poet-*astro,* vulg-*acho,* latin-*ajo,* vill-*orrio.*

c) Los sufijos *diminutivos* disminuyen la significación del *lexema.* Los principales son -*ito,* -*ico,* -*illo,* -*uelo,* -*uco:* panec-*ito,* mañ-*ico,* vientec-*illo,* loc-*uelo,* almendr-*uco.*

A veces el *diminutivo* se usa con intención diferente, en el llamado *diminutivo afectivo,* que indica sólo cariño, afecto y no conlleva ninguna idea de empequeñecimiento: abuel-*ita,* sop-*ita.*

Igual ocurre algunas veces con los *aumentativos* y *despectivos,* que según la intención del hablante y el contexto en que aparecen, revelan solamente afecto, simpatía.

3) Los *interfijos* van colocados entre el *lexema* y el *sufijo:* pan-*ec*-ito. Muchas veces aparecen por razones de eufonía.

4) Los *morfemas flexivos* o también llamados desinencias que se usan para conjugar los verbos, y las terminaciones del *masculino, femenino* y *plural:* camin-*o,* camin-*é,* camin-*aba,* gat-*o,* gat-*a,* gat-*os,* gat-*as.*

Es importante aclarar que los *morfemas* no deben ser confundidos con las sílabas. Éstas pueden tener a veces significación, pero normalmente no la tienen. Como hemos visto, la sílaba es una unidad fonológica (Ver 4.4.), no morfológica ni semántica.

La *palabra* puede descomponerse en *morfemas: herman-a, continu-a, in-consol-able,* pero otras veces no es posible esta división: *mi, el, pan, sol.* En este último caso la palabra coincide con el morfema; la palabra consta de un solo morfema que puede ser gramatical: *mi, el,* o léxico: *pan, sol, luna, alma.*

6.2. La palabra: relaciones paradigmáticas y sintagmáticas

La palabra es otra unidad morfológica. *Palabra es el fonema o secuencia de fonemas dotados de significación (léxica o gramatical),* que en la escritura va entre blancos.

La palabra se caracteriza por el *orden riguroso* de los fonemas (y monemas) que la componen (es necesario decir *inconsolable,* pero no *able-inconsol*) y por su *separabilidad.*

Podemos aislar las palabras en la cadena oral, entre pausas: *Mi* (pausa) *hermana* (pausa) *continúa* (pausa) *inconsolable* (pausa).

Las palabras, como las demás unidades de la lengua, desarrollan dos tipos de relaciones entre sí: las relaciones *paradigmáticas* y las relaciones *sintagmáticas*. En estas dos clases de relaciones se basa la gramática. Pasemos a explicarlas.

En la oración:

Tu madre trabaja en el sillón

hemos elegido dentro del grupo de palabras que posee la lengua castellana, aquellas que nos hacían falta para expresar lo que queríamos decir. Hemos elegido *tu* frente a *mi, su, nuestra, vuestra,* que podían aparecer también. Hemos seleccionado *madre* frente a *hermana, tía, prima,* que podían aparecer también en la oración sin que ésta perdiera su estructura gramatical. Si cambiáramos la palabra *madre,* se modificaría el *significado* concreto, pero no la organización gramatical.

Su abuela cose en la cama

Para cada sitio de esa oración hemos elegido la palabra que estimábamos precisa para nuestra intención y hemos desechado otras que también podrían haber ocupado cada uno de esos lugares.

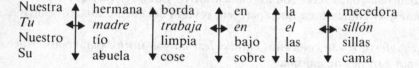

Nuestra	hermana	borda	en	la	mecedora
Tu	*madre*	*trabaja*	*en*	*el*	*sillón*
Nuestro	tío	limpia	bajo	las	sillas
Su	abuela	cose	sobre	la	cama

En este conjunto de oraciones podemos advertir que las palabras establecen dos tipos de relaciones: unas que podemos suponer *verticales,* que se refieren a las palabras que podrían sustituirse en las oraciones sin que se alterase la estructura gramatical de las mismas, y otras, que podemos considerar *horizontales,* que se refieren a las relaciones que tiene cada una de las palabras de la oración con las restantes de la misma.

Las relaciones *verticales,* las primeras, reciben el nombre de relaciones *paradigmáticas,* es decir, las que se encuentran en un mismo conjunto o serie de palabras. Las segundas, las *horizontales,* reciben el nombre de relaciones *sintagmáticas.*

Las relaciones *paradigmáticas* existen sólo en la mente del hablante y del oyente. Las relaciones *sintagmáticas* son reales: existen *realmente* en la oración expresada.

Las palabras que tienen relaciones *paradigmáticas* forman un *campo semántico.*

Hermana, madre, tío, abuela, etc., forman el *campo semántico* de los «nombres de parentesco».

Bordar, trabajar, limpiar, coser, etc., constituyen el *campo semántico* de los «verbos que significan actividad».

Mecedora, sillón, silla, cama, etc., forman el *campo semántico* de los «nombres de los muebles».

Por las relaciones *paradigmáticas* y las relaciones *sintagmáticas* podemos dividir todas las palabras de un idioma en conjuntos que realizan una misma función gramatical: esos conjuntos son las llamadas *partes de la oración.*

6.3. Las partes de la oración

Para hacer la división de palabras según las diferentes partes de la oración, se han seguido a través de la historia diferentes puntos de vista.

Los principales puntos de vista adoptados son los siguientes:

1) EL CRITERIO SEMÁNTICO: Las palabras se dividirían según los significados que expresan:

> *sustancias (nombres): clavel, libro, acero, mar.*
> *cualidades de la sustancia (adjetivos): rojo, grande, azul.*
> *acciones (verbos): andar, beber, escribir.*
> *cualidades de la acción (adverbios): tarde, mucho, temprano.*

Este criterio semántico no se sigue hoy porque, en primer lugar, no es válido para caracterizar aquellas palabras que tienen sólo sentido gramatical *(determinantes, verbos auxiliares, conjunciones, preposiciones)* y, en segundo lugar, no sirve para caracterizar bien aquellas palabras que poseen un significado léxico que no corresponde a su categoría gramatical. Por ejemplo, *belleza, justicia, altura* son nombres, pero no significan sustancia; *entierro, baile, pelea* son nombres, pero no significan sustancia, sino acción.

2) EL CRITERIO MORFOLÓGICO. Este punto de vista divide las palabras de acuerdo *con los morfemas con que pueden combinarse.* Así, *and-* puede combinarse con *desinencias (and-o, and-as,* etc.) y sería verbo. La palabra *muchacho* es el producto de combinar el lexema *muchach-* con el *morfema de género -o* y el *morfema* de *número;* y puede aparecer con los *morfemas -a (femenino)* y *-s (plural).* Esto mismo sucede con otras palabras. Según este criterio, todas las palabras que respondieran al principio de aceptar los *morfemas* de *género* y/o *número,* serían nombres.

Pero este punto de vista no es exacto puesto que el *adjetivo* —otra parte de la oración— tiene estas mismas posibilidades morfológicas: buen- + o = bueno; buen + -a + -s = buenas, y este criterio no resulta válido para las palabras *invariables* de la oración *(preposiciones, conjunciones, adverbios).* Este criterio es útil como complementario de otro.

3) EL CRITERIO SINTÁCTICO. Es el que hemos señalado antes, cuando hablamos de las relaciones *paradigmáticas* y *sintagmáticas.* (Ver 6.2) Este criterio agrupa las palabras según la *función* que desempeñan en la oración. Por ejemplo, las palabras *clavel, libro, acero, mar, belleza, justicia, altura, entierro, baile* y *pelea* son *nombres* porque pueden funcionar como sujeto de una oración; *ando, bebes, escribes* son *verbos* porque pueden funcionar como núcleo del predicado en una oración; *rojo, grande, duro, azul* son *adjetivos* porque pueden funcionar como complementos de un nombre en una oración.

Las partes de la oración, por tanto, se clasifican por sus relaciones *paradigmáticas* y *sintagmáticas.*

Todas las palabras que forman una clase de palabras o una parte de la oración responden a unas mismas propiedades morfológicas (todos los nombres aceptan *morfemas* de *género* y/o *número;* todos los verbos se conjugan, todas las conjunciones son invariables, etc.).

En español encontramos las siguientes partes de la oración: *nombre, adjetivo, determinantes, verbo, adverbio, preposición* y *conjunción.*

En tiempos pasados se incluía entre las partes de la oración la *interjección,* pero hoy no se acepta como tal, por que la *interjección equivale a una oración completa,* por eso va siempre con entonación independiente (entre pausas) en el habla y entre comas en la lengua escrita. Por ejemplo: *¡Ay!, ¡qué bien me siento! La besó y, ¡zas!, ella le dio una bofetada. .*

Las partes de la oración se dividen en dos clases: las partes *mayores* y las partes *menores.*

Las partes *mayores* son las que tienen *significado léxico.* Son el *nombre,* el *adjetivo,* el *verbo,* y el *adverbio.*

Las partes *menores* son las que tienen sólo *significado gramatical.* Son el *determinante,* la *preposición* y la *conjunción.*

En esta clasificación excluimos el *pronombre* porque funciona *siempre* como sustituto.

Como esta división de las partes de la oración la hemos hecho de acuerdo con el *criterio sintáctico,* siguiendo éste podemos ahora establecer dentro de las partes mayores de la oración una subdivisión.

En la oración:

El profesor joven estudia mucho

hallamos las cuatro partes mayores de la oración: un nombre *(profesor),* un adjetivo *(joven),* un verbo *(estudia)* y un adverbio *(mucho),* pero la importancia de estas cuatro partes son diferentes, tienen un *rango* distinto según las funciones que desempeñan.

Advertimos que *profesor* posee la función sintáctica de mayor importancia o *rango,* porque es el *profesor* de quien se dice que es *joven* y que *estudia.* Estas dos palabras, *joven* y *estudia,* tienen, por tanto, un rango menor porque dependen de *profesor.* Y el rango de *mucho* es todavía más pequeño, porque se refiere a *estudia,* que es una palabra dependiente a su vez de *profesor.*

En esta oración hay, por tanto, tres *rangos:*

Rango *primario:* el nombre *profesor.*
Rango *secundario:* el adjetivo *joven* y el verbo *estudia.*
Rango *terciario:* el adverbio *mucho.*

Representado con un gráfico queda así:

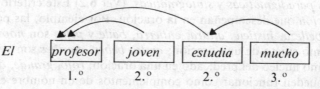

Siguiendo el *criterio sintáctico* podemos definir estas cuatro partes de la oración como:

Nombre o *sustantivo:* es toda palabra que puede ocupar la función de rango *primario* en la oración *(sujeto)*.

Adjetivo y *verbo:* son aquellas palabras que pueden desempeñar la función de rango *secundario* en la oración.

Adverbio: es aquella palabra que puede ocupar la función de rango *terciario* en la oración.

Afirmamos que cada una de estas cuatro partes *pueden desempeñar* estas funciones porque en algunas oraciones estas partes se encuentran en rangos diferentes a los que hemos visto ahora. Así en:

El profesor estudia muy lentamente

vemos que *muy* (adverbio) ocupa un rango *cuaternario,* pues se refiere a *lentamente* (otro adverbio), que posee un rango *terciario.*

Los rangos señalados anteriormente son los *máximos* que pueden ocupar cada una de estas partes.

Hemos visto que el *adjetivo* y el *verbo* pueden desempeñar la función de rango *secundario*. En las definiciones anteriores establecíamos distinciones entre ambas partes de la oración. Para su diferenciación es conveniente aplicar ahora el criterio *morfológico,* que hemos dicho que resultaba útil como complementario de otro.

El *adjetivo* es la palabra que puede desempeñar una función de rango *secundario* en la oración y que puede recibir *morfemas* de *género* y/o *número.*

El *verbo* es la palabra que puede desempeñar una función de rango *secundario* en la oración y que puede recibir *morfemas flexivos (desinencias)* que indican *tiempo, modo, número, persona* y *aspecto.*

EJERCICIOS 6

6. La morfología

6.1.   ¿Qué es el morfema?

6.2.   Señale las clases de morfema.

6.3.   Señale, explique y dé ejemplos de los distintos tipos de morfemas.

6.4.   Señale los morfemas libres y trabados que hay en las siguientes frases:

Los adivinos predijeron la muerte de César.

Subimos la cuesta toda la mañana.

¿Ha llegado el tren a su hora?

El agua del río está muy sucia.

El edificio fue construido por el rey Fernando.

Su hermano salió para Salamanca.

6.5.   Diga cuáles de los morfemas trabados del ejercicio anterior son prefijos, sufijos o desinencias.

6.6.   Forme palabras, usando prefijos, con cada una de las siguientes:

humano	formal	juicio
determinado	armar	real
social	móvil	hacer
revolucionario	pureza	exacto

6.7.   Forme palabras, usando sufijos, con cada una de las siguientes:

sol	cañón	broma

pan	muchacho	cigarro
hombre	lata	maleta
animal	mano	poeta

6.8. Forme un aumentativo con cada una de las siguientes palabras, usando distintos sufijos:

silla	almohada	bodega
ojo	negro	perro
bruto	gallego	catarro

6.9. Forme un diminutivo con cada una de las palabras siguientes, usando distintos sufijos:

árbol	arroyo	aldea
chico	príncipe	gitana
peluca	cabeza	tos
loco	mano	cuchara

6.10. Forme un despectivo con cada una de las palabras siguientes, usando distintos sufijos:

vulgo	pájaro	flaco
villa	cama	libro
poeta	latín	casa
médico		

6.11. Señale en las siguientes oraciones las palabras con sufijo diminutivo que expresen pequeñez y las que expresen afecto:

¡Tómate esa sopita!

La ropita de la muñeca es azul.

Una limosnita, por favor.

Llevas un relojito que apenas se ve.

La abuelita cuenta historias a los nietos.

6.12. Muchos prefijos latinos se usan para formar palabras en nuestro idioma. Entre ellos los más frecuentes son:

Prefijo	Significado	Ejemplo
bi, bis	dos	bilingüe
circun, circum	alrededor	circunferencia
co, com, con, cor	con	conciudadano
des	privación	desatar
ex	fuera	exponer
ex	que ha cesado de ser	ex-presidente
extra	fuera de	extrarradio
in, im	en	imponer
inter	entre	interoceánico
intra	dentro	intramuscular
multi	muchos	multicolor
omni	todo	omnipotente
per	a través	perforar
pos, post	después	poscomunión
pre	delante	prehistoria
pro	en lugar de	proyectar
re	de nuevo	renovar
retro	hacia atrás	retrovisor

su, sub	que está debajo	subgerente
super, supra	que está encima	suprasensible
trans, tras	más allá de	transiberiano
ultra	más allá de	ultrarreaccionario
vice	en lugar de	vicepresidente

De acuerdo con el cuadro anterior, escriba cuarenta palabras formadas con los prefijos latinos más comunes.

6.13.   Muchos prefijos griegos se usan para formar palabras en nuestro idioma. Entre ellos son muy frecuentes:

Prefijo	Significado	Ejemplos
a	sin	ateo
archi	preeminencia	archifamoso
arqui	mando	arquitecto
auto	sí mismo	autoservicio
dia	a través	diámetro
demo	pueblo	democracia
epi	encima	epitafio
eu	bien, bueno	eufórico
hemi	mitad	hemisferio
hidro	agua	hidrógeno
hiper	sobre, exceso de	hipertenso
meta	más allá	metafísica
pan	todo	panamericano
poli	varios	polisílaba
pro	delante	prólogo

sin	con	sincronía
tele	lejos	televisión

De acuerdo con el cuadro anterior, escriba treinta palabras formadas con los prefijos griegos mencionados.

6.14. De acuerdo con los cuadros anteriores, reconozca el significado de los prefijos en las siguientes palabras:

amoral	automóvil	teléfono
invidente	hidrología	procrear
ultramarino	retrotraer	metabolismo
postdata	ultraconservador	exalcalde
omnívoro	desarmar	interplanetario
pronombre	prejuicio	omnisciente
extender	archidiócesis	posmodernista
despolitizar	anarquía	recrear
eufemismo	bimotor	supranacional
proclamar	metáfora	vicecónsul
polifacético	hemistiquio	irreal
epidermis	deshidratar	politeísmo
diagonal	circunnavegación	

6.15. Muchos sufijos griegos han pasado a formar palabras en la lengua española, como:

Sufijo	**Significado**	**Ejemplos**
algia	dolor	cefalalgia
arquía	mando	monarquía

céfalo	cabeza	microcéfalo
cracia	poder	democracia
dromo	carrera	hipódromo
fobia	odio	hidrofobia
fonía	transmisión de sonidos	telefonía
gamia	matrimonio	poligamia
geno	que engendra	hidrógeno
oide	parecido a	ovoide
podo	pie, pata	octópodo
poli	ciudad	metrópoli
ptero	ala	áptero
scopio	que sirve para ver	telescopio
lito	piedra	monolito
manía	pasión por	bibliomanía
patía	padecimiento	neuropatía
filia	afición, proclividad	necrofilia
tecnia	ciencia, arte	electrotecnia
teca	armario	biblioteca
terapia	tratamiento	hidroterapia

De acuerdo con el cuadro anterior, escriba veinte palabras compuestas con los sufijos griegos mencionados.

6.16. De acuerdo con el cuadro anterior, diga el significado de las siguientes palabras:

neuralgia	melómano	dipsomanía

comunistoide	pirotecnia	hemeroteca
endogamia	romboide	metropolitano
canódromo	matriarcado	pinacoteca
tecnocracia	helicóptero	anglofobia
anarquía	psicoterapia	micrófono
plutocracia	germanófilo	

6.17.   Señale tres campos semánticos con cinco palabras cada uno.

6.18.   Explique brevemente los principales puntos de vista que se han seguido para la división de las palabras según las partes de la oración.

6.19.   Señale las partes mayores (M) y menores (m) en las siguientes oraciones:

Ejemplo: *Los romanos inteligentes construyeron este acueducto.*
           m   M   M   M   m   M

El lechero no vino hoy.

¿Sabes dónde está la máquina de sumar?

A ella le gusta más tu chaqueta verde.

Tuvo cinco hijos y, por fin, le nació una hija.

Recibió una herida profunda en el vientre.

Hasta los veinte años trabajó en el campo.

La niña y su madre llegaron temprano.

El viajante y el actor salieron hacia el campo.

Tirano Banderas es un personaje de Valle-Inclán.

Pedro Crespo y Segismundo pertenecen al teatro clásico español.

El ladrón quiso huir, pero no consiguió pasaje en el avión.

Mi hijo vende ganado en un pueblo cerca de aquí.

6.20.   Señale a qué partes de la oración pertenecen las palabras de las oraciones anteriores.

Ejemplo:

Los	inteligentes	romanos	construyeron	este	acueducto.
Determinante	Adjetivo	Nombre	Verbo	Determinante	Nombre

7.   Introducción a la sintaxis

Hasta el momento hemos hecho referencia repetidas veces a la *oración*, ya que partimos para nuestro estudio del *criterio sintáctico*, cuyo fundamento precisamente es la *oración* y las *funciones* que dentro de ella desempeñan las distintas *partes* que la componen. Creemos que es necesario ahora fijar qué entendemos por *oración* y cómo está estructurada. Sobre la *oración* volveremos, por supuesto, al estudiar específicamente la *sintaxis*.

7.1.   La oración y la proposición

La oración es la menor unidad lingüística dotada de significación en sí misma.

En efecto, el *fonema* integra otras unidades superiores *(morfemas, palabras, oraciones);* igual sucede con el *morfema* y la *palabra:* ambos pueden pasar a formar parte de una unidad lingüística mayor.

La *oración expresa un sentido completo.* La *palabra* tiene sentido completo, pero no comunica. Una palabra como *café* tiene un significado preciso, pero para que este vocablo *comunique* algo es necesario que esté incluido en una oración.

> *Me gusta el café.*
> *El café está bueno.*
> *Vino con el café.*

Puede ocurrir que en determinada situación digamos —*¡Café!* en un establecimiento (comercio o cafetería) y nos entiendan que deseamos comprar o beber café. Esto sucede porque el contexto en que nos encontramos facilita la comprensión de nuestra expresión. Hemos dicho —*¡Café!,* pero hemos pensado y nuestros oyentes han entendido que lo que en el fondo queríamos decir es: *Deseamos beber o comprar café.*

La oración más sencilla se compone de un nombre y un verbo: *María corría,* pero la oración puede estar formada por unidades de forma oracional:

María, / mientras las amigas cantaban, / los padres paseaban / y la abuela dormía, / corría.

Estas unidades que tienen forma oracional, pero que no son oraciones porque forman parte de una unidad superior (la oración propiamente dicha) se llaman *proposiciones*. La oración del ejemplo está formada por cuatro proposiciones.

La oración está perfectamente estructurada. Su estructura se compone de una serie de *funciones*. Los jugadores de un equipo de balón-mano o los actores que interpretan una comedia, tienen cada uno una función específica. Así también en la oración hay funciones específicas. En la oración hay dos funciones fundamentales, de modo que sin ellas no existe la oración. Esas funciones son la de *sujeto* y la de *predicado*.

La función del *sujeto* consiste en servir de base para que se diga algo de él:

La noche *está fresca*.
María *corría*.

La función del *predicado* consiste en decir algo sobre el sujeto.

La noche está fresca.
María corría.

Además de estas funciones fundamentales pueden existir otras, según la clase de oración de que se trate. Entre otras podemos mencionar las siguientes:

Funciones de *determinante,* que se antepone a los nombres:

$$\left.\begin{array}{l}\text{La}\\\text{Su}\\\text{Esa}\\\text{Aquella}\end{array}\right\} \textit{casa es magnífica}$$

Función de *complemento:*

de un *nombre: Vio un animal* raro (Compl. de *animal*)
de un *verbo: Escribió* una carta (Compl. de *escribió*)

Función de *nexo* o unión entre palabras o proposiciones:

Bebemos café con *leche.*
Me gustaría ir, pero *no puedo.*

Cada una de las partes de la oración se dedica a realizar una función en ella (a veces puede ser más de una). El *nombre* se especializa en ser *sujeto;* el *adjetivo* en ser *complemento de un nombre;* el adverbio en *complemento del verbo (canta* bien) y *complemento de un adjetivo* (muy *caliente*). La *preposición* y la *conjunción* cumplen con la función de ser *nexos.*

7.2. La estructura profunda y la estructura superficial

Antes de comenzar el estudio morfológico de estas distintas partes de la oración, es necesario una vez más acudir a la *sintaxis*.

Cuando estudiamos los *fonemas* y los *sonidos,* vimos que el fonema es el mínimo elemento del significante que no puede ser dividido en unidades más pequeñas, es abstracto y queda realizado en el sonido (Ver 4.1.).

En el terreno de la *sintaxis* ocurre algo parecido.

En el ejemplo anterior de *¡Café!,* hemos podido comprobar que tanto nosotros como nuestros oyentes sabíamos perfectamente que queríamos comprar café aunque solamente mencionáramos con carácter de oración ese vocablo.

Esa oración que hemos emitido *¡Café!*, es lo que en gramática generativa se llama estructura superficial. En la estructura profunda la oración tendría todas sus palabras y relaciones: *¡Quiero café!*

Corresponde a la *estructura superficial* lo dicho o lo escrito, a la *estructura profunda*, corresponde su representación abstracta.

Una misma *estructura profunda* puede generar varias oraciones porque un mismo pensamiento puede ser dicho o escrito de muy diversas maneras. Por ejemplo, la estructura profunda: *La lluvia pone el campo verde* puede expresarse superficialmente de formas muy distintas.

El campo está verde a causa de la lluvia.
La lluvia verdea el campo.
El campo es verde por la lluvia.
Hace poner verde el campo la lluvia.

Puede darse el caso opuesto, es decir, que una estructura *superficial* corresponda a estructuras *profundas* distintas. En estos casos se dice que hay ambigüedad en la estructura superficial. Estos casos deben evitarse siempre. La oración:

La elección de Juan es buena

tiene dos significados:

1) *Juan ha sido elegido y ello es bueno.*
2) *Juan ha realizado una elección y ello es bueno.*

De la (estructura profunda) *representación abstracta* a la (estructura superficial) *oración emitida* se desarrolla un proceso llamado transformación.

En el ejemplo de *¡Café!* se advierte que ha habido una supresión de elementos que no ha impedido la comunicación.

Las principales *transformaciones* que ocurren son las siguientes:

1) *Cambio de orden.*
   La luna está saliendo → Está saliendo la luna.

2) *Nominalización (Transformación* en nombre de lo que en la estructura profunda no es un nombre).
   Juan ha realizado una elección → La elección de Juan.

3) *Pasiva (Transformación* de una oración activa en pasiva).
   La abuela vio al niño → El niño fue visto por la abuela.

Muchas veces lo que decimos corresponde justamente a lo que queremos decir, de modo que puede dudarse de que haya *transformación* en estos casos, pero siempre existe una *transformación,* que consiste en dotar a la oración de la *entonación adecuada.*

Nuestra gramática se basa en estas dos estructuras: la *profunda* y la *superficial*.

Por una parte, la gramática estudia las reglas que componen la estructura *profunda* de unas pocas oraciones que reciben el nombre de *nucleares*. Estas reglas se llaman reglas de reescritura, que indican en qué orden deben colocarse los elementos oracionales en la estructura profunda.

Por otra, la gramática se ocupa de las *reglas transformacionales*, mediante las cuales se realizan las transformaciones de las oraciones de la estructura profunda a las oraciones de las estructuras superficiales, o combinando varias oraciones se originan nuevas estructuras superficiales.

Es una regla transformacional la que rige el paso de la oración nuclear *La abuela vio al niño* en la oración transformada *El niño fue visto por la abuela* (punto 3).

La oración no nuclear, la oración que es consecuencia de algunas *reglas transformacionales,* recibe el nombre de oración *transformada.*

7.3. El sintagma

Otro elemento de la *sintaxis* que es necesario que conozcamos antes de iniciar el estudio morfológico de las distintas partes de la oración es el *sintagma.*

La oración se compone de unidades sintácticas menores que ella: los sintagmas. Los sintagmas son grupos de palabras que tienen entre ellos una unión que les proporciona una cierta autonomía sintáctica frente a los otros grupos que componen la oración.

En la oración:

Varios niños estudian sus lecciones en la playa

podemos hacer varias subdivisiones porque en ella hay grupos de dos o más palabras que tienen entre sí una relación especial, lo que les da cierta independencia frente a otros grupos de la oración. Así podemos subdividir:

Varios niños
estudian sus lecciones en la playa
$\left\{ \begin{array}{l} \textit{estudian} \\ \textit{sus lecciones} \\ \textit{en la playa} \end{array} \right.$

Cada una de estas subdivisiones que hemos hecho es un *sintagma,* porque funciona con relativa independencia sintáctica y semántica dentro de la oración.

En este ejemplo vemos que los *sintagmas* están formados por dos o más palabras o morfemas, pero puede estar formado por una sola palabra. Como *juega* en el ejemplo siguiente.

La niña juega $\left\{ \begin{array}{l} \textit{La niña} \\ \textit{juega} \end{array} \right.$

Hay varias clases de sintagmas:

1) *Sintagma nominal:* tiene como núcleo el nombre. Se representa con el símbolo SN y puede realizar funciones de sujeto y complemento preferentemente.

En la estructura profunda consta siempre de una palabra que le antecede, el determinante (Det.) y un nombre (N). Su regla de rescritura es:

$$SN \rightarrow Det + N$$

2) *Sintagma predicativo:* siempre tiene como función la de ser predicado de la oración. Se representa por el símbolo *SPred.* Tiene varias rescrituras posibles:

$$SPred \rightarrow \text{verbo copulativo} \begin{cases} \text{Sintagma nominal } (Carlos \ es \ estudiante). \\ \text{Sintagma adjetivo } (La \ noche \ está \ fría). \\ \text{Sintagma preposicional } (Lola \ es \ de \ San \\ Juan). \end{cases}$$

$$SPred \rightarrow \text{verbo no copulativo } (El \ niño \ llora).$$

$$SPred \rightarrow \text{verbo no copulativo} + SN \ (El \ sereno \ vigila \ la \ calle).$$

$$SPred \rightarrow \text{verbo no copulativo} + SN + Sintagma \ Preposicional \ (Varios \ niños \ estudian \ sus \ lecciones \ en \ la \ playa).$$

3) *Sintagma adjetivo:* Se representa con el símbolo *SAdj.* y realiza sus funciones como parte del *SPred (La noche está* fría) o como complemento del nombre *(Vi una rosa* blanca).

4) *Sintagma preposicional:* Se representa con el símbolo *SPrep.* Tiene muchas funciones y su regla de rescritura es:

$$SPrep \rightarrow \text{preposición} + SN$$

Varios niños estudian sus lecciones en la playa.

7.4. Las oraciones nucleares y sus reglas de rescritura

Hemos dicho antes que estas oraciones son las que no han sufrido ninguna transformación (salvo la de dotarlas de entonación) y en español son muy pocas. Se ajustan a las *reglas de rescritura,* que son las siguientes:

PRIMERA REGLA

Se representa del siguiente modo: $O \rightarrow SN + SPred$ que equivale a enunciar: «Oración rescríbase como un sintagma nominal acompañado de un sintagma predicativo.» Gráficamente se representa del siguiente modo:

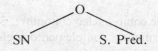

SEGUNDA REGLA O REGLA DEL SINTAGMA NOMINAL

La hemos visto ya: *SN* → *Det + N*. Gráficamente se representa del siguiente modo, combinada con la anterior:

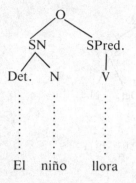

TERCERA REGLA O REGLA DEL SINTAGMA PREDICATIVO

Al referirnos al *Sintagma predicativo (SPred)* vimos que existían dos clases: uno compuesto por un verbo copulativo y otros elementos, y otro compuesto por verbos no copulativos.

$$\text{S. Pred} \left\{ \begin{array}{l} \text{Verbo copulativo} + \left\{ \begin{array}{l} \text{SN} \\ \text{SAdj.} \\ \text{SPrep.} \end{array} \right. \\ \text{V} + \text{(SN)} + \text{(S. Prep.)} \end{array} \right.$$

El *Sintagma predicativo* formado con la intervención de un verbo copulativo se llama *Predicado nominal*. La cópula va seguida de un atributo que puede ser:

S.N (con el verbo ser): Tu hermano es *actor.*
S.Adj. (con el verbo ser o estar): Esa comida es *buena.*
S.Prep. (con el verbo ser o estar): Esa fruta es *de Valencia.*
Mi tía está *de mal humor.*

La regla de rescritura del *Predicado nominal* es la siguiente:

$$\text{SPred} \rightarrow \text{cópula} + \left\{ \begin{array}{l} \text{SN} \\ \text{SAdj.} \\ \text{SPrep.} \end{array} \right\}$$

El *Sintagma predicativo* formado con la intervención de un verbo no copulativo se llama *Predicado verbal.*

Gráficamente se representa así:

(primer caso): *SPred → cópula + SN*

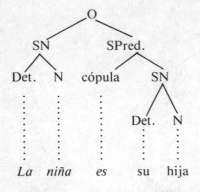

La   niña   es   su   hija

(segundo caso): *SPred → cópula + SAdj.*

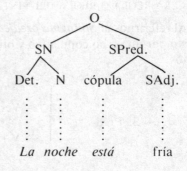

La noche está   fría

(tercer caso): *SPred → cópula + SPrep.*

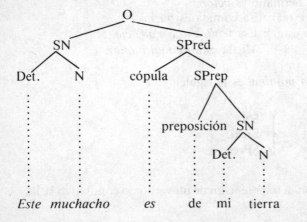

Este muchacho   es   de   mi   tierra

De acuerdo con lo expresado anteriormente:

$$SPred \rightarrow V + (SN) + (SPrep)$$

(V quiere decir verbo no copulativo y los símbolos escritos entre paréntesis pueden aparecer o no).

Hay, por tanto, cuatro casos:

(primer caso): *SPred* → *V*

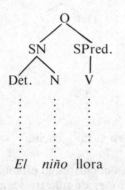

(segundo caso): *SPred* → *V + SN*

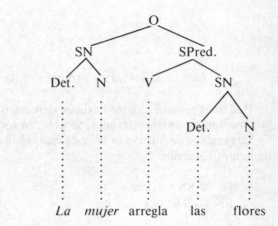

(tercer caso): *SPred* → *V + SPrep.*

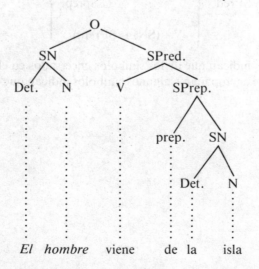

(cuarto caso): *SPred* → *V* + *SN* + *SPrep*.

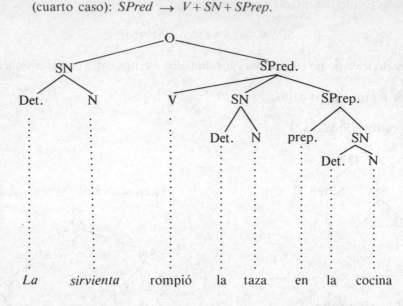

Podemos resumir que sólo existen siete tipos de oraciones nucleares en español. De éstas, mediante transformaciones, se generan todas las oraciones de nuestra lengua.

Las reglas que forman la base de estas siete clases de oraciones pueden reducirse a las siguientes fórmulas:

O → SN + SPred
SN → Det + N

$$\text{SPred} \begin{cases} \text{cópula} + \begin{cases} \text{SN} \\ \text{SAdj.} \\ \text{Sprep.} \end{cases} \\ V + (\text{SN}) + (\text{SPrep.}) \end{cases}$$

Las llaves verticales indican que de los símbolos encerrados en ella, sólo se puede usar uno. Los paréntesis que acompañan a algunos símbolos indican que estos pueden aparecer o no.

EJERCICIOS 7

7. Introducción a la sintaxis

7.1. Señale las oraciones que hay en el siguiente párrafo:

Cuando arribamos a las últimas casas, un brusco tiroteo nos aturdió. (Antes o después, orillamos el ciego paredón de una fábrica o un cuartel.) Nos internamos en una calle de tierra; un soldado, enorme en el resplandor, surgió de una cabaña incendiada. A gritos nos mandó que nos detuviéramos. Yo apresuré mis pasos; mi camarada no me siguió. Me di vuelta: John Vincent Moon estaba inmóvil, fascinado y como eternizado por el terror. Entonces yo volví, derribé de un golpe al soldado, sacudí a Vincent Moon, lo insulté y le ordené que me siguiera. Tuve que tomarlo del brazo; la pasión del miedo lo invalidaba. Huimos, entre la noche agujereada de incendios. Una descarga de fusilería nos buscó; una bala rozó el hombro derecho de Moon; éste, mientras huíamos entre pinos, prorrumpió en un débil sollozo.

La forma de la espada.
Jorge Luis Borges

7.2. Señale las proposiciones que encuentre en el párrafo anterior.

7.3. Señale las distintas partes de la oración en el mismo párrafo.

Ej.: *Cuando arribamos a las últimas casas, un brusco tiroteo nos aturdió.*

Cuando: adverbio
arribamos: verbo
a: preposición
las: determinante
últimas: adjetivo
casas: nombre

108

un:	determinante
brusco:	adjetivo
tiroteo:	nombre
nos:	pronombre
aturdió:	verbo

7.4. ¿Qué es una transformación?

7.5. Realice transformaciones en las siguientes oraciones:

El padre regaló un perro a los niños.
La noche está hermosa hoy.
Escuché un concierto maravilloso.
Paseamos por los campos de caña.
El trabajador es honesto.
Nuestro vecino es médico.
La chica es de Aruba.
Los estudiantes pasean.
La madre atiende a sus hijos cada día.
El poeta escribió un libro excelente.

7.6. Señale en las oraciones anteriores las diferentes clases de sintagmas.

Ej.: *La noche*   *está hermosa*
     S. Nominal   S. Pred.

7.7. Explique el significado de la siguiente regla:

O ⟶ SN + S PRED

7.8. Escriba tres oraciones que respondan a la regla anterior.

7.9. Enuncie en forma de regla lo que señala este «indicador sintagmático»:

7.10. Enuncie en forma de regla lo que señala este «indicador sintagmático»:

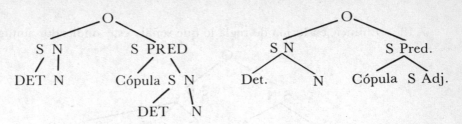

7.11. Escriba dos oraciones que respondan a las dos reglas anteriores.

7.12. Enuncie en forma de regla lo que señala este «indicador sintagmático»:

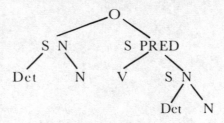

7.13. Escriba dos oraciones que respondan a la regla anterior.

7.14. Enuncie en forma de regla lo que señala este «indicador sintagmático»:

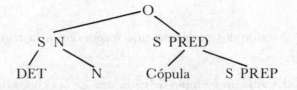

7.15. Escriba dos oraciones que respondan a la regla anterior.

7.16. Enuncie en forma de regla lo que señala este «indicador sintagmático»:

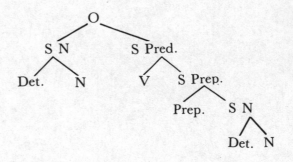

7.17. Escriba dos oraciones que respondan a la regla anterior.

7.18. Enuncie en forma de regla lo que señala este «indicador sintagmático»:

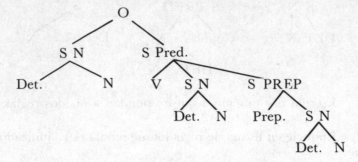

7.19. Escriba dos oraciones que respondan a la regla anterior.

7.20. Escriba un ejemplo de cada una de las clases de oraciones nucleares de la lengua española.

8.   El nombre

Es la parte de la oración que puede realizar la función de rango primario, es decir, la de sujeto (Ver 6.3).

También pueden funcionar como sujeto las palabras que la gramática tradicional denominaba *pronombres personales*.

El *nombre* —recordando las nociones de sintaxis que hemos desarrollado en el capítulo anterior— *es el núcleo del sintagma nominal*.

8.1.   El número en el nombre

Desde el punto de vista morfológico, el *nombre,* como ya se ha señalado (Ver 6.1), se caracteriza por aceptar *morfemas flexivos* que indican el *número*.

El número es *singular* cuando el nombre se refiere a una sola cosa; *plural* cuando se refiere a más de una cosa.

El número *singular* se caracteriza por la carencia de morfema o, lo que es lo mismo, por la presencia del morfema θ (cero):

cuaderno   silla   traje   pared   abogado

El *plural* se forma añadiendo el morfema -*s* al singular cuando éste termina en vocal y el morfema -*es* cuando el singular termina en consonante.

rosa - rosa*s*   sangre - sangre*s*   pared-pared*es*

Cuando el nombre termina en -*s*, si la palabra es aguda: *mies, revés, envés,* forma el *plural* siguiendo la regla de las consonantes, es decir, añadiendo -*es: mieses, reveses, enveses*. Pero si la palabra no es aguda, no recibe morfemas de número: *el* lunes, *los* lunes; *el* análisis, *los* análisis. En estos casos se dice que el plural se forma con el morfema θ.

En las palabras polisílabas terminadas en -*á, -í, -ú,* el habla culta forma el plural con el morfema -*es,* pero el habla popular lo hace sólo con -*s*. Esta segunda tendencia predomina en los últimos tiempos. Así:

	habla culta	*habla popular*
maniquí	maniqu*íes*	maniqu*ís*
rubí	rub*íes*	rub*ís*
maní	man*íes*	man*ís*

Los monosílabos terminados en vocal generalmente forman su plural en -*s: yos, pies, fes*. En el caso de las consonantes: *des, bes, tes*. En el caso del nombre de las vocales predominan las formas de plural con el morfema -*es: aes, oes, íes,* pero se usa *es*.

El nombre no cambia el lugar de la acentuación al formar el plural: par*e*d par*e*des; abog*a*do - abog*a*dos. Sólo se encuentran dos excepciones importantes: carácter - caracteres; régimen - regímenes.

8.2. El género en el nombre

Durante mucho tiempo los gramáticos consideraron que el *género* era un accidente del nombre, como el *número*.

Pero *accidente* es una variación regular de algunas partes de la oración, como el *número* en el nombre y las *personas* en el verbo.

mesa - mesas	cant-*o*
pan - panes	cant-*as*
río - ríos	cant-*a*

Éste no es el caso del *género* en español. *El género no es una variación regular del nombre,* pues no hay nada que nos indique que *pared* es femenino y que *problema* es masculino.

En español hay muchos nombres animados femeninos que terminan en -*a (profesora, tía, niña),* pero hay también muchos que no terminan en -*a: emperatriz, mujer, madre.*

Los nombres no animados no tienen ninguna indicación que nos señale su género: *inyección, mano* y *radio* son femeninos y *colchón, burro* y *mapa* son masculinos.

El género no es un accidente del nombre, sino un rasgo gramatical, que se aprende como los otros rasgos, que veremos inmediatamente *(animado - no animado; común - propio,* etc.).

De acuerdo con este criterio llamamos nombres *masculinos* a los que en el sintagma nominal admiten el determinante *este: barro, lápiz, estante, lucero, Pedro, colchón.*

Llamamos nombres *femeninos* a los que en el sintagma nominal admiten el determinante *esta: pared, puerta, ventana, fascinación, Lola, flor, mano.*

Sin embargo, existen algunos nombres femeninos que se acompañan del determinante *el.* Se encuentran en este caso los nombres femeninos en singular que comienzan por *á-* (a acentuada) (con tilde o no), a los que se les aplica el determinante *el* por razones de eufonía: *el ave, el alma, el alba, el agua, el hacha* y no *la ave,* etc.

En plural estos nombres son acompañados por el determinante *las: las aves, las almas, las albas, las aguas, las hachas.*

En el caso de que entre el determinante y el nombre femenino aparezca otra palabra, se usa también el determinante *la: la pequeña ave, la buena alma, la fresca alba, la afilada hacha.*

Esta regla del uso de *el* en vez de *la* ante nombres que comienzan por *á-* no se aplica a ninguno de los otros determinantes. Es, por tanto, error grave decir: *este agua, ese ave, aquel hacha.* Se debe decir *esta agua, esa ave, aquella hacha.*

Cuando el nombre femenino comienza por *a-* *no acentuada* lleva siempre *la: la alabanza, la avaricia, la aviación.*

8.3. Clases de nombres

Los *nombres* se agrupan en muchas clases. Entre ellas las más importantes son: *animados* y *no animados; comunes* y *propios; concretos* y *abstractos; contables* e *incontables; masculinos* y *femeninos; comunes ambiguos* y *epicenos; individuales* y *colectivos,* y los *nombres personales.*

Los nombres *animados* son los que se aplican a personas y animales: *Pedro, gato, portero, perra, abogado, médico, estudiante, anciano, serpiente.*

Los nombres *no animados* son los que se aplican a vegetales y objetos inanimados: *rosa, arena, clavel, lluvia.*

Los nombres *comunes* son los que designan a todos los seres de la misma clase: *niño, muchacho, pimiento, escritor, flor, río, montaña, pantano, abogado, ingeniero.*

Los nombres *propios* son los que se refieren a un ser determinado para distinguirlo de los demás de su misma clase: *Pedro, Rodrigo, Miguel, Carmela, Sara, Elena, Fernández, Fernando.*

Los nombres *concretos* son los que se refieren a objetos materiales, es decir, aquellos que pueden ser captados por los sentidos; a saber, vista, oído, gusto, olfato y tacto: *sastre, león, azúcar, música, ruido, sal, perfume, piel.*

Los nombres *abstractos* son los que se aplican a objetos inmateriales, es decir, aquellos que no pueden ser captados por los sentidos: *virtud, pureza, pecado, alegría, tristeza, maldad, rencor, olvido, bondad, anchura, delgadez.*

Los nombres *contables* se aplican a objetos que pueden contarse: *libro, mesa, cuadro, silla, cazuela, lápiz.*

Los nombres *incontables* designan cosas que no pueden contarse: *arena, agua, azúcar, sal, carne, seda, fealdad, belleza.*

A veces un nombre puede funcionar como *contable (Bebimos tres cervezas)* y como *incontable (Bebimos cerveza).*

En algunos casos, los nombres *incontables* pueden aparecer en plural: Las *arenas* sepultaron la ciudad. Las *aguas* invadieron los sembrados.

Este uso del plural no refleja una verdadera pluralidad, sino que conlleva una intención enfática, para acentuar la intensidad de nuestra expresión. Los nombres incontables sólo tienen *plural enfático.*

Los nombres *ambiguos* son aquellos que se refieren a un grupo de nombres *no animados,* que carecen de un género gramatical definido. Por ejemplo, puede decirse *este* mar, y *esta* mar, *el* azúcar o *la* azúcar. A veces, como en el caso de *mar,* el uso del determinante femenino indica un sentido afectivo, así la gente de mar usualmente habla del mar con determinantes femeninos: Estaba *la* mar brava.

Estos nombres son pocos: *azúcar, calor, mar, puente, dote.* No son *ambiguos* un grupo de nombres que según funcionen como masculinos o femeninos tienen significado diferente. Por ejemplo:

el guardia	*la* guardia
el frente	*la* frente
el cometa	*la* cometa
el orden	*la* orden
el doblez	*la* doblez
el cólera	*la* cólera

Los *nombres comunes en cuanto al género* son algunos nombres *animados humanos* que sólo tienen una forma, como *testigo, mártir, patriota, astronauta, reo, suicida, juez, fiscal.*

Estos nombres son *masculinos* cuando van acompañados de un determinante masculino o un adjetivo terminado en *-o.* Son *femeninos* cuando van acompañados de un determinante femenino o un adjetivo terminado en *-a.*

Una hermosa *testigo*	El *mártir del Gólgota*
La heroica *patriota*	El *reo confesó*
El *suicida dejó una carta*	La *juez es muy bondadosa*

Los nombres *epicenos* son aquellos nombres animados que gramaticalmente son masculinos o femeninos *siempre,* pero los seres a que se refieren pueden ser machos o hembras. Esta es la diferencia con los anteriores. Los *comunes* son *masculinos* o *femeninos,* pero los *epicenos* son o *masculinos* o *femeninos,* pero sus referencias en la realidad pueden ser machos o hembras. *Pantera* es gramaticalmente femenino: *esta* pantera, pero el animal designado por este nombre puede ser macho o hembra.

Son *epicenos:*

1) Los nombres de muchos animales: la *hormiga,* el *buho,* el *pez,* la *cigarra,* la *serpiente.*
2) Los nombres de conjuntos de personas y animales que incluyen machos y hembras: *multitud, muchedumbre, profesorado, rebaño,* una *pareja* (de novios), un *matrimonio.*
3) Los nombres singulares de persona o animal, cuando están usados para referirse al conjunto de personas o animales de esta clase: *El* hombre *es mortal; el* oso *es fiero.*
4) Los nombres en plural cuando se refieren a conjuntos de macho y hembra: *¡Vivan los* novios!, *Mis* padres *están de vacaciones. Los* reyes *de Dinamarca. Cazaremos* conejos.

Así como hemos comentado que la gramática tradicional establecía que el *género* era un accidente del nombre, también consideraba que gramaticalmente existían los géneros *masculino, femenino, epiceno* y *ambiguo.* Hoy este criterio está desechado y sólo se admite que estos grupos de nombres son clases del nombre, como los *animados, no animados,* etc. Es decir, que reflejan rasgos gramaticales solamente.

Los nombres *individuales* son los que, en singular, se refieren a un solo objeto contable: *músico, estrella, poeta, árbol, río, campo.*

Los nombres *colectivos* son los que, en singular, se refieren a un conjunto de objetos contables: *ejército, orquesta, bosque, público, equipo, elenco, clientela.*

Dentro de los nombres colectivos existe un conjunto que, significando una materia, se aplica a los objetos hechos de esa materia o en que ésta interviene. Así:

> *la plata:* todos los objetos de plata
> *la loza:* todos los objetos de loza
> *la porcelana:* todos los objetos de porcelana
> *el metal:* todos los instrumentos de metal de la orquesta
> *la cuerda:* todos los instrumentos de cuerda de una orquesta

Los pronombres personales siempre aparecen en la oración sustituyendo a un nombre, un sintagma o una oración. Pero no puede decirse que *yo* y *tú* tengan una función sustitutiva del nombre, puesto que son las únicas formas que, en el diálogo, comportan un contenido distinto en cada utilización: *yo,* por ejemplo, sirve para identificar a cualquier persona que habla y *tú* a la que escucha. ¿De qué otro modo puedo designarme a mí mismo en la conversación y a la persona que me atiende? *Él, ella* pueden designar seres personales y no personales; son verdaderos sustitutos y, por tanto, son pronombres. Ejemplo: *Guardé los regalos en el cajón, pero ahora no están en* él (= cajón).

Los nombres *singularia tantum.* Con esta expresión latina que significa «singulares solamente», se denominan varios nombres que se emplean sólo en singular. Estos nombres carecen de plural. Entre ellos se encuentran:

> *sur   este   oeste   cenit   tez   salud   sed*

Los nombres *pluralia tantum*. Son los opuestos a los anteriores. Son aquellos nombres que se usan siempre en plural por carecer de singular. Por ejemplo:

víveres, carnestolendas, exequias, andas, entendederas

Un grupo especial está compuesto por los nombres que se refieren a cosas constituidas por piezas simétricas: *pinzas, gafas, tijeras, alicates*. Actualmente existe la tendencia a usar la forma singular en los ejemplos mencionados.

8.4. La nominalización

Hemos definido al comienzo de este capítulo el nombre como la palabra que constituye el núcleo del sintagma nominal. Recordemos la regla de rescritura de éste:

$$SN \rightarrow Det + N$$

En algunos casos, no obstante, observamos que palabras que no son nombres ejercen como tales, desempeñando la función de núcleo del sintagma nominal. En estos casos ha ocurrido el fenómeno de la *nominalización,* es decir, que esa palabra se ha *transformado* en nombre. Así podemos comprobar en las siguientes oraciones que un adverbio *(tarde),* una conjunción *(y)* y una preposición *(para)* funcionan como núcleo del sintagma nominal.

> *Tarde* es un adverbio de tiempo.
> *Y* es una conjunción.
> *Para* indica dirección y finalidad.

En los *pronombres,* que funcionan dentro de la frase como nombres, y en los *infinitivos,* que son las formas de los verbos para comportarse como nombres, *no existe nominalización,* porque ambos (pronombres e infinitivos) son sintácticamente nombres.

8.5. Funciones del sintagma nominal

El sintagma nominal, como hemos visto, puede funcionar como tal y, además, formando parte de un sintagma preposicional. (Ver 7.3.)

Como sintagma nominal propiamente dicho, puede desempeñar las siguientes funciones:

1) Sujeto: Carlos *corre.*
2) Atributo: *Este árbol es* un roble.
3) Vocativo: Susana, *ven.*
4) Complemento directo: *Compré* verduras.

Como parte de un sintagma preposicional, puede ser:

5) Complemento directo (cuando es de persona va introducido por la preposición *a):*

Vi a tus hermanas.

6) Complemento indirecto: *Compró un coche a* su hijo.
7) Complemento de un nombre: *He escuchado música* de piano.
8) Complemento de un adjetivo: *Está loca de* alegría.
9) Complemento de un verbo: *Paseamos con* la abuela.

Como sujeto:

En la estructura profunda antecede siempre al predicado y con éste forma los constituyentes inmediatos de la oración.

En la estructura superficial, por una *transformación de orden* puede ir detrás del predicado: Ya salió *la luna.*

El nombre nunca lleva preposición cuando desempeña la función de sujeto, excepto cuando aparecen varios sujetos, que pueden ir precedidos de la preposición *entre.*

También puede aparecer *hasta* con el sentido de *incluso.*

> Entre *Manuel y Ricardo trajeron los regalos.*
> Entre *todos los familiares pagaron su deuda.*
> Hasta *Juan sabía la solución del problema.*

La concordancia entre el sujeto y el predicado es rigurosa. El nombre y el verbo concuerdan en número y persona. Cuando hay varios sujetos, el verbo debe ir en plural. Cuando hay varias personas se siguen las siguientes reglas:

1) Si existe la 1.ª, el verbo va en 1.ª del plural: *Carmen, Manuel y yo* vendremos *temprano.*

2) Si la 1.ª no existe, pero existe la 2.ª, el verbo se usa en la 2.ª del plural: *Julián, Esteban y tú* tenéis *ahora mucho trabajo.*

3) *Si sólo existen sujetos correspondientes a la 3.ª persona, el verbo se conjuga en la 3.ª persona del plural: Cervantes, Góngora y Quevedo* pertenecen *al Siglo de Oro.*

Como atributo:

La función de atributo no es exclusiva del sintagma nominal. Recordemos las reglas que rigen el predicado nominal.

$$SPred \rightarrow \text{cópula} + \begin{cases} \text{SN} \\ \text{SAdj} \\ \text{SPrep} \end{cases}$$

El único verbo copulativo que puede acompañar a un nombre en el predicado nominal es el verbo *ser: Juan es el padre.* Con los restantes atributos (SAdj y SPrep) se pueden usar *ser* y *estar:*

> *Mercedes* es *alegre.*
> *Roberto* está *contento.*
> *Rodolfo* es *de Ciudad México.*
> *Esperanza* está *de profesora.*

A veces, en máximas y refranes, la cópula se suprime:

> *Mal de muchos,* (es) *consuelo de tontos.*
> *Mañana,* (es) *fiesta.*

Otras veces, se suprimen el sujeto y la cópula y sólo queda el atributo en la oración superficial:

> (Esta es una) *¡Gran desgracia!*
> (Hoy es un) *¡Magnífico día!*

Igual ocurre cuando el atributo es adjetivo:

> *¡Qué tonto!* (eres tú).
> (Esto que dices es) *¡Estupendo!*

Como vocativo:

El nombre se encuentra en *vocativo* en la oración cuando se utiliza para llamar o invocar a alguien. El *vocativo* tiene una entonación independiente, igual que las interjecciones, y va entre comas en la escritura. Esto señala que no tiene relaciones gramaticales con las demás palabras de la oración. El *vocativo,* como las interjecciones, puede ir al principio, en medio o al final de la oración.

> Juan, *ven pronto.*
> *Te lo dije,* María, *no debes salir hoy.*
> *No te preocupes,* Julián.

El *vocativo* tiene, pues, una función extraoracional (no es sujeto, no es atributo, no es complemento, etc.). Se puede entender como una oración reducida o como un fragmento oracional. Tiene una función autónoma, la de llamar la atención del interlocutor.

Como complemento directo:

Hay verbos, los llamados *transitivos,* que necesitan del sintagma nominal para formar el predicado, como *comer, beber, lavar, traer, llevar.* Sin embargo, a veces en la estructura superficial, por una *transformación de supresión,* se suprime el complemento directo, que acompaña al verbo transitivo en la estructura profunda.

> *Juan bebió* (algo) *toda la mañana.*
> *Rosario comió* (algo) *en la cama.*

El complemento directo es un sintagma nominal, pero a veces puede ser un sintagma preposicional con *a.*

118

Es sintagma preposicional con *a* cuando los nombres son animados y propios, ya sean estos últimos de personas o animales.

> *Saludé* a *tu padre.*
> *Vi* al *perro.*
> *Saludé* a *Marcelo.*
> *Vi* a *Lucero.*

A veces se suprime la preposición con nombres animados:

> *El médico busca* enfermera.

En estos casos, el nombre no está individualizado, no se refiere a una persona concreta, sino indeterminada. Observemos la diferencia entre las siguientes oraciones:

> *El médico busca* a *la enfermera.*
> *El médico busca enfermera.*

Otras veces, nombres de cosas son acompañados por la preposición *a*. En esta situación la cosa está vista por el hablante como si fuera nombre animado. Por ejemplo:

> *Algunos pueblos adoraban* al *sol.*

Véase la diferencia con la siguiente oración:

> *Los niños adoran* el sol *en verano* (les gusta).

Como complemento indirecto:

Es un sintagma preposicional con la preposición *a* que señala la persona, animal o cosa que reciben el efecto de la acción verbal. Se construye con verbos transitivos o con verbos intransitivos.

con verbo transitivo:

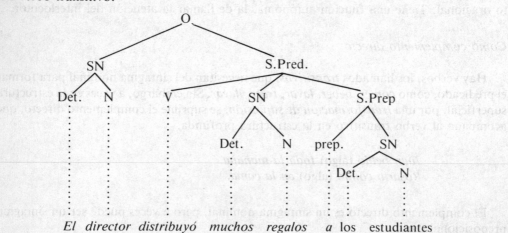

con verbo intransitivo:

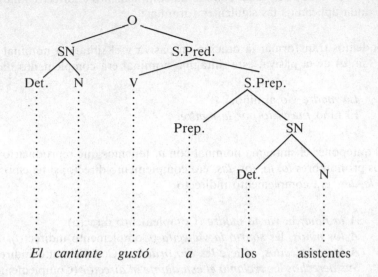

El cantante gustó a los asistentes

Otros ejemplos:

con verbo transitivo:

> *El jefe dio órdenes a los empleados.*
> *El estudiante reclamó sus derechos al director.*
> *Los extranjeros pagaron sus impuestos al gobierno.*

con verbo intransitivo:

> *La viejecita sonrió a los niños.*
> *El perro ladró al guardia.*
> *La disposición del gobierno disgustó al pueblo.*
> *La recién llegada agradó al público.*

Las gramáticas tradicionales afirmaban que el complemento indirecto se podía construir también con la preposición *para:*

> *Compré muchos regalos para la abuela.*

Pero este complemento tiene una función gramatical diferente del indirecto. Si decimos: *Compré muchos regalos a la abuela.* → *A la abuela,* le *compré muchos regalos.*
Compré muchos regalos para la abuela. → Para la abuela, *compré muchos regalos.*
Al anteponer el complemento indirecto con *a,* hemos tenido que reproducirlo junto al verbo con el pronombre *le,* pero esta reproducción es imposible con el complemento acompañado de *para.* Por este motivo, opinamos que este último complemento no es indirecto, sino circunstancial.

El hecho de que la preposición *a* acompañe a veces al complemento directo y siempre al indirecto, motiva la duda de saber cuándo un complemento es directo o indirecto. Para aclarar esta duda aplicamos las siguientes fórmulas:

1) Si podemos transformar la oración en pasiva y el sintagma nominal con *a* pasa a ser sujeto (sin *a*) de la pasiva, este sintagma nominal era complemento directo.

> *La madre vio* al niño.
> El niño *fue visto por la madre.*

2) Si al anteponer el sintagma nominal con *a*, tenemos que reproducirlo delante del verbo con los pronombres *lo, la, los, las,* era complemento directo; si tenemos que reproducirlo con *le, les,* era complemento indirecto.

> *A la niña,* la *vio la madre* (Complemento directo).
> *A los niños,* les *sonrió la viejecita* (Complemento indirecto).
> *A los empleados, el jefe* les *dio órdenes* (Complemento indirecto).
> *Sus derechos* los *reclamó el estudiante al director* (Complemento directo).
> *Al director, el estudiante* le *reclamó sus derechos* (Complemento indirecto).
> *Al público* le *agradó la recién llegada* (Complemento indirecto).

Hay otros complementos que también comienzan por *a*. Son complementos circunstanciales:

> *Manuel fue* a París.
> *Tiró las flores* a la cuneta.
> *Estela vino* al amanecer.

A los sintagmas nominales que funcionan como complemento circunstancial, no se les puede aplicar ninguno de los procedimientos señalados más arriba.

Como complemento de un nombre:

Se pueden dar dos casos:

1) El nombre forma parte de un sintagma nominal.
2) El nombre forma parte de un sintagma preposicional.

Cuando forma parte de un sintagma nominal puede aparecer en dos formas:

a) En *aposición:*

> *Vive en París,* capital de Francia.
> *Bécquer* poeta *me gusta más que Bécquer* narrador.

b) En *yuxtaposición:*

> Le gustan los sofás Imperio.

La *aposición* es una *explicación* o una *especificación* del nombre a que se refiere.

En el ejemplo: *Vive en París,* capital de Francia, nos está *explicando* qué es París. La aposición se refiere en todo el nombre. Aquí, por tanto, es *explicativa.* Otro ejemplo:

> Ulises, el astuto griego, *venció a Polifemo.*

En el segundo ejemplo, *Bécquer* poeta *me gusta más que Bécquer* narrador, hay una *especificación.* La aposición reduce el significado del nombre completado, distinguiendo un significativo de otros posibles.

Hay que aclarar que las oraciones con complementos aposicionales no son oraciones nucleares. Son oraciones *transformadas.*

En la *yuxtaposición,* un nombre sirve de complemento a otro nombre, pero no existe la igualdad. En el ejemplo que hemos dado, *sofá* no es igual que *Imperio.* Este nombre, *Imperio,* funciona lo mismo que un adjetivo, porque se refiere a la serie de cualidades propias de los sofás del estilo *Imperio.* Como los dos nombres, el que funciona como tal y el que funciona como adjetivo, van unidos, se dice que están *yuxtapuestos.*

Otros ejemplos: *estilo* fin de siglo; *estilo* Renacimiento.

Cuando forma parte de un sintagma preposicional, es también resultado de transformaciones. No son oraciones nucleares. Ejemplos:

> *Cena café* con leche.
> *Tiene una caja* de sándalo.
> *Compré alimentos* para niño.
> *Gustavo regaló un anillo* de oro.

En el último ejemplo se advierte que en la estructura profunda hay dos oraciones nucleares:

> *Gustavo compró un anillo (SPred → V + SN)*
> *El anillo era de oro (SPred → cópula + SPred)*

Aquí ocurre:

1) una *transformación de incrustación:* la 2.ª oración se incrusta en la 1.ª.

2) una *transformación de relativo:* el sintagma nominal que se repite se sustituye por el pronombre relativo *que.*

> *Gustavo regaló el anillo* que *era de oro.*

3) una *transformación de supresión,* con la que se suprime *que era:*

> *Gustavo regaló el anillo de oro.*

Como complemento de un adjetivo:

Puede aparecer con preposición o sin ella.
Ejemplo *con* preposición:

> *Es muy aficionado* a los toros.

Ejemplo *sin* preposición:

> *Tiene el pelo gris* ceniza.

Como complemento de un verbo:

Ya hemos hecho referencia a los tres complementos del verbo: el *directo,* el *indirecto* y el *circunstancial.*

El *circunstancial* indica una circunstancia de la acción, que puede expresarse por adverbios, locuciones adverbiales y un sintagma preposicional con un nombre.

> *Vivo* lejos. (Adverbio)
> *Vino* a disgusto. (Locución adverbial)
> *Trabaja* con Julio. (Sintagma preposicional)

Este último caso es el que nos interesa aquí. Los complementos circunstanciales formados por sintagmas preposicionales expresan:

Lugar: La bailarina danza en el escenario.

> *Estos hombres vienen* de Sudamérica.

Tiempo: Por Navidad *vienen a cenar con nosotros.*

> *Salimos de paseo* en el verano.

Modo: Bebe con prudencia. *Come* sin prisas.

Materia: Lo hice con pollo. *Trabaja* con barro.

Instrumento: Lo asesinó con el hacha.

> *Cortó el pan* con el cuchillo.

Causa: Por su desvergüenza *fue echado del trabajo.*

> *Estoy temblando* de frío.

Las oraciones que responden a la estructura anterior, a diferencia de las otras que hemos visto, son oraciones nucleares. La regla que las genera ya la conocemos: *SPred* → *V + SPrep.*

EJERCICIOS 8

8. El nombre

8.1.   Señale en las siguientes oraciones los sintagmas nominales y cuál es su núcleo.

El orangután se comió un plátano.
La ardilla se subió a un árbol.
Cuatro ciclistas van por el camino.
La falda larga está de moda.
Ella puso flores rojas en la mesa.

8.2.   Señale los nombres que aparecen en la siguiente estrofa:

Para que tú me oigas
mis palabras
se adelgazan a veces
como las huellas de las gaviotas en las playas.
Collar, cascabel ebrio
para tus manos suaves como las uvas.

Escuchas otras voces en mi voz dolorida.
Llanto de viejas bocas, sangre de viejas súplicas.
Amame, compañera. No me abandones. Sígueme.
Sígueme, compañera, en esa ola de angustia.

Poema V
Pablo Neruda

8.3.   Forme el plural de los siguientes nombres:

esquí	rápido	carácter
baúl	régimen	reloj
maniquí	café	lunes

| mármol | pie | cutis |
| alhelí | menú | |

8.4. Señale el género de los siguientes nombres:

comedia	codorniz	hampa
agencia	camión	actriz
estipendio	acción	drama
alambre	apretón	arcón
maíz	barniz	

8.5. Señale los errores que hay en algunos de los sintagmas siguientes:

ese agua	el asma	el alabanza
este arteria	el alameda	el artista
la mar	el mar	el álamo
este hacha	la calor	las albas
el azúcar	aquel asa	

8.6. Distinga los nombres animados e inanimados en la siguiente lista:

puertorriqueño	filósofo	médico
poesía	edificio	flor
músico	ventana	león
poeta	árbol	libro
gafas	botella	

8.7. Distinga los nombres comunes y propios en la siguiente lista:

| pez | argentino | Fernández |

César	Juan	carbón
Andes	cristal	Francia
perímetro	profesor	Arturo
oscuridad	estudiante	

8.8.   Distinga los nombres abstractos y concretos en la siguiente lista:

terror	flor	tersura
gamo	papel	mansedumbre
desesperación	boca	losa
maldad	depresión	cigarrillo
fidelidad	cazo	

8.9.   Distinga los nombres contables e incontables en la siguiente lista:

olla	tela	papel
libro	metal	habano
cuerda	chaqueta	cápsula
paquete	trigo	azúcar
tabaquera	agua	

8.10.   Distinga en las siguientes oraciones los nombres plurales que poseen la significación de verdaderos plurales y los que sólo tienen valor enfático.

Es un fraile muy admirado por sus virtudes.
Tiene muchas tierras en el continente.
Las lluvias destruyeron las cosechas.
Posee muchos barcos de pesca.
Lo enceguecieron las arenas del desierto.

8.11. Distinga, en la siguiente lista, los nombres comunes o ambiguos en cuanto al género y los epicenos.

modista	gente	bestia
persona	juez	reo
guía	cantante	autoridades
artista	adalid	estudiantes
víctima	parricida	nómada
gorrión	jilguero	
ahumado	delfín	

8.12. Distinga los nombres individuales y colectivos en la siguiente lista:

rebaño	partido	lámpara
banda (de música)	arboleda	asamblea
equipo	bosque	álamo
árbol	página	coro
tropa	escuadrilla	

8.13. Señale qué objetos componen los nombres colectivos de la lista anterior.

8.14. Señale en la lista siguiente de nombres plurales aquéllos que pertenecen a la categoría de *pluralia tantum*.

mientes	bodas	veras
calzoncillos	nupcias	víveres
lápices	fauces	páginas
medias	creces	plácemes
exequias	suelas	

8.15.   Señale las palabras que en las oraciones siguientes se han nominalizado.

Pronunció un no rotundo.

Ay se escribe sin h.

Los contables trabajan con el debe y el haber.

Por y para son preposiciones de muy difícil uso para los extranjeros.

Hay se escribe con h.

Había es una forma del verbo haber.

Cerca es un adverbio de lugar.

8.16.   Señale en las siguientes oraciones los sintagmas nominales y cuál es su núcleo.

Por la carretera vienen tres hombres.

El poeta publicó un libro.

Los asaltantes subieron a la ventana.

El pelo largo pasó de moda.

La viuda colocó una lápida en la tumba.

8.17.   Señale los sintagmas preposicionales que hay en las oraciones anteriores.

8.18.   Señale qué funciones desempeñan los sintagmas nominales impresos en cursiva en las siguientes oraciones:

Juan, no vengas tarde.

Les recibió *Fernando*.

Sus padres son *médicos*.

No traigas *cervezas*.

8.19.   Señale qué funciones desempeñan en la oración los sintagmas nominales de los siguientes sintagmas preposicionales.

Hicimos un viaje *por el Amazonas*.

Explica nuestro punto de vista *al director*.

Los asistentes aplaudieron *a la bailarina*.

Dame té *con leche*.

Es una novela apta *para niños*.

8.20. Señale los sintagmas nominales que funcionan como sujeto en las siguientes oraciones:

Construyeron la ciudad entre todos.

El asesino y su cómplice huyeron pronto del lugar.

Han descubierto un nuevo suero los científicos.

Tu madre y yo hemos decidido que hagas un viaje.

Su hermano y tú debéis terminar pronto el trabajo.

8.21. Señale en las siguientes oraciones el predicado nominal o verbal.

La carne está fría.

Mis primos son de Colombia.

Los barcos llegaron al amanecer.

La carroza se detuvo a la puerta del palacio.

El tiempo era bueno entonces.

8.22. En las oraciones anteriores que tienen predicado nominal, ¿cuál es la cópula y cuál el atributo?

8.23. Señale la estructura profunda que corresponde a las oraciones siguientes:

¡Qué inteligente!

¡Deplorable error!

¡Prudente decisión!

8.24. Señale en las siguientes oraciones los sintagmas nominales en función de complemento directo.

Ayer recibí un regalo de mi padre.

¿No aplaudiste la ópera de la semana pasada?

Pintó un cuadro para la exposición.

Tendremos un buen descanso al final del curso.

¿Has visto al sereno del barrio?

¿Por qué no estudias un curso de matemáticas?

Abrí la puerta, pero ella ya no estaba.

8.25.   Señale el complemento circunstancial de las siguientes oraciones:

Por el camino venían muchos peregrinos.
Te dejaste el dinero en casa.
Regresaremos mañana.
Entramos en la habitación.
Escribe con pluma de ave.

8.26.   Distinga los complementos directos e indirectos en las siguientes oraciones:

El hijo destituyó al amigo del padre.
La guerra arruinó a mucha gente.
La noticia entristeció al pueblo.
El toro hirió al torero.
No respondió a su padre todavía.
Alejó al asesino con un palo.
No ha pagado las joyas al joyero.
La película no gustó al público.
El policía hirió al ladrón.

8.27.   Distinga los complementos directos, indirectos y circunstanciales en los sintagmas preposicionales de las siguientes oraciones:

¿Por qué prohibe a sus hijos que salgan con ellas?
El guardia gritó a los presos que regresaran.
Impulsó a sus hermanos a que hicieran esa locura.
Han incluido a Fernández en la nómina.
Fue a París el año pasado.
La arrojaron a la calle por ladrona.
A los niños les gustan mucho los dulces.
Vinieron muchos barcos a socorrer a los náufragos.
Dio su dinero a los pobres.
Le colocó la cuerda al cuello.

8.28.   Señale en las siguientes oraciones los nombres en aposición.

René Marqués dramaturgo gusta más que René Marqués narrador.

El Amazonas, río de Sudamérica, es muy ancho.

Ha muerto aquel hombre, defensor de muchos oprimidos.

La Ilíada, obra maestra de la literatura, fue escrita por Homero.

Aquel palacio, hermosa obra de arte, pertenece al siglo XVIII.

9. El adjetivo

Es muy difícil definir el *adjetivo* porque tiene una gran variedad de funciones y significaciones, muchas de las cuales coinciden con el *nombre*, de ahí que muchos gramáticos le llamen también *nombre adjetivo*.

Por otra parte, los adjetivos experimentan con frecuencia el fenómeno de *sustantivación* o *nominalización*. Ocurre esto cuando el aspecto nominal es tan conocido que pierde su significación y nos interesan sólo sus cualidades. Por ejemplo:

> *Las* mujeres viejas *van al mercado.*
> *Las viejas van al mercado.*

Es fundamental que el adjetivo siempre tiene que ver o se refiere principalmente al nombre. Siempre expresa un concepto *dependiente*. Si decimos *azul* lo pensamos como un concepto dependiente de algún ser, de algún objeto. Pero si decimos *mesa*, lo concebimos en sí mismo, en un concepto independiente.

El adjetivo es una de las partes de la oración que ha experimentado una revisión mayor por parte de las nuevas tendencias gramaticales.

La gramática tradicional dividía secularmente los adjetivos en dos grandes clases: los *calificativos* y los *determinativos*.

Los *calificativos*, según esta teoría, eran los que nos informaban sobre algunas cualidades del nombre al que acompañaban. Ejemplos: *El libro* rojo, *el* exaltado *patriota*.

Los *determinativos* eran los que concretaban la significación en que había de contemplarse al nombre por medio de diferentes relaciones, como las de lugar (los adjetivos *demostrativos*), de posesión (los *posesivos*), etc. Ejemplos: este *árbol*, aquel *niño*, mi *libro*.

Algunos gramáticos tradicionales consideran a estos adjetivos *determinativos* como verdaderos *pronombres en función adjetiva*. En la actualidad no se hace distinción entre los pronombres y los adjetivos determinativos.

Son *determinantes* con dos construcciones superficiales diferentes: una con el nombre (*Tengo* tres coches) y otra sin él (*Tengo* tres). En este último ejemplo, se puede decir que el determinante (*tres*) sin nombre, se halla en *construcción superficial pronominal*. Pero el nombre está siempre en la estructura profunda y el determinante *no* es un pronombre.

El adjetivo en la nueva gramática queda reducido, pues, a la antigua clase de los *calificativos*, aquellos que desde el punto de vista semántico indican cualidades de personas y cosas.

Funcionalmente podemos definir el adjetivo como la clase de palabra compuesta por todos los vocablos que pueden aparecer al final de la oración: *Esa cosa (o persona) es...* por ejemplo:

Esa persona es buena	*Esa cosa es* ancha
Esa persona es alta	*Esa cosa es* fría
Esa persona es rica	*Esa cosa es* negra
Esa persona es informal	*Esa cosa es* siniestra

9.1. Sus accidentes gramaticales

Morfológicamente presenta dos accidentes gramaticales: el *género* y el *número*. Mediante ellos puede concordar con el nombre; en *masculino* o *femenino*, y en *singular* y *plural*.

El lobo *es* feroz	*Los* lobos *son* feroces
La mañana *está* fría	*Las* mañanas *están* frías

Todos los adjetivos presentan variación de número:

feroz-feroces; fría-frías; célebre-célebres; rojo-rojos.

Pero no todos presentan variación de género. Hay multitud de adjetivos en la lengua española que tienen una sola terminación, con la que señalan el masculino y el femenino.

El lobo feroz	*La pantera* feroz
Un hombre célebre	*Una mujer* célebre
El mar azul	*La camisa* azul
El pastel dulce	*La tarta* dulce

El adjetivo de dos terminaciones concuerda con el nombre en *género* y *número: traje* negro; *trajes* negros; *corbata* negra; *corbatas* negras.

El de una sola terminación, sólo concuerda en número: concierto *breve*, conciertos *breves*.

Cuando el adjetivo acompaña a dos o más nombres a la vez, va siempre en plural y en masculino o femenino si todos los nombres son masculinos o femeninos.

Chicas y mujeres altas.
Sombreros y trajes antiguos.

Si acompaña a nombres masculinos y femeninos, va en masculino.

Hombres y mujeres altos.
Ríos, montañas y aldeas pintorescos.

Algunos adjetivos sufren *apócope*, es decir, pierden alguno o algunos de sus fonemas finales.

Bueno, malo y santo, por ejemplo, pierden la *-o* del morfema masculino cuando van ante nombres masculinos en singular: buen *hombre*, mal *año*, San *Juan*.

Santo presenta algunas excepciones: Santo *Tomás,* Santo *Domingo,* Santo *Toribio,* Santo *Ángel de la Guarda.*

Grande apocopa en *gran* cuando va ante nombres masculinos o femeninos en singular: gran *ciudad*, gran *jefe*, gran *mujer*, gran *edificio*.

9.2. Sus grados de significación

Como los adjetivos expresan cualidades de los objetos y esas cualidades pueden darse en diversas cantidades, los adjetivos poseen grados de significación. Estos grados son tres:

1) *Positivo,* cuando aparece la cualidad sin modificación alguna: hombre *alto,* árbol *verde*, agua *caliente*.

2) *Comparativo,* cuando la cualidad aparece comparada. Pueden darse tres casos:
Comparativo de igualdad: Juan es tan alto como *su hermano.*
Comparativo de superioridad: Juan es más alto que *su hermano.*
Comparativo de inferioridad: Juan es menos alto que *su hermano.*

3) *Superlativo,* cuando la cualidad aparece en su grado máximo.

> *Juan es* muy alto.   *Juan es* altísimo.

El superlativo puede construirse de las siguientes formas: con el adverbio *muy* + adjetivo: *muy alto,* o con el sufijo *-ísimo: altísimo,* o con el sufijo *-érrimo,* que es muy poco frecuente: *celebérrimo.*

Algunos adjetivos presentan formas irregulares en sus grados comparativos de superioridad y superlativo:

POSITIVO	COMPARATIVO DE SUPERIORIDAD	SUPERLATIVO
bueno	*mejor*	*óptimo*
malo	*peor*	*pésimo*
grande	*mayor*	*máximo*
pequeño	*menor*	*mínimo*

9.3. Los adjetivos especificativos y explicativos (epítetos)

El adjetivo *especificativo* va *siempre* detrás del nombre y distingue a éste del grupo a que pertenece:

> *Tiene un sombrero* negro.
> *Salió con su hermano* pequeño.
> *Los soldados* cobardes *huyeron de la batalla.*

Como se advierte, estos adjetivos especifican de qué sombrero, qué hermano y qué soldados hablamos, para distinguirlos de los restantes sombreros, hermanos y soldados, respectivamente. La oración sin estos adjetivos nos daría una información incompleta:

> *Tiene un sombrero.*
> *Salió con su hermano.*
> *Los soldados huyeron de la batalla.*

El adjetivo *explicativo o epíteto* va *detrás o delante* del nombre y su función es señalar una cualidad del mismo, sin que esta cualidad sea necesaria para diferenciarlo:

> *Cantó con* suprema *maestría.*
> *Paseamos por el* verde *campo.*
> *Los* esforzados *guerreros atacaron la ciudad.*
> *Las personas* cobardes *echaron a correr.*

Estos adjetivos *suprema, verde, esforzados* y *atemorizados* subrayan una nota de los nombres que acompañan. Si los suprimiéramos, las oraciones darían una información menor, pero no incompleta.

> *Cantó con maestría.*
> *Paseamos por el campo.*
> *Los guerreros atacaron la ciudad.*
> *Las personas echaron a correr.*

El *epíteto* es un ornamento de la oración. Se usa más en la lengua escrita que en la conversación coloquial. No es imprescindible para la oración, pero contribuye a que el hablante o el escritor consiga mayor vivacidad. Se ha dicho repetidamente que el *epíteto* en el lenguaje viene a ser como el color en la pintura.

El *epíteto* presenta una variedad, el *epíteto constante*, que se relaciona siempre con algunos nombres:

blanca *nieve*   negra *noche*   bravo *militar*

distinguida *dama*   correcto *caballero*

Estos *epítetos constantes* en vez de enriquecer el lenguaje, lo empobrecen.

9.4. Funciones del adjetivo

Hemos visto que el adjetivo interviene sólo en una de las clases de oraciones nucleares: la compuesta con una cópula y un sintagama adjetivo: *SPred → cópula + SAdj.*

> *La noche está oscura.*   *La niña es simpática.*

Decimos *sintagma adjetivo* y no solamente *adjetivo* porque está compuesto por dos o más elementos. Todos los adjetivos son sintagmas adjetivos o forman parte del sintagma adjetivo:

> *bravo = brav* (lexema) + *-o* (morfema de masculino).
> *muy cara = muy* (adverbio) + *car* (lexema) + *-a* (femenino).

Además, el adjetivo tiene otra función, la que la gramática tradicional llama *complemento predicativo*. Por ejemplo:

> *Las aguas bajan* turbias.
> *El público atendió* interesado.
> *La madre escuchó* desesperada *la noticia.*

En este caso los adjetivos se refieren a la vez al sujeto, con el que concuerdan, y al verbo: aguas = turbias, *bajan turbias.*

Estas oraciones son parecidas a las de predicado nominal, pero se diferencian de éstas en que están construidas con verbos no copulativos. Todos los verbos no copulativos participan de esta construcción.

> *Los estudiantes leyeron* atentos *las disposiciones.*
> *Los chicos corren* alegres *por la playa.*

EJERCICIOS 9

9. El adjetivo

9.1.   Señale y explique las clases en que la gramática tradicional dividía el adjetivo.

9.2.   Explique el criterio de la Gramática moderna referente al adjetivo.

9.3.   Escriba cinco adjetivos que admitan variación de género y otros cinco que posean una sola terminación.

9.4.   ¿Cree Ud. que significan lo mismo las oraciones siguientes? Si opina que no, explique la significación de cada una.

Es un buen hombre — Es un hombre bueno.

Me regaló un nuevo libro — Me regaló un libro nuevo.

Era un simple oficinista — Era un oficinista simple.

Fue un gran hombre — Fue un hombre grande.

¡Este dichoso individuo! — ¡Este individuo dichoso!

¡Menuda tarea tengo que hacer! — Tengo que hacer tarea menuda.

9.5.   ¿Cree Ud. que significan lo mismo las oraciones siguientes? Si opina que no, explique la significación de cada una.

Talaron los viejos cerezos del jardín.

Talaron los cerezos viejos del jardín.

9.6.   Establezca las concordancias necesarias entre el adjetivo y el nombre en las oraciones siguientes:

¡Qué (hermoso) _____ están los claveles y las rosas!

Esta escultura y esta pluma fueron (hecho) _____ en el siglo XVII.

Espero que tengas los zapatos y la camisa (limpio) _____.

En el armario había trajes, zapatos, collares y marfiles (antiguo) _____.

9.7. Señale en qué grado se encuentran los adjetivos de las siguientes oraciones:

La niña es más alta que su hermano.
El marido es tan inteligente como su mujer.
El perro es menos peludo que el oso.
El hijo es educadísimo.

9.8. Diga la significación de los siguientes superlativos:

misérrimo	paupérrimo	integérrimo
pulquérrimo	acérrimo	libérrimo
celebérrimo		

9.9. Escriba el superlativo de los siguientes adjetivos:

frío	reciente	noble
sagrado	bueno	amable
fiel	fuerte	antiguo
sabio		

9.10. Señale las funciones que realiza el adjetivo en las siguientes oraciones:

El hermano les esperó entusiasmado.
Compró un collar nuevo.
Juan está triste.
Las lavanderas cantaron alegres en el río.
El maestro es inteligente.

9.11.   Distinga los adjetivos especificativos y explicativos en las siguientes oraciones:

Azorín paseaba con su paraguas rojo.

Sus esforzados empeños no consiguieron nada.

Se perdió en la negra noche.

El aire fresco de la mañana nos despertó.

Le gustan las nostálgicas canciones de mi tierra.

Trae los zapatos verdes.

9.12.   Señale si hay en las oraciones anteriores algún epíteto constante.

10. Los determinantes

Sabemos que la regla del sintagma nominal de las oraciones nucleares es: $SN \rightarrow Det + N$.

Es decir, que el sintagma nominal en la estructura profunda está compuesto por un *determinante* y su *nombre*. Pero ocurre muchas veces que en la estructura superficial, el nombre aparece sin determinante.

Raúl vino ayer   Comimos *frutas*

Los casos principales en que esto se produce son:

1) Cualquier nombre usado en sentido genérico: Llegaron *camiones* cargados de hortalizas.

2) En proverbios y refranes: *Obras* son amores, que no buenas razones.

3) En serie de nombres: Compró *lápices, bolígrafos, papel* y *sellos*.

4) En nombres colectivos seguidos de un complemento preposicional: Había *infinidad* de personas.

5) En el lenguaje publicitario y periodístico: Se vende *parcela. Hombre* muerto en el bosque.

6) En atributos: Ramiro es *persona* sencilla.

7) En complementos directos plurales: Comimos *frutas*.

8) En sujetos plurales: Vinieron *monjas* de muchos lugares.

9) En la aposición: Buenos Aires, *capital* de la Argentina.

Los determinantes son las palabras formadas por *morfemas libres* que, necesariamente, preceden al nombre en la estructura profunda de la oración cualquiera que sea la función que desempeña ese nombre.

Nuestros campesinos aran la tierra.
sujeto   compl. directo

El gobierno construyó muchas viviendas a los damnificados.
sujeto   compl. indirecto

Varios obreros pelean por sus derechos.
sujeto   compl. circunstancial

En los ejemplos anteriores los nombres *campesino, tierra, gobierno, vivienda, damnificado, obrero, derecho* designan a todos los seres y objetos de esa clase que existen en el mundo. Pero nosotros no hablamos de todos los seres y objetos, sino de unos particulares determinados.

Los *determinantes* sirven para señalar a qué objetos (personales, animales o cosas) nos referimos. Esta función se llama en gramática *actualización:* una palabra como *campesino* la tomamos para usarla en una frase actual. Los *determinantes* cumplen, pues, la misión de *actualizar el nombre*.

10.1. Clases de determinantes

En el *Esbozo* de una nueva Gramática de la Lengua Española de la Real Academia Española (1973) se clasifican los *determinantes* en dos clases: *artículos* y *pronombres (demostrativos, posesivos, indefinidos, numerales,* etc.).

En el capítulo referente al *adjetivo* hemos comentado que la gramática tradicional opinaba que los determinantes, a excepción del artículo pertenecían a una categoría llamada *adjetivos determinativos*.

En español existen las siguientes clases de determinantes:

> *Artículos*.
> Determinantes *demostrativos*.
> Determinantes *posesivos*.
> Determinantes *indefinidos*.
> Determinantes *numerales*.

10.2. El artículo

Es un determinante que se antepone a un *nombre conocido ya por el oyente*.

Esta característica lo distingue de los demás determinantes, porque no lo podemos usar en cualquier situación, sino sólo cuando el objeto está previamente determinado, es decir, cuando el hablante y el oyente saben perfectamente de qué objeto se trata.

El artículo es, pues, un morfema que se antepone a un nombre ya determinado en la mente del hablante y del oyente. Esta determinación anterior la realizan los otros determinantes.

> Compré unos zapatos y unos calcetines. *Los* zapatos son negros. *Los* calcetines son marrones.

En este ejemplo, los oyentes ya saben de los zapatos y los calcetines porque acabamos de referirnos a ellos.

Otras veces el contexto o situación puede actualizar sin necesidad de determinantes previos.

> Te veré en *el* bar.

Indudablemente se trata de un bar conocido.

> *Las* catedrales españolas son maravillosas.

Se da por sabido que en España hay muchas catedrales.

Las formas del artículo son: *el* para el masculino singular; *ella* para el femenino singular; *los* para el masculino plural; *las* para el femenino plural.

Algunos gramáticos tradicionales llaman a los artículos *el, la, los las,* artículos determinados e incluyen una segunda clase de artículos, los *indeterminados* o *indefinidos,* compuesta de *un, una, unos, unas.* Estas últimas cuatro formas *no* son consideradas artículos por la gramática moderna: *Un, una* son *determinantes numerales* y los dos últimos *(unos, unas) determinantes indefinidos.*

También la gramática tradicional incluía entre las formas del artículo la forma *lo,* artículo neutro, que tiene dos construcciones principales:

1) *Lo + adjetivo:*

   Lo bueno; *lo* bello, *lo* fácil.
   Lo cortés no quita *lo* valiente.

2) Reproduce una oración:

   —¿Sabes que ha subido el precio del pan?
   —Sí, ya *lo* sé (*lo* — que ha subido el precio del pan).

El artículo y el nombre concuerdan en género y número: *el* viento, *la* casa, *los* campos, *las* eras.

Sólo cuando el nombre es femenino singular y empieza por *á*-tónica, se le antepone *el* para evitar la cacofonía. (Ver 8.2.)

Cuando el artículo va seguido de varios nombres debe ir en plural y las reglas de los distintos casos que se pueden presentar son las mismas que hemos visto al estudiar el adjetivo. (Ver 9.1.)

Ejemplos:

   Los sillones y cuadros son muy caros.
   Las tazas y bandejas están en la cocina.
   Los campos y playas están húmedos.

A veces se antepone el artículo a cada nombre:

   Los sillones y *los* cuadros son muy caros.
   Las tazas y *las* bandejas están en la cocina.
   Los campos y *las* playas están húmedos.

10.2.1. Las formas contractas de preposición y artículo

Cuando en los sintagmas preposicionales se produce el encuentro de las preposiciones *a* y *de* con la forma del artículo *el* se contraen en un solo signo:

   a + el = al   Voy *al cine.*
   de + el = del   Vengo *del restaurante.*

142

10.2.2. La ausencia del artículo

Como ocurre en los casos de los otros determinantes, a veces el artículo falta en la estructura superficial. Esto sucede cuando el nombre es propio, aunque existen muchos nombres propios geográficos que llevan siempre el artículo: *La Coruña, Los Pirineos, Los Andes, La Argentina, El Uruguay, El Escorial.*

Otras veces el artículo aparece en algunas construcciones con nombres propios:

El buen Alberto se fue a *la* hermosa Maracaibo.

El caso más frecuente ocurre cuando un nombre propio se hace común, como cuando llamamos *un* Rembrandt a un cuadro pintado por este autor.

Regaló *un* Rembrandt al museo.
Vendió *el* Goya que tenía.

10.3. Los demostrativos

Los determinantes demostrativos se anteponen al nombre para señalar el sitio que un objeto ocupa en relación al hablante.
Este, esta, estos, estas indican *proximidad* al hablante.
Aquel, aquella, aquellos, aquellas indican *lejanía* del hablante.
Ese, esa, esos, esas indican *distancia media.*

Este sillón (que está junto a mí).
Ese sillón (ni cerca, ni lejos de mí).
Aquel sillón (que está lejos de mí).

Los demostrativos también pueden hacer referencia a algo que acabamos de nombrar, a un tiempo o a algo que recordamos.

Leí *Facundo* de Sarmiento. *Esta* obra es muy importante.
Ha tronado mucho *estos* días.
Aquellos tiempos eran diferentes.

Al igual que los otros determinantes, los demostrativos concuerdan en género y número con los nombres que determinan.

Este sillón   esos bancos
Aquella silla   aquel jarrón

10.4. Los posesivos

Son los determinantes que se anteponen a un nombre para indicar que el objeto pertenece al hablante, al oyente o a alguien o a algo que no es ni el hablante ni el oyente.

El objeto o los objetos pueden pertenecer a una persona o a varias. Por ello debemos distinguir entre:

Posesivos de un solo poseedor.

Posesivos de varios poseedores.

		Formas tónicas	Formas átonas
1.ª persona	Un poseedor	*mío, mía* *míos, mías*	*mi* *mis*
	Varios poseedores	*nuestro, nuestra* *nuestros, nuestras*	
2.ª persona	Un poseedor	*tuyo, tuya* *tuyos, tuyas*	*tu* *tus*
	Varios poseedores	*vuestro, vuestra* *vuestros, vuestras*	
3.ª persona	Uno o varios poseedores	*suyo, suya* *suyos, suyas*	*su* *sus*

Mío, mía, míos, mías, mi, mis indican que el objeto pertenece al hablante:

Mi ventana está cerrada. La ventana *mía* está cerrada.
Han regresado *mis* padres. El coche *mío* está descompuesto.
¿Encontraste *mis* gafas?

Nuestro, nuestra, nuestros, nuestras indican que el objeto pertenece al hablante y a otras personas:

Nuestra fiesta fue un éxito.
Nuestro hijo salió de vacaciones.
Nuestros hermanos llegaron temprano.
Hemos pintado *nuestras* casas.

Tu, tus, tuyo, tuya, tuyos, tuyas, su, sus, suyo, suya, suyos, suyas indican que el objeto pertenece al oyente. Las formas *su* y sus combinaciones corresponden, por supuesto, al oyente que recibe el tratamiento de *usted*.

Tu madre me invitó a cenar.
Su hijo se comportó mal en clase.
Tus flores son muy hermosas.
Sus libros cuentan con mucho público.

Vuestro, vuestra, vuestros, vuestras y *su, sus, suyos, suyas* indican que el objeto pertenece al oyente y a otras personas.

> Quiero estudiar bien *vuestras* obras.
> Acepto *vuestra* proposición.
> Estoy de acuerdo con *su* informe (o el informe *de usted*).
> No mantengo *sus* puntos de vista (los *de ustedes*).

Su, sus, suyo, suya, suyos, suyas indican que el objeto no pertenece ni al hablante ni al oyente.

> Salió con *su* tía.
> *Sus* hermanos vinieron ayer.

10.4.1. Su construcción

Hemos visto que algunos posesivos tienen dos formas, *mi, mío*, etc. Las formas monosilábicas reciben el nombre de *posesivos átonos* porque se pronuncian sin acentuación, y se colocan siempre *delante* de los nombres que acompañan: *Mis* libros, *tu* casa.

Las formas bisílabas *(mío, tuyo, suyo,* etc.) reciben el nombre de *posesivos tónicos* porque se pronuncian con acento, y van siempre *detrás* de los nombres que determinan.

> Los zapatos *míos*.   Un hermano *suyo*.

10.5. Los indefinidos

Se anteponen a un nombre para señalar que se desconoce su *cantidad exacta* o su *naturaleza*.

> Vinieron *muchas* mujeres.
> Leeré *cualquier* libro.

Sus formas más importantes son:

un (-a, -os, -as)	otro (-a, -os, -as)	varios (-as)
poco (-a, -os, -as)	igual (-es)	abundante (-s)
mucho (-a, -os, -as)	diferente (-s)	cierto (-a, -os, -as)
bastante (-s)	mismo (-a, -os, -as)	idéntico (-a, -os, -as)
demasiado (-a, -os, -as)	distinto (-a, -os, -as)	cualquier, cualesquier,
algún (-a, -os, -as)	parecido (-a, -os, -as)	cualquiera, cualesquiera
semejante (-s)	todo (-a, -os, -as)	
	tanto (-a, -os, -as)	

Son también indefinidos:

1) Los morfemas *más* y *menos* cuando preceden a un nombre: Dame *más* dinero. Cada día tenemos *menos* esperanzas.

2) El morfema *demás,* que se emplea generalmente en plural: Los *demás* asistentes salieron.

A veces puede acompañar a un nombre singular *colectivo:*

Saludos a Juan y *demás* familia.

3) El morfema distributivo *cada.*

Cada oveja con su pareja.
Ofrecieron un refresco a *cada* estudiante.

10.6. Los numerales

Señalan con exactitud sobre la cantidad de objetos que el nombre designa o sobre el lugar de orden que poseen. Hay varias clases de determinantes *numerales.* Los más importantes son los *cardinales* y los *ordinales.*

Los *numerales cardinales* precisan el número exacto de objetos: *un* libro, *treinta* sacos, *cien* caballos.

Se exceptúan de este grupo:

1) *millón, billón, trillón,* etc., que siempre son nombres: un *millón* de víctimas, dos *billones* de dólares.

2) *cero,* que también es nombre, excepto en la expresión *cero grados* o *cero horas,* donde se comporta como determinante numeral.

Son también numerales cardinales *ningún, ninguna,* que indica cantidad cero y *ambos, ambas,* que significa *los dos, las dos.*

No tienen *ningún* libro.
No tiene *ninguna* amiga.
Ambos hombres salieron de la cárcel el mismo día.
Ambas chicas vienen hoy.

Los *numerales ordinales* señalan el lugar que un objeto ocupa en una serie ordenada de objetos: *quinta* planta, *primera* ley.

Sus formas hasta mil, cuyo ordinal es *milésimo,* son las siguientes:

UNIDADES	DECENAS	CENTENAS
1.º *primero* o *primer*	10.º *décimo*	100.º *centésimo*
2.º *segundo*	20.º *vigésimo*	200.º *ducentésimo*
3.º *tercero* o *tercer*	30.º *trigésimo*	300.º *tricentésimo*
4.º *cuarto*	40.º *cuadragésimo*	400.º *cuadringentésimo*
5.º *quinto*	50.º *quincuagésimo*	500.º *quingentésimo*
6.º *sexto*	60.º *sexagésimo*	600.º *sexcentésimo*
7.º *séptimo*	70.º *septuagésimo*	700.º *septingentésimo*
8.º *octavo*	80.º *octogésimo*	800.º *octingentésimo*
9.º *noveno* o *nono*	90.º *nonagésimo*	900.º *noningentésimo*

Todas estas formas tienen variaciones de género y de número *(tricentésimo, tricentésima, quinto, quintos).*

Los ordinales 11.º, 12.º y 13.º tienen una forma regular *(décimo-primero, décimo-segundo, décimo-tercero)* y otra especial *(undécimo, duodécimo, tridécimo).*

10.7. Los interrogativos

Son aquellos que preguntan por un objeto concreto dentro de una clase *(¿Qué* libro deseas?) o por el número exacto de objetos de una clase *(¿Cuántos* libros deseas?).

Son:

Qué, invariable.
Cuál, cuáles, que concuerdan con el nombre en número.
Cuánto, cuánta, cuántos, cuántas, que concuerdan en género y número con el nombre.

> *¿Qué* flores prefieres?
> *¿Cuáles* flores prefieres?
> *¿Cuántas* flores pongo?
> *¿Qué* sillón le interesa?
> *¿Cuáles* sillones le interesan?
> *¿Cuántos* sillones le interesan?

10.8. Los exclamativos

La gramática tradicional considera a *¡qué!* y *¡cuán!* —este último usado sólo en poesía y actualmente en desuso— como determinantes *exclamativos.* Hoy estimamos que ambos vocablos son morfemas *elativos,* que valoran la calidad que poseen los objetos, ya sea en forma positiva o peyorativa.

> *¡Qué* hermoso cielo!   *¡Qué* día tan feo!
> *¡Cuán* oscura noche!

10.9. Los determinantes en construcción pronominal

Hemos insistido a lo largo de este nuevo enfoque gramatical en que el sintagma nominal se compone de un determinante y un nombre, según la regla *SN* → *Det* + *N.*

Hemos comentado también que a menudo en la estructura superficial desaparece el determinante (Ver 10).

> *Pedro* salió ayer.
> Comimos *naranjas.*
> Envió regalos a *Juan.*

Ahora debemos señalar que otras veces el nombre desaparece de la estructura superficial y *el determinante se convierte en sustituto de todo el sintagma nominal*. Esto sucede cuando el nombre se encuentra en la mente de los hablantes y no hay dificultad de comprensión al suprimirlo.

El lechero ha venido temprano.	*Él* ha venido temprano.
Esta casa me gusta.	*Ésta* me gusta.

La gramática tradicional llamaba a estos determinantes *pronombres* y decía que sustituían al nombre. Como puede comprenderse fácilmente, el llamado *pronombre* no sustituía al nombre, sino al sintagma nominal completo:

Los niños juegan en el parque.   *Ellos* juegan en el parque.

La gramática moderna plantea que los pronombres así concebidos no existen. Lo que existe son los *determinantes pronominalizados* que por una *transformación de sustitución* pasan a desempeñar la función de pronombre en la estructura superficial. *El nombre permanece en el sintagma nominal de la estructura profunda.*

Sólo partiendo de este enfoque podemos llamar *pronombres* a los *determinantes pronominalizados:* sabiendo que pertenecen a la estructura superficial y que en la estructura profunda se mantiene el sintagma nominal. *Son determinantes en construcción pronominal.*

Según esta aclaración, podemos hablar ahora de *pronombres* y de sus distintas clases:

Personales: *él, ella, ellos, ellas,* etc.
Demostrativos: *éste, ésta, éstos, éstas, esto, ése, ésa, ésos, ésas, eso, aquél, aquélla, aquéllos, aquéllas, aquello.*
Indefinidos: *alguien, nadie, algo, unos, varios,* etc.
Numerales: *uno, dos, tres,* etc.
Posesivos: *mío, tuyo, suyo,* etc.
Interrogativos: *qué, quién, quiénes.*

Los determinantes al pronominalizarse sufren algunas modificaciones:

1) La mayoría se hacen *tónicos.*

El libro es excelente	*Él* es excelente.
Me gusta *esta película*	Me gusta *ésta*.

2) *La, los, las* se transforman respectivamente en *ella, ellos, ellas* cuando están en función de sujeto:

La camisa es blanca.   *Ella* es blanca.

3) *Un* se hace *uno.*

Dame *un cigarrillo*.   Dame *uno*.

Los pronombres, excepto los *personales*, los *relativos* y algunos *indefinidos (unos, unas, otros, otras,* etc.) no tienen variación de género. Son *epicenos* o *neutros*.

Son *epicenos: alguien, quien, unos, otros,* porque pueden referirse tanto a persona masculina como femenina.

Son *neutros: algo, nada, poco, mucho, todo, bastante, ¿qué?,* porque no se refieren a un nombre de género preciso: *algo,* por ejemplo, puede sustituir a una cosa, a una acción, a un objeto.

> ¿Pasa *algo?*
> *Algo* viene por la carretera.

Ya hemos comentado (ver 8.3), y volvemos ahora sobre ello, que los *llamados pronombres personales de primera y segunda persona singular (yo, tú, usted)* no realizan la función de sustituir a un sintagma nominal, son los llamados *pronombres deícticos* o *señalativos. Yo, tú* y *usted* no equivalen a ningún sintagma nominal. Son nombres *personales,* porque, como ya hemos dicho, se refieren al hablante y al oyente. Son tan *nombres* como *perro, árbol, rosa,* y *personales* porque se refieren a las dos personas de la conversación.

Los nombres personales *yo, tú, usted* tienen formas especiales para desempeñar otras funciones en la oración que no sean la de sujeto.

> *Yo: me, mí, conmigo.*   *Me* viste anoche. Saliste *conmigo.*
> *Tú: te, ti, contigo.*   *Te* dijo muchas cosas.
> *Usted: le, lo,* para el masculino.   *Le* miré fijamente.
>   *la, le,* para el femenino.   *La* esperó.

La forma de respeto *usted* coordina siempre con la tercera persona del singular de las tres conjugaciones:

> Usted *quiere* salir.
> Usted *ama* el canto.

Son pronombres personales:

1) Los plurales de *yo, tú* y *usted: nosotros, nosotras, vosotros, vosotras* y *ustedes,* porque estos plurales incluyen *yo* + uno o más sintagmas nominales; *tú* + uno o más sintagmas nominales y *usted* + uno o más sintagmas nominales.

2) *Él, ella, ello, ellos, ellas,* formas que la gramática tradicional llamaba pronombres de tercera persona. Estos son pronombres porque *sí* sustituyen a uno o varios sintagmas nominales.

> *El mendigo* recibió una limosna.   *Él* recibió una limosna.
> La madre salió con *el niño.*   La madre salió con *él.*

Tanto los pronombres del grupo 1) como los del 2) tienen algunas formas diferentes para cuando realizan la función de los distintos complementos. Por eso se afirma que los pronombres personales son la única parte de la oración que se declina en español, es decir, que tiene *caso*.

Nosotros, nosotras: nos.

> *Nos* regaló un libro.
> *Nos* descubrió muy pronto.
> Pero: Salió con *nosotros*.
> Vino hacia *nosotros*.

Vosotros, vosotras: os.

> *Os* vimos el verano en la playa.
> *Os* entregaron una medalla.
> Pero: Hice el viaje por *vosotros*.
> De *vosotros* no esperaba tal cosa.

Él: le, lo, consigo, se, sí.

> *Le* entregué el regalo.   *Se* lo dijo.
> *Lo* estudió mucho.   Trajo *consigo* a su madre.

Ella: la, le, consigo, se, sí.

> *La* contemplamos durante horas.
> *Le* dijimos muchas cosas.

Ello: lo.

> Se *lo* dije.

Ellos: les, los, consigo, se, sí.

> *Les* felicitaron por el éxito.
> *Se los* preparamos muy bien.

Ellas: las, les, consigo, se, sí.

> *Las* felicitaron por el éxito.
> *Se las* prepararon muy bien.

En el empleo de las formas del pronombre de tercera persona en los complementos se producen a menudo incorrecciones, especialmente en las regiones españolas de Castilla y León, por lo que es conveniente precisar su uso correcto.

Le, les puede usarse como complemento directo cuando se refiere a personas masculinas, pero no cuando sustituye a personas femeninas, animales o cosas.

> *Le* vi ayer (a Juan).
> *Les* invité a cenar (a ellos).

Lo se usa como complemento directo para personas y animales masculinos.

> *Lo* vi ayer (a Juan).
> *Lo* vi (al perro).

Le, les se usa siempre en el complemento indirecto, ya se trate de personas y animales masculinos o femeninos o cosas.

> *Le* traje unas flores (a ella).
> *Le* dije muchas cosas a Juan.
> *Les* encargó el trabajo (a ellos).
> *Les* mandaste regalos (a ellas).

Se se usa para sustituir en función de complemento indirecto a *le, les* cuando este pronombre se antepone a las formas *lo, la, los, las* como complemento directo.

Entregaste los libros a *su padre*.   *Se* los entregaste.

LOS PRONOMBRES PERSONALES NEUTROS

Son *ello*, que puede funcionar como un sujeto y como complemento preposicional, y *lo*, que funciona como complemento directo. Estos pronombres son neutros porque sustituyen a oraciones o proposiciones que no poseen género.

Tuvimos mucho éxito en el espectáculo y *ello* nos alegró.

Ello sustituye a la proposición *tuvimos mucho éxito en el espectáculo*.

El libro, *lo* compré en una librería del centro.

Sabía dónde estabas tú, pero no se *lo* dije.

Lo sustituye a *dónde estabas* tú y a *el libro*.

10.9.1. *Nosotros como nombre personal*

Los oradores y escritores a menudo utilizan la forma *nosotros* para referirse a *yo*. Es el llamado *plural de modestia*.

> *Nosotros* afirmamos...   por *yo* afirmo.

Como en este caso *nosotros = yo, nosotros* es entonces un nombre personal o pronombre deíctico.

10.9.2. *El plural mayestático*

A veces, en cartas y documentos de altas personalidades, se usa *Nos* para la primera persona y *Vos* para la segunda.

> *Nos*, por la gracia de Dios...
> *Vos*, Señor...

En estos casos, *Nos* y *Vos* equivalen a *yo* y *tú,* respectivamente, por lo cual son, como *nosotros* en el caso anterior, nombres personales. Este uso del plural recibe el nombre de *plural mayestático.*

10.9.3. Los pronombres reflexivos

Son las palabras que equivalen a un sintagma preposicional en el que aparece la persona que a su vez tiene la función de sujeto.

Por ejemplo, en la oración *Juan se peina,* el pronombre reflexivo *se* equivale al sintagma preposicional *a Juan.* La estructura profunda de esta oración es:

Juan peina a Juan

y el sintagma preposicional *a Juan* contiene la persona, tercera en este caso, que desempeña la función de sujeto: Juan.

Los pronombres reflexivos desempeñan siempre la función de complemento directo o indirecto, pero jamás la de sujeto. Tiene las siguientes formas:

singular	plural
me	*nos*
te	*os*
se	*se*

Ejemplos: *Me* afeito.   Ella *se* lava la ropa.

Te duchas todos los días. (C.D.)
Nos hicimos una cena estupenda. (C.I.)
Usted *se* limpia los zapatos. (C.I.)
Os preparasteis el baño. (C.I.)

Función	Formas tónicas Sujeto	Formas átonas C.D.	Formas átonas C.I.	Formas tónicas Complemento con preposición
SINGULAR 1.ª persona 2.ª persona 3.ª persona	*yo* *tú* *él, ella, ello*	*me* *te* *lo, la*	*me* *te* *se, le*	*mi* (conmigo) *ti* (contigo) *él, ella, ello* (consigo)
PLURAL 1.ª persona 2.ª persona 3.ª persona	*nosotros/as* *vosotros/as* *ellos/as*	*nos* *os* *los, las*	*nos* *os* *les, se*	*nosotros/as* *vosotros/as* *ellos/as*

10.9.4. Los pronombres recíprocos

Estos pronombres expresan la reciprocidad de una acción y, como es lógico, sólo presentan formas plurales. Funcionan sólo como complemento directo o indirecto.

Por ejemplo, en las oraciones

> Alberto y Andrés *se* miraron con odio. (C.D.),
> Alberto y Andrés *se* dieron la mano. (C.D.),

el pronombre *se* indica que Alberto miró a Andrés con odio y viceversa y que cada uno de ellos dio la mano al otro. La acción está realizada recíprocamente.

Los pronombres recíprocos tienen sólo tres formas:

> *nos* (se refiere a la 1.ª persona).
> *os* (se refiere a la 2.ª persona).
> *se* (se refiere a la 3.ª persona).

Ejemplos:

> *nos* tuteamos.
> *os* peleasteis.
> *se* conocieron en un viaje a Europa.

10.9.5. Los pronombres relativos

En varios ejemplos hemos asistido a las *transformaciones de incrustación* que se experimentan en algunos casos al pasar las oraciones de la estructura profunda a la superficial, como en este ejemplo: dos oraciones:

> *El palacio es antiguo,*
> *La estudiante vio el palacio,*

que tienen un elemento común, *el palacio,* sufren el proceso de incrustación: de la segunda oración en la oración matriz.

> El palacio — la estudiante vio el palacio — es antiguo
> El palacio — el palacio la estudiante vio — es antiguo
> (ponemos juntos los sintagmas comunes)
> El palacio — que la estudiante vio — es antiguo.

La última fase del proceso radica en sustituir el sintagma nominal *el palacio* por la palabra *que.*

Los pronombres *relativos* son, pues, las palabras que en una proposición incrustada sustituyen a un sintagma nominal que ya aparece en la oración matriz.

La proposición incrustada recibe el nombre de *proposición de relativo*.

En estas oraciones el sintagma nominal que es sustituido en la proposición de relativo recibe el nombre de antecedente.

El palacio que *la estudiante vio* es antiguo

Prop. de relativo

pronombre relativo

antecedente

Los pronombres *relativos* son: *que, el cual, la cual, los cuales, las cuales, quien, quienes, cuyo, cuya, cuyos, cuyas.*

Que es invariable. Puede tener como antecedente un nombre de persona, animal o cosa.

La niña *que* vino esta mañana trajo un regalo.
El perro *que* ladra mordió al jardinero.
Las flores *que* trajiste estaban muy frescas.

El cual, la cual, los cuales, las cuales, concuerdan con su antecedente en género y número y el antecedente puede ser un nombre de persona, animal o cosa.

El profesor, *el cual* es muy distraído, faltó a clase.
Las chicas, *las cuales* estaban muy felices, rompieron a cantar.

Quien, quienes tiene como antecedente solamente un nombre de persona, con el que concuerda en número.

La chica con *quien* salimos es muy alegre.
El estudiante de *quien* me hablaste es muy inteligente.

Cuyo, cuya, cuyos, cuyas, equivalen a la expresión *del cual el, de la cual la, de los cuales el, de las cuales los,* etc. Se antepone a un objeto que es posesión del antecedente.

El hombre *cuyo* reloj es de oro, estuvo aquí.

EJERCICIOS 10

10. Los determinantes

10.1.   Explique la regla SN ⟶ Det + N.

10.2.   Señale los determinantes que encuentre en las siguientes oraciones:

Los estudiantes han entrado en la clase.

Los primos han venido a la capital.

Por ahí anda el mago con su ayudante.

¿Cuánto pagaste por esos cuatro sillones?

Algunos hombres vinieron anoche a nuestra casa.

Su abuela compró muchos libros.

Ese gato se ha comido un pescado.

Aquel autobús tuvo varios accidentes.

Mis mejores amigos son aquellos chicos.

Varias personas acudieron a la plaza.

10.3.   Explique por qué faltan los determinantes en las siguientes oraciones:

Casa con dos puertas, mala es de guardar.

Vendía casas, automóviles y seguros.

Se solicita ingeniero joven.

Madre enferma asesina a sus hijos.

Juan es gente sencilla, pero buena.

Compraron melones en el mercado.

Campesinos de toda la región acudieron a la fiesta.

San Juan, capital de Puerto Rico, ha crecido mucho.

Bolívar, prócer de la independencia, luchó bravamente.

Pastoreaba rebaños por los montes.

10.4.   ¿Qué función recibe el nombre de *actualización* en Gramática?

10.5.   ¿Puede Ud. construir la siguiente oración: *La mujer me trajo la ropa,* sin haber mencionado antes a la mujer? ¿Por qué?

10.6.   ¿Por qué puede —y debe— decir: *Tienes un lunar en la espalda,* y no, *Tienes un lunar en una espalda?*

10.7.   Explique por qué se emplea el artículo en las siguientes oraciones:

Vimos una casa y *el* jardín nos gustó mucho.

Me duelen *los* pies.

Le ofreció ropa y dinero, pero ella sólo aceptó *la* ropa.

Se citaron en *el* banco del parque cercano.

Compraron varios pares de zapatos. Ella prefirió *los* rojos.

10.8.   Señale a qué equivale *lo* en las siguientes oraciones:

Lo terrible del suceso fue la muerte el niño.

Si él ha llegado, ella no *lo* sabe.

Estuvieron anoche en una fiesta. *Lo* supimos hoy.

10.9.   Escriba *los* o *las,* según corresponda.

Se echaron a perder _____ pescados y mariscos.

Regresó con _____ sábanas y fundas limpias.

Quemaron _____ viñedos y eras de la región.

El bandolero asaltaba _____ trenes y diligencias que pasaban por allí.

Compró _____ vestidos y trajes para ella.

10.10.   Coloque el artículo apropiado a los siguientes nombres:

alma   avispa   alameda

aviación   alas

10.11.   Use las formas contractas del artículo *al* y *del* en las siguientes oraciones:

Fuimos _____ parque esa noche.

Venían _____ cine cuando les encontramos.

_____ coro _____ caño y _____ caño _____ coro.

El hijo _____ gerente recibió una condecoración.

Las chicas _____ pueblo salen a pasear los domingos.

10.12. Rellene con determinantes los espacios en blanco.

Adquirió _____ Van Gogh que le gustaba mucho.

Estuvimos en _____ Escorial un día completo.

Mañana salimos para _____ Guaira.

Compró _____ Pleyel del siglo pasado.

Vivía en _____ Habana hace años.

10.13. Rellene con demostrativos los espacios en blanco.

En _____ tiempos todos éramos jóvenes y felices.

_____ sillón me gusta más que _____ mesa.

Vi *Edipo rey* anoche. _____ tragedia me gusta mucho.

Llueve mucho _____ días.

_____ muchachos eran muy simpáticos.

10.14. Rellene con posesivos los espacios en blanco.

No te permito que uses _____ automóvil.

Ese amigo _____ sabe mucho de matemáticas.

_____ cocinera guisa mejor que _____ mujer.

_____ hijos son muy simpáticos.

_____ negocios le iban muy bien.

10.15. Complete el sentido de las oraciones siguientes con indefinidos.

_____ de nosotros entendió la película.

Esa noticia se la debió de dar _____ amigo.

La nueva barriada tiene _____ mercado y _____ gasolinera.

_____ personas supieron del atentado.

_____ traje le sentaba bien.

10.16. Distinga las distintas clases de numerales en las siguientes oraciones:

Ambos estudiantes aprobaron el examen.

Vendió *mil* sacos de arroz al comerciante.

Se cumple hoy el *trigésimo* aniversario de su muerte.

La oficina está en la *undécima* planta.

Llevó el automóvil a *ciento veinte* kilómetros por hora.

10.17. Rellene los espacios en blanco con interrogativos.

¿____ número fue premiado en la lotería?

¿____ casas vendiste ayer?

¿____ libro prefieres?

¿____ día es hoy?

¿____ meses pasó de vacaciones en Europa?

10.18. Señale en las oraciones siguientes los determinantes que funcionan como pronombres.

Tú, él y yo haremos un gran negocio.

¿Vendréis vosotros conmigo?

Hemos comprado su cosecha. Nos la vendió a buen precio.

Vi cinco estrellas. Tú sólo viste cuatro.

Tienes muchos amigos, pero él, ninguno.

10.19. Señale los nombres personales de primera y segunda persona.

10.20. ¿Son *nosotros, vosotros, ustedes, él, ella, ellos, ellas* nombres personales? ¿Qué son estas palabras?

10.21. Señale las formas incorrectas de los pronombres personales que encuentre en las siguientes oraciones:

La trajo un ramo de flores.

Le vi (al amigo) en el parque.

Le expliqué todo con claridad.

El juguete es muy barato. Le compré en el mercado.

Las saludamos en el teatro.

10.22. Señale qué tipo de plural se usa en las siguientes oraciones:

El político dice: *Nosotros* afirmamos que el futuro es del pueblo.

A *Vos, Majestad,* os rogamos que hagáis justicia.

10.23. Señale en las siguientes oraciones los pronombres reflexivos y los pronombres recíprocos.

El marido y la mujer se pelean cada mañana.

Luisa se peina frente al espejo.

Los estudiantes se bañan en el río.

Los espadachines se batieron en la oscuridad.

Los recién casados se miraron con amor.

10.24. Rellene los espacios en blanco con pronombres relativos en las siguientes oraciones:

El rico _____ palacio quemaron, huyó al amanecer.

La mujer _____ tiene un hijo en Francia, vino ayer.

La persona con _____ me entrevisté era amable.

Los patriotas _____ lucharon por la libertad, la consiguieron.

La puerta por la _____ ha salido, es pequeña.

11. El verbo

El verbo es la palabra que, sola o unida a otras, funciona como núcleo del sintagma predicativo de la oración. Así en las siguientes oraciones podemos ir suprimiendo palabras del sintagma predicativo y éste permanece:

> *La niña paseó temprano por la orilla del mar Caribe.*
> *paseó temprano por la orilla del mar.*
> *paseó temprano.*
> *paseó.*

No podemos suprimir *paseó* porque, en ese caso, se destruiría la oración.

El verbo es el núcleo del sintagma predicativo, como el nombre lo es del sintagma nominal.

El verbo es una de las partes variables de la oración. Varía para expresar sus varios accidentes: *tiempo, modo, número, persona, voz* y *aspecto*. Estos accidentes están indicados por los *morfemas verbales*.

Los *morfemas verbales* pueden ser de dos clases: los que se unen a un lexema y reciben el nombre de desinencias: *cant + aba (cant:* lexema, *aba* morfema) y los que son una forma del verbo haber, que es un verbo auxiliar y acompaña al participio del verbo que se conjuga: *habías + cantado.*

La forma verbal que presenta desinencia recibe el nombre de *forma verbal simple*; la que utiliza el verbo auxiliar *haber* recibe el nombre de *forma verbal compuesta.*

En las formas simples, la *desinencia* nos indica los accidentes gramaticales del verbo. En las formas compuestas, el verbo haber, con sus propias desinencias, es el que nos da los accidentes del verbo que se conjuga. El participio pasivo sólo informa del significado de la forma verbal.

11.1. Accidentes gramaticales

Los accidentes gramaticales son los cambios que sufre el verbo para expresar el tiempo (presente, pasado, futuro), la persona (primera, segunda, tercera), el número (singular y plural), el modo (indicativo, subjuntivo, imperativo).

De estos accidentes, los propios del verbo son el *tiempo* y el *modo*, ya que el número también existe en otras partes variables de la oración, tales como el adjetivo, el nombre y el pronombre; así como la persona es propia también de los pronombres personales.

Además de los accidentes gramaticales del verbo citados, existen otros dos: el *aspecto* y la *voz*.

11.1.1. *El aspecto verbal*

Al decir *jugué* y *jugaré*, se expresa una acción opuesta a la otra por el tiempo, pasado y futuro, respectivamente, en que están expresadas.

Pero si decimos *jugué* y *jugaba*, son dos acciones en las que no es tan fácil encontrar la oposición entre ellas, ya que las dos están en pasado.

Así pues, aquí entra en juego el accidente verbal al que hemos llamado *aspecto*, que es el que permite matizar esa diferencia y en la que es fundamental la idea de duración:

Jugué, indica una acción pasada que finalizó en un momento del pasado: *jugué al tenis en el parque* (pero dejé de jugar en algún momento).

Jugaba, expresa una acción también pasada, pero sin tener en cuenta el momento final de la misma, es decir, la acción puede continuar en el pasado: *jugaba al tenis en el parque* (no implica el final de la acción).

Se llama *aspecto verbal* al accidente gramatical que se refiere al desarrollo interno de la acción del verbo.

ASPECTO PERFECTO E IMPERFECTO

Los verbos en nuestro idioma presentan dos aspectos:

1) *Perfecto,* existe en todas las formas verbales en las que va implícito el término de la acción; son estas formas el *pretérito indefinido* de indicativo (jugué) y todas las *formas compuestas tanto de indicativo como de subjuntivo: ¿has escrito la carta? — lo habíamos explicado ya — habrás terminado cuando ellos lleguen — espero que me haya entendido.*

2) *Imperfecto,* existe en las formas en que el fin de la acción no está implícito; son los *tiempos simples* menos el pretérito indefinido de indicativo que ya hemos dicho que es de aspecto perfecto: *trabajo aquí — cantaba ópera.*

Podemos hablar de otros aspectos del verbo expresados con perífrasis verbales:

ASPECTO DURATIVO

Que expresa una acción continuada: *estaba leyendo, continuó yendo.*

ASPECTO INGRESIVO

Es una acción expresada en su inicio: *empezó a llover —se puso a escribir.*

ASPECTO FRECUENTATIVO

Indica una acción que se repite: *solían viajar en avión — acostumbraban a comer tarde.*

La forma más usual de resaltar el aspecto es mediante las *perífrasis* o *frases verbales.* Se agrupan según que el verbo en forma personal vaya en *infinitivo, gerundio* o *participio.*

Las que llevan el verbo en *infinitivo* expresan casi siempre un *carácter progresivo* orientado hacia el futuro. Las que lo llevan en *gerundio* tienen un *aspecto durativo,* hacia el *presente*. Las que van en *participio* muestran un *aspecto perfecto* con sentido de *pretérito*. Estas perífrasis verbales están formadas por:

Verbo en forma personal + preposición + Infinitivo
↓   conjunción   Gerundio
Indica el aspecto   o   Participio
                             nada   ↓
Sin significación   ·   Indican
    propia   la acción

PERÍFRASIS CON INFINITIVO: PROGRESIVAS

Incoactivas	ir a echar a pasar a ponerse a empezar a lanzarse a romper a	+ infinitivo

Ejs.: Vamos a *ir a echar* gasolina — Debemos *pasar a tratar* otro asunto — *Empezó a cantar* nuestras canciones preferidas — *Rompió a hablar* de forma impetuosa.

Terminativas	venir a llegar a acabar de terminar por	+ infinitivo

Ejs.: *Terminaremos por marcharnos* — *Llegó a escribir* un libro — *Acaba de llegar* el tren de Galicia.

Reiterativa... Volver a + infinitivo

Ejs.: *Volvió a insistir* en lo mismo

Obligativas	haber de haber que tener que deber	+ infinitivo

Ejs.: *Debo ir* pronto a la reunión — *Tengo que resolver* este asunto — *Habéis de prometer* discreción — *Habría que escribir* estas cartas.

Hipotéticas	deber de venir a	+ infinitivo

Ejs.: *Deben de ser* ellos los que han llamado — *Viene a ser* lo mismo.

PERÍFRASIS CON GERUNDIO

Durativas	estar ir venir seguir andar	+ gerundio

Ejs.: *Estuvieron hablando* largo rato — *Vinieron cantando* todo el viaje — *Fue siguiéndole* por el campo — *Anduvo buscándolo* y no lo encontró.

PERÍFRASIS CON PARTICIPIO

Perfectivas	llevar tener quedar dejar estar ser	+ participio

Ejs.: *Lleva hecho* el trabajo él solo — *Tenía pensado* lo que iba a decir — Los automóviles *quedaron destrozados* — *Fue esclavizado* por el vicio — Lo *dejaron apartado* para llevárselo — *Estoy arruinado* por tu culpa.

11.1.2. La voz

En esta dos oraciones:

Cervantes escribió «El Quijote»,

«El Quijote» fue escrito por Cervantes,

el sentido es el mismo, pero se diferencian gramaticalmente en que:

1) En la primera, Cervantes (sujeto) es el autor de esa acción (escribió).

2) En la segunda, «El Quijote» (sujeto) es sobre lo que actuó el verbo.

Según esto, afirmamos que el verbo *escribió* está en *voz activa* en concordancia de número y persona con el *sujeto agente* y que *fue escrito* está en *voz pasiva* en concordancia de número y persona con el *sujeto paciente*.

Así, pues, la *voz* es un accidente verbal que indica si el sujeto realiza la acción (activa) o la recibe (pasiva).

ELEMENTOS DE UNA ORACIÓN CON EL VERBO EN VOZ PASIVA

En español no hay un elemento que exprese la voz pasiva, un moferma que lo haga de por sí; ha de formarse con un auxiliar y un participio.

En el ejemplo anterior, «El Quijote» fue escrito por Cervantes, entran estos elementos:

1) *Sujeto paciente:* El Quijote.
2) *Verbo en voz pasiva:* fue escrito.
3) *Complemento agente:* por Cervantes.

En ocasiones, el complemento agente no aparece en la estructura superficial, como en esta oración: *El libro fue editado en Puerto Rico,* pero existe en la estructura profunda porque hubo un editor, una editorial que lo hizo.

El *complemento agente es* un *sintagma preposicional* que se expresa normalmente con la preposición *por,* aunque algunas veces se suele utilizar la preposición *de: el secuestrado fue rescatado por la policía — las casas fueron derribadas por el ciclón — el profesor era apreciado por (o de) todos — fue acompañado por (o de) todos.*

Las oraciones activas con verbo transitivo pueden convertirse en pasivas. Esta transformación se hace convirtiendo el sujeto activo en complemento agente colocado al final de la oración. El objeto directo de la oración activa, pasa a sujeto paciente de la pasiva.

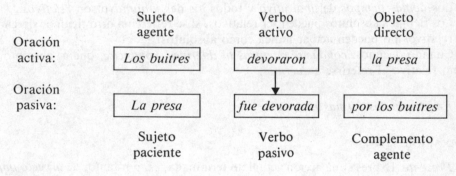

11.1.3. El tiempo

Indica el momento en que se realiza la acción del verbo. Éste puede ser una época pasada, ahora, o una época después de ahora.

Estas modificaciones se indican por morfemas llamados actualmente *características.*

De acuerdo con estas tres posibilidades existen tres tiempos en español: *pasado o pretérito* (am-é, había amado), *presente* (am-o) y *futuro* (am-aré), (habré amado).

Los tiempos son modificaciones de la acción verbal que indican el momento de su realización; estos cambios se realizan por los morfemas que, en la nueva nomenclatura, se llaman *características.*

El verbo lleva implícito un *tiempo interno* que está determinado por su propia significación verbal más la característica: *iremos de viaje.*

También presenta un *tiempo externo* que afecta al concepto de temporalidad, desde el punto de vista subjetivo del hablante, que altera, en ocasiones, el sistema interno del tiempo.

Al decir: *luego voy a la playa,* el hablante considera el *luego* como momento presente que se extiende hasta el futuro. En la oración: *estudia Medicina,* existe la noción de presente hacia atrás, hacia el pasado, cuando empezó a estudiar Medicina, persistiendo ese pasado aunque el verbo esté expresado en presente.

La *medición del tiempo* puede realizarse desde el presente del hablante, es una medida *absoluta*. Si se parte desde otro momento, será una medida *relativa*.

Según esto, habrá tiempos absolutos y relativos:

> Voy ahora para allá (absoluto).
> Iba para allá cuando llegaste (relativo).

Los *tiempos absolutos* del *indicativo* son:

> Presente (voy).
> Futuro (iré).
> Pretérito perfecto simple (fui).
> Pretérito perfecto compuesto (he ido).

También son *absolutas* las *formas* del *imperativo*.

Los *demás tiempos* del *indicativo* y todos los del *subjuntivo* son *relativos*.

Los tiempos absolutos pueden ser relativos, si se refieren a otro tiempo; sin embargo, los relativos no pueden actuar nunca como absolutos.

Cuando decimos: *conduciré mientras tú duermes, conduciré,* que es absoluto, actúa como relativo al referirse a *duermes*.

Empleo de las formas personales:

MODO INDICATIVO

Presente: Expresa una acción actual no terminada, es, por tanto, de *aspecto imperfecto,* según hemos visto.

Al decir: *leo un libro,* no expresamos de forma perfecta lo que queremos decir, por lo que se suelen preferir las perífrasis verbales, ya estudiadas, diciendo: *estoy leyendo un libro:* esta forma indica la realización de la acción en el tiempo actual, pero sigue siendo imperfecta, porque se mide el tiempo desde el momento del hablante; así, pues, es una *medida absoluta.*

El presente de indicativo tiene las siguientes variantes:

1) *Presente habitual,* para expresar acciones que se realizan ahora, pero que también se realizaron antes y se siguen realizando: *comemos a las dos — cuando viajo lo hago en automóvil.*

2) *Presente histórico,* expresa acciones en pasado y, por tanto, deberían estar en pretérito, pero se usa este presente para darles mayor actualidad y vigencia; *el primer viaje a la Luna es un hecho extraordinario, con él el mundo da un gran avance.*

3) *Presente futuro,* se usa para expresar acciones que van a ocurrir a partir del momento en que se está diciendo: *mañana voy a la playa — en este mes salgo de vacaciones.*

4) *Presente performativo,* sirve para dar órdenes con más fuerza que el imperativo: *ahora mismo bajas de ahí — te vistes pronto o te quedas.*

Pretérito perfecto e indefinido

Los dos son pretéritos del modo indicativo y tienen aspecto perfecto. La oposición no es, por tanto, aspectual, sino temporal, pero desde un punto de vista subjetivo.

Se emplea el *Pretérito Perfecto* para indicar que la acción se ha efectuado en un período de tiempo en el que está comprendido el momento presente del hablante: *le he visto en el teatro — hemos estado en el Zoológico.*

A este tiempo se le denomina *pretérito perfecto compuesto,* según la nueva nomenclatura de la Real Academia Española de la Lengua.

El *Pretérito Indefinido,* llamado *pretérito perfecto simple,* según la nomenclatura citada, se usa cuando la acción no está incluida en el presente del hablante: *anoche llegué tarde — le visité en su domicilio.*

Pretérito imperfecto

Tiene aspecto imperfecto, por lo que su oposición con el indefinido es aspectual. Presenta dos usos:

1) Puede expresar una acción paralela a otra: *yo iba a la montaña y él se quedaba en la playa — anochecía cuando volvíamos.*
2) También se emplea para hacer referencia a dos acciones que no van paralelas, sino que en la que va en pretérito imperfecto, se cruza otra expresada en otro tiempo: *estudiaba cuando llamaste — hablaba y hablaba y su amigo le cortó.*

Futuro imperfecto

Es un tiempo de aspecto imperfecto. Hacemos poco uso de él en la lengua hablada, pues generalmente empleamos formas perifrásticas: *mañana vamos a ir* (en lugar de *mañana iremos*) — *voy a estudiar* (en lugar de *estudiaré*).

Las *variedades* que ofrece este tiempo son:

1) *Futuro de obligación: él vendrá — irás donde te manden.*
2) *Futuro de exigencia: ya pensarás lo que te propuse — ¡callarás ya!*
3) *Futuro de probabilidad: en aquellas playas habrá cientos de personas — al estreno de la película irá el protagonista.*

Futuro perfecto

Expresa una acción perfecta realizada antes que otra también futura; así, pues, está en función de la otra acción y en relación con ella: *habré vuelto cuando tú llames.*

Como en el imperfecto, existe el *futuro de probabilidad,* que sirve para expresar un juicio sobre un hecho pasado: *habrá ido y venido treinta veces a la puerta desde que supo que venía su hijo.*

Pretérito pluscuamperfecto y anterior

Los dos son de aspecto perfecto, añaden una acción a otra también pasada, por lo que son tiempos relativos.

1) Pluscuamperfecto: *me había visto cuando se hizo el encontradizo — ya lo habían pensado y el director se adelantó.*

2) Anterior: *cuando me hubo visto, se hizo el encontradizo — cuando lo hubieron pensado, el director se adelantó.*

Condicional simple

Expresa una acción imperfecta y venidera, que tiene valor a partir del pasado, es decir, es un futuro del pasado y una forma relativa: al decir: *pensó que llegaría,* la acción de *llegar* es futura con relación a la de *pensar,* que es pasada.

Se emplea el condicional simple en estos casos.

El condicional simple se incorpora a las formas del indicativo, según la nueva estructura de la conjugación.

Condicional compuesto

Indica una acción futura y perfecta, también a partir del pasado, como en el condicional simple. Se trata de una acción futura, pero no anterior a otro momento señalado en la oración, por lo que también es una forma relativa. Al decir: *a estas fechas pensé que ya lo habrías terminado,* la acción expresada por *habrías terminado,* es futura en relación con el pasado *pensé,* pero anterior con relación a *estas fechas.*

También este condicional, como el simple, forma parte del indicativo.

MODO SUBJUNTIVO

Presenta la forma verbal de forma imprecisa, como un deseo o como subordinada a otro hecho expreso por otro modo del verbo: *ellos desean que seas feliz; si descansaras, te sentirías mejor. Descansaras* ¿presente o futuro?, ¿ahora o luego?

Esta imprecisión de tiempo se ajusta a algunas reglas:

1) La forma verbal de pasado, presente o futuro, según convenga al contexto, sólo puede expresarse con el *pretérito imperfecto: si llegara hoy, podría ir a recibirle (presente) / dejó de atenderlo porque le ordenaron que no siguiese* (pasado) / *le rogó que regresara pronto* (futuro).

2) *Presente, pretérito perfecto y futuro imperfecto,* pueden expresar presente o futuro, nunca pasado:

a) Presente: *Les he escrito que vengan hoy* (presente). *Me dijeron que estés aquí mañana* (futuro).

b) Pretérito perfecto: *Espero que hayan comido cuando lleguemos* (futuro). *Quizá no haya venido todavía* (presente).

c) Futuro imperfecto: *Si lo leyeres* (poco usado) *pronto, se lo prestas a él* (presente). *En caso de que erraren, ya lo arreglaremos* (futuro).

3) *Pretérito pluscuamperfecto:* Expresa una acción pasada con respecto a otra también pasada: *Si hubieras estudido, hubieses aprobado.*

4)   *Futuro perfecto* (poco usado): Indica un hecho futuro como realizado con respecto a otro hecho futuro: *Si no hubiere mejorado, llamaríamos al médico.*

NOMENCLATURA DE LA CONJUGACIÓN
PROPUESTA POR LA ACADEMIA

La nueva estructura de la conjugación va dividida en dos grandes grupos: A) *Formas no personales,* y B) *Formas personales.* Desaparecen el llamado *modo infinitivo* y el *modo condicional,* que se incorpora a las formas del indicativo. El *modo imperativo* se reduce a dos formas solamente: *ama, amad.*

El *pretérito indefinido* (amé) pasa a denominarse *pretérito perfecto simple;* y el llamado anteriormente *pretérito perfecto,* se denomina ahora *pretérito perfecto compuesto* (he amado).

Véase el esquema del verbo *amar.* Consignamos sólo la primera persona.

a)   Formas no personales

Simples	*Compuestas*
Infinitivo *amar*	*haber amado*
Gerundio *amando*	*habiendo amado*
Participio *amado*	

b)   Formas personales

MODO INDICATIVO

Tiempos simples	Tiempos compuestos
Presente	Pretérito perfecto compuesto
amo	*he amado*
Pretérito imperfecto	Pretérito pluscuamperfecto
amaba	*había amado*
Pretérito perfecto simple	Pretérito anterior
amé	*hube amado*
Futuro	Futuro perfecto
amaré	*habré amado*
Condicional	Condicional perfecto
amaría	*habría amado*

MODO SUBJUNTIVO

Presente	Pretérito perfecto
ame	*haya amado*

Pretérito imperfecto	Pretérito pluscuamperfecto
amase o amara	*hubiese o hubiera amado*

Futuro	Futuro perfecto
amare	*hubiere amado*

MODO IMPERATIVO

Presente
ama
amad

11.1.4. El modo

Indica el punto de vista del hablante con relación a la acción. Existen tres modos en español:

MODO INDICATIVO

El hablante ve la acción del verbo como algo seguro, real: *nieva; mañana pasaremos; cuando llegué no estabas en casa.*

MODO SUBJUNTIVO

El hablante considera la acción del verbo como probable, pero no está seguro de su ejecución real; expresa la acción con duda, deseo o reserva: *quizá tenga dinero; dudo que venga temprano; ¡ojalá llegue!*

MODO IMPERATIVO

El hablante presenta la acción en forma de mandato o sugerencia: *¡habla alto!; ven pronto.*

Como únicamente se puede ordenar algo a quien nos escucha, es decir, a la segunda persona, el modo imperativo, a diferencia de los otros tres, tiene sólo dos formas: una singular (ama tú) y una plural (amad vosotros). Al usar la segunda persona de respeto (usted, ustedes), se recurre a las terceras personas del presente del modo subjuntivo (ame usted, amen ustedes).

En el siglo XIX la gramática consideraba las formas *cantaría, habr-ía cantado,* como un modo especial que llamaba el Potencial pero, actualmente, se estima que estas formas pertenecen al modo indicativo.

Tampoco es modo el infinitivo (amar-temer-partir), como consideraban algunos gramáticos. Esta es una de las *formas no personales del verbo,* como se explicará después.

Los modos se fundamentan en la relación hablante-expresión, cuya relación puede ser: objetiva y subjetiva. Por ello, algunos autores aceptan solamente dos modos: el indicativo y el subjuntivo.

Uso del indicativo

Con este modo se expresan hechos desde el punto de vista objetivo, simplemente enunciado por el hablante, sin que los altere su participación inmediata: *nosotros comemos; hace mucho calor; vimos a nuestros amigos; vendrán a su casa.*

Uso del subjuntivo

Con el subjuntivo se presenta la acción como un deseo o como subordinada a otro hecho expresado por otro modo verbal.

Se indican hechos alterados por la intervención directa del hablante:

a) Mañana hará frío (indicativo).
b) Temo que mañana haga frío (subjuntivo).

En la oración *a)* el hablante se reduce a enunciar objetivamente un hecho futuro.

En la oración *b)* el hablante toma parte en ese hecho con un sentimiento personal de «temor».

Hay ambigüedad en el uso de uno y de otro modo. Si consideramos la acción como real, emplearemos el indicativo, pero si se considera como *dudosa, posible, deseada, necesaria,* como son nociones irreales, *usaremos el subjuntivo.*

Teniendo en cuenta los diferentes matices del subjuntivo, se le clasifica en:

Subjuntivo potencial (acciones dudosas y posibles); puede estar en oraciones independientes con adverbios de duda, como: *quizá, acaso, tal vez,* etc.: *acaso no volvamos a vernos; quizá sea necesario un descanso; posiblemente vendrá.*

Si la duda es casi una certidumbre, se puede emplear el indicativo: *quizá almorcemos en casa* (subjuntivo); *quizá almorzamos en casa* (indicativo).

En las oraciones subordinadas se emplea el subjuntivo si en la principal existen:

a) Verbos de *duda* o *desconocimiento: no suponía que hubieras vuelto; no creo que haya dicho la verdad.*

b) Si en las oraciones de relativo el antecedente es desconocido o dudoso: *confesará lo que le diga su abogado.*

Pero se expresará en indicativo si el antecedente es conocido: *confesará lo que le ha dicho su abogado.*

c) Con verbos de *emoción* o *temor: siento que te vayas; temo que vuelva.*

d) En expresiones que indican posibilidad: *es posible que no tengan permiso.*

Subjuntivo optativo, se presenta en oraciones con carácter desiderativo: *¡que vengas pronto!; ¡ojalá haya tenido suerte!*

Las oraciones subordinadas se forman con el verbo en subjuntivo:

a) Cuando en la oración principal existen verbos de *voluntad* (mandato, permiso, ruego, deseo): *me gustaría que volvieras pronto; deseo que te salga bien; le permitió que saliera antes.*

b) Cuando la subordinada es una *oración final: lo hizo para que les resultara más fácil; se abstuvo de votar, con el fin de que no hubiera malas interpretaciones.*

c) Cuando la oración principal presente verbos de *necesidad* objetiva, como: *es necesario que, es conveniente que, es mejor que, es preciso que: es necesario que el país se entere; sería conveniente que suspendieran el viaje; es preciso que se detengan las pruebas nucleares.*

Uso del imperativo

El imperativo enuncia la acción con un sentido de mandato. Según las últimas normas de la Real Academia Española de la Lengua, sus formas se reducen a dos, ambas correspondientes a la segunda persona: *estudia* (tú) y *estudiad* (vosotros).

Efectivamente, el hablante no puede darse órdenes a sí mismo, por lo que no existe la primera persona del singular. No obstante, sí podemos dárselas a otros, segunda y tercera persona, pero incluyéndonos nosotros: *estudiemos,* aunque, en realidad, esta forma y las demás del imperativo que no sean las aceptadas para este modo, según lo dicho, corresponden al subjuntivo (estudie, estudiemos, estudien).

El imperativo se ve afectado por algunas reglas morfológicas. Así, es un *vulgarismo* el uso del infinitivo en lugar del imperativo en expresiones como: *¡trabajar!* por *¡trabajad!, ¡comer!* por *¡comed!* El infinitivo no debe emplearse en estos casos. Es distinto cuando lleva la preposición *a: ¡a comer!, ¡a trabajar!*

Cuando el pronombre *os* se une al imperativo, no se debe decir *¡sentaros!, ¡callaros!,* sino *¡callaos!, ¡sentaos!*

11.1.5. La persona

Expresa si la acción la ejecuta el hablante (primera persona): *amo, amamos,* o el oyente (segunda persona): *amas, amáis,* o si la realiza alguien o algo que no es ni el hablante ni el oyente (tercera persona): *ama, aman.*

11.1.6. El número

Indica si la acción la realiza una persona (singular) o más de una (plural).

SINGULAR	PLURAL
am-o	am-amos
am-as	am-áis
am-a	am-an

11.2. Formas no personales del verbo

Reciben ese nombre porque no indican ninguna persona. Estas formas son:

Infinitivo (cantar)
Gerundio (cantando)
Participio (cantado)

1) *Infinitivo,* expresa la significación verbal como la haría un nombre que indicase acción *(saltar, correr, abrir).*

2) *Gerundio,* expresa la acción verbal como un adverbio *(saltando, corriendo, abriendo).*

3) *Participio,* la expresa como un adjetivo *(abierto, corrido, saltado).*

Estas formas no tienen morfema de persona ni de tiempo, éste se infiere del contexto de la oración en que se halle.
Pueden ir en:
Construcción conjunta, unidas a otra oración: *dieron mucho que hablar; le vi durmiendo todavía; se quedó abierto toda la noche.*
Construcción absoluta, con cierta independencia sintáctica, formando una oración subordinada circunstancial: *al tragar, me duele la garganta; en viendo lo que interesa, volveremos; firmado el documento, no se puede volver atrás.*

11.2.1. *El infinitivo*

Como nombre: expresa el verbo como un nombre abstracto en género masculino: *el comer* es necesario; puede ir precedido de un *determinante* o *preposición: este no descansar* te agota; *de pagar* no te libras; *tu sentir* me preocupa.
Pueden ir en plural: *los decires* de esta gente son interesantes.

Oficios que desempeña como nombre:

1) *Sujeto:* el *llorar* es un desahogo.
2) *Atributo:* amar es *dar* siempre.
3) *Complemento de otro sustantivo:* llegó el momento de *empezar.*
4) *Complemento de un adjetivo:* no fue capaz de *aprenderlo.*
5) *Modificador del verbo:*
   a) *Objeto directo:* espero *regresar.*
   b) *Objeto circunstancial:* se impacientó *por esperar.*

Como verbo: no tiene desinencias de persona ni características de tiempo y modo; sólo expresa el aspecto perfecto o imperfecto de la acción *(decir, haber dicho);* puede ir en voz pasiva con el verbo ser o tener significación pasiva, según el contexto: esto es claro *de entender* (de ser entendido).
Como verbo tiene siempre sujeto expreso o implícito. Los casos en que se presenta son:

172

1) *Sujeto* con la preposición *de: el sonreír de* los niños en el circo.

2) *Con sujeto indeterminado:* siempre es mejor *hacer* algo que nada (sujeto: *alguien).*

3) *El mismo sujeto que el del verbo principal:* volveré (yo) a *decirlo* (yo).

4) *Diferente sujeto que el del principal:* al *sonar* el timbre (sujeto), me asusté (yo).

En construcción conjunta:

1) *Como objeto directo:* quiero *verte* pronto.
                                          C.D.
   oigo *el gemir del viento.*
                      C.D.
   sé *perder.*   ·
      C.D.

2) *Como circunstancial:* esperó largo tiempo, *sin protestar.*
                                                          C.
   Tuvo bastante *con aceptar.*
                        C.

3) *Con las preposiciones a, para, por,* formando oraciones subordinadas finales: se retiró *para dar oportunidad a su hermano.*
   subordinada final

En construcción absoluta:

1) *Al despedirse,* procuró no demostrar su tristeza.
     sub. temp.

2) *De hacerlo así,* hay que pensar en otra persona (si se hace así).
   oración condicional

3) *Con tener tanto dinero,* no impidió su encarcelamiento (aunque tiene).
   oración concesiva

11.2.2. *Gerundio*

Puede ser *simple* (jugando) y *compuesto* (habiendo jugado).

El *simple* expresa la acción como no terminada, es decir, de *aspecto imperfecto* y puede ser inmediatamente anterior a la acción principal: en *entrando, se sentaron* (la acción de entrar es inmediata a la de sentarse); llegaron *saltando* de alegría (la acción de saltar es simultánea de la principal, llegar).

Es incorrecto el uso del gerundio para expresar acciones posteriores a la principal, o que sean consecuencia de ella: se alinearon los jugadores, *entonándose* el himno nacional (incorrecto): se alinearon los jugadores y *se entonó* el himno nacional (correcto).

Sólo admite la preposición *en: en llegando* ella, empezó la reunión.

El *gerundio compuesto* indica la acción como acabada, *aspecto perfecto* y siempre anterior a la principal: *habiéndoles ganado* todo lo que tenían, la envenenaron.

En Hispanoamérica se le aceptan morfemas de diminutivo, en lenguaje afectivo: iremos *andandito.*

Función sintáctica del gerundio

Aunque el oficio general del gerundio es el de modificar al verbo principal, como continúa siendo verbo, forma el predicado de una *proposición subordinada adverbial:* salió *llorando* (valor adverbial); le encontré *hablando* con ella (valor verbal).

Pero en la construcción *estar + gerundio,* éste no forma una proposición subordinada adverbial, sino que constituye una perífrasis y, por tanto, una forma verbal de aspecto durativo imperfecto: *estaba leyendo.*

Construcción conjunta. Puede ser:

1) *Complemento del sujeto* de la oración principal y equivale entonces a una oración de relativo explicativa: Pepe, *creyendo que le iba a faltar dinero,* aceptó aquel trabajo; *pensando en él,* se dormía (Pepe).

2) *Complemento del objeto,* si éste es persona, con función de oración con carácter especificativo: le fotografiaron *entregando los premios;* le sorprendieron *robando fruta.* No puede usarse refiriéndose a cosas: Recibí una carta *conteniendo* dinero (incorrecto).

Construcción absoluta

Como núcleo de una oración circunstancial, que aunque va inserta en la principal, porque lleva sujeto propio, tiene cierta independencia de la principal; va entre comas o pausas y pueden ser:

1) *De modo: irguiendo* la cabeza, empezó a hablar.
2) *Temporales: estudiando* los demás, no se debe hablar.
3) *Causales:* lo creo *diciéndolo* tú.
4) *Concesivas: viviendo* tan lejos, llegarás tarde.

11.2.3. Participio

El participio es variable en *género* y *número* para concordar con el nombre al que se refiere: mujer *cansada,* mujeres *cansadas.*

Solamente es *invariable* cuando va con el *auxiliar haber:* él *ha llamado;* ellos *han llamado.* La gramaticalización se ha producido de masculino singular.

Función sintáctica. Construcción conjunta

1) Como *adjetivo,* cuando acompaña al nombre; pero por ser verbo, forma *proposiciones subordinadas adjetivas,* equivalentes a las de relativo: se cayó la casa *levantada* en la playa (que se levantó); devolvió las cartas *firmadas* (que ya estaban firmadas).

2) Por equivaler a una proposición subordinada adjetiva, ésta puede ser *explicativa* y *especificativa:* los niños, perdidos, deambulaban por las calles *(explicativa);* los niños perdidos deambulaban por las calles *(especificativa).*

Construcción absoluta

1) *Como adverbio,* aparece formando una *proposición subordinada adverbial,* separada por comas del resto de la oración. Actualmente suele ir al principio de la oración: *clasificados* los libros, se pusieron a la venta (cuando se clasificaron). Los alumnos, *terminada* la clase, salieron del aula (cuando terminó).

Las *proposiciones absolutas de participio,* pueden ser:

1) *De tiempo: finalizada* la sesión, salieron.

2) *De modo:* recorría, *fatigado,* las calles.

3) *Condicionales: pensando* así ya me convence (si se piensa así).

4) *Concesivas:* se forman precedidas de *si bien:* la ciudad, si bien *modernizada,* conserva su aire secular; si bien *acompañada,* se sentía sola.

11.3. Clases de verbos

Los verbos pueden clasificarse atendiendo a varios puntos de vista.
Según su infinitivo, los verbos españoles se dividen en tres clases:
Los que terminan en -ar: am*ar,* estudi*ar,* nad*ar,* que reciben el nombre de *verbos de la primera conjugación.*

Los que terminan en -er: ten*er,* le*er,* corr*er,* que son los llamados *verbos de la segunda conjugación.*

Los que terminan en -ir: un*ir,* dec*ir, ir,* que son los verbos de la *tercera conjugación.*
Cada una de estas tres conjugaciones tiene *desinencias diferentes* en las formas simples y construyen sus formas no personales también de modo distinto.

Infinitivo:	am-ar	tem-er	sal-ir
Gerundio:	am-ando	tem-iendo	sal-iendo
Participio:	am-ado	tem-ido	sal-ido

11.3.1. *Verbos auxiliares*

Son aquéllos que sirven para formar los *tiempos verbales compuestos* y la *perífrasis de la voz pasiva.* Son los verbos *haber* y *ser: hemos* cantado; el orador *fue escuchado* por el pueblo.
En ambos casos los verbos *no* tienen *significado pleno,* sino *sólo significado gramati-*

cal; indican tiempo, número, persona, etcétera. Por ello, son verdaderos morfemas; son como las *desinencias* en las formas simples del verbo.

Ya hemos dicho que el verbo forma parte inmediata del *sintagma predicativo.* Ahora hablaremos de los dos constituyentes del verbo: el auxiliar (Aux) y el lexema verbal (Lex V): V → Aux + Lex V.

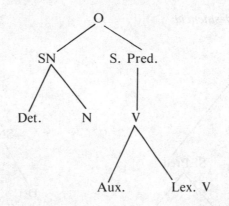

El *lexema verbal* es el morfema que da la significación léxica al verbo. En *cortó,* el lexema es *cort-;* en *ha llegado,* el lexema es *lleg-.*

Con la palabra *auxiliar,* nos referimos a todos los *morfemas* (desinencias, sufijos y verbos auxiliares), que determinan los accidentes gramaticales verbales: (tiempo, modo, aspecto, número, persona y voz). En *cortó* el Aux es *-ó;* en *ha llegado,* el Aux son *ha* y *-ado.*

Así todas las formas verbales se componen de un núcleo semántico *(Lex V)* y de morfemas *(Aux)* que determinan la significación gramatical del verbo.

LOS VERBOS AUXILIARES

Son verbos auxiliares los verbos gramaticalizados, es decir, los que han perdido su significación, o la tienen muy empobrecida y acompañan a un Lex V que aporta la significación del verbo.

Son auxiliares:

Haber, usado para formar los tiempos compuestos; en *he estudiado,* aporta la significación gramatical: primera persona del singular del pretérito perfecto de indicativo, voz activa.

Ser, que sirve para formar todos los tiempos de la *voz pasiva;* en *seréis premiados, seréis* da la significación gramatical: segunda persona del plural, futuro imperfecto de indicativo, voz pasiva.

Existen *otros verbos auxiliares* que expresan *aspectos* (no el perfecto o el imperfecto), ya que no debemos olvidar que el término *Aux* no afecta sólo a los verbos auxiliares, sino también a las *desinencias* y a los *sufijos verbales:* am-*ar,* cog-*er,* ven-*ir,* am-*ando,* cog-*iendo,* ven-*ido.*

Podemos estudiar en estos gráficos dos de las representaciones posibles de *Aux,* con *sólo desinencia* y con el *verbo auxiliar ser.*

1) *Con desinencia*　　　　　　　　　2) *Con auxiliar*

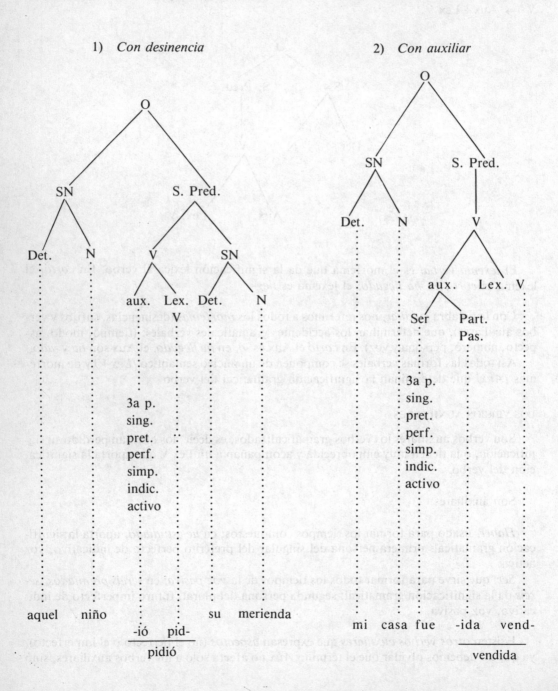

HABER

Simples	*Compuestas*	*Presente*
Infinitivo: haber	haber habido	he tú
Gerundio: habiendo	habiendo habido	habed vosotros
Participio: habido		

IMPERATIVO — *Presente* — he tú / habed vosotros

INDICATIVO

Presente	*Pret. perf. compuesto*
1.ª ... he	he habido
2.ª ... has	has habido
3.ª ... ha (hay)	ha habido
1.ª ... hemos	hemos habido
2.ª ... habéis	habéis habido
3.ª ... han	han habido

Pret. imperfecto	*P. pluscuamperfecto*
1.ª ... había	había habido
2.ª ... habías	habías habido
3.ª ... había	había habido
1.ª ... habíamos	habíamos habido
2.ª ... habíais	habías habido
3.ª ... habían	habían habido

Pret. perf. simple	*Pret. anterior*
1.ª ... hube	hube habido
2.ª ... hubiste	hubiste habido
3.ª ... hubo	hubo habido
1.ª ... hubimos	hubimos habido
2.ª ... hubisteis	hubisteis habido
3.ª ... hubieron	hubieron habido

Futuro imperfecto	*Futuro perfecto*
1.ª ... habré	habré habido
2.ª ... habrás	habrás habido
3.ª ... habrá	habrá habido
1.ª ... habremos	habremos habido
2.ª ... habréis	habréis habido
3.ª ... habrán	habrán habido

Condicional simple	*Condic. compuesto*
1.ª ... habría	habría habido
2.ª ... habrías	habrías habido
3.ª ... habría	habría habido
1.ª ... habríamos	habríamos habido
2.ª ... habríais	habríais habido
3.ª ... habrían	habrían habido

SUBJUNTIVO

Presente

1.ª ... haya
2.ª ... hayas
3.ª ... haya
1.ª ... hayamos
2.ª ... hayais
3.ª ... hayan

Pret. imperfecto

1.ª ... hubiera o hubiese
2.ª ... hubieras o hubieses
3.ª ... hubiera o hubiese
1.ª ... hubiéramos o hubiésemos
2.ª ... hubierais o hubieseis
3.ª ... hubieran o hubiesen

P. pluscuamperfecto

1.ª ... hubiera o hubiese habido
2.ª ... hubieras o hubieses habido
3.ª ... hubiera o hubiese habido
1.ª ... hubiéramos o hubiésemos habido
2.ª ... hubierais o hubieseis habido
3.ª ... hubieran o hubiesen habido

Futuro imperfecto

1.ª ... hubiere
2.ª ... hubieres
3.ª ... hubiere
1.ª ... hubiéremos
2.ª ... hubiereis
3.ª ... hubieren

Futuro perfecto

1.ª ... hubiere habido
2.ª ... hubieres habido
3.ª ... hubiere habido
1.ª ... hubiéremos habido
2.ª ... hubiereis habido
3.ª ... hubieren habido

SER

Simples	*Compuestas*
Infinitivo: ser	haber sido
Gerundio: siendo	habiendo sido
Participio: sido	

IMPERATIVO

Presente

sé tú
sed vosotros

INDICATIVO

Presente	*Pret. perf. compuesto*
1.ª ... soy	he sido
2.ª ... eres	has sido
3.ª ... es	ha sido
1.ª ... somos	hemos sido
2.ª ... sois	habéis sido
3.ª ... son	han sido

Pret. imperfecto	*P. pluscuamperfecto*
1.ª ... era	había sido
2.ª ... eras	habías sido
3.ª ... era	había sido
1.ª ... éramos	habíamos sido
2.ª ... erais	habíais sido
3.ª ... eran	habían sido

Pret. perf. simple	*Pret. anterior*
1.ª ... fui	hube sido
2.ª ... fuiste	hubiste sido
3.ª ... fue	hubo sido
1.ª ... fuimos	hubimos sido
2.ª ... fuisteis	hubisteis sido
3.ª ... fueron	hubieron sido

Futuro imperfecto	*Futuro perfecto*
1.ª ... seré	habré sido
2.ª ... serás	habrás sido
3.ª ... será	habrá sido
1.ª ... seremos	habremos sido
2.ª ... seréis	habréis sido
3.ª ... serán	habrán sido

Condicional simple	*Condic. compuesto*
1.ª ... sería	habría sido
2.ª ... serías	habrías sido
3.ª ... sería	habría sido
1.ª ... seríamos	habríamos sido
2.ª ... seríais	habríais sido
3.ª ... serían	habrían sido

SUBJUNTIVO

Presente

1.ª ... sea
2.ª ... seas
3.ª ... sea
1.ª ... seamos
2.ª ... seáis
3.ª ... sean

Pret. imperfecto

1.ª ... fuera o fuese
2.ª ... fueras o fueses
3.ª ... fuera o fuese
1.ª ... fuéramos o fuésemos
2.ª ... fuerais o fueseis
3.ª ... fueran o fuesen

P. pluscuamperfecto

1.ª ... hubiera o hubiese sido
2.ª ... hubieras o hubieses sido
3.ª ... hubiera o hubiese sido
1.ª ... hubiéramos o hubiésemos sido
2.ª ... hubierais o hubieseis sido
3.ª ... hubieran o hubiesen sido

Futuro imperfecto

1.ª ... fuere
2.ª ... fueres
3.ª ... fuere
1.ª ... fuéremos
2.ª ... fuereis
3.ª ... fueren

Futuro perfecto

1.ª ... hubiere sido
2.ª ... hubieres sido
3.ª ... hubiere sido
1.ª ... hubiéremos sido
2.ª ... hubiereis sido
3.ª ... hubieren sido

11.3.2. *Verbos copulativos*

Son los verbos *ser* y *estar* en oraciones como las siguientes:

> Tu padre *es* profesor.
> El cielo *es* azul.
> La leche *está* fría.
> La chica *es* de San Juan.

Estos verbos se unen a un *sintagma nominal* (profesor), a un *sintagma adjetivo* (azul), o a un *sintagma preposicional* (de San Juan), para formar el predicado. A este predicado se le llama *predicado nominal,* como ya hemos visto (ver 7.4.).

Recibe, por tanto, el nombre de *predicado nominal* el formado por:

> sintagma nominal
> un verbo copulativo *(ser* o *estar)* + sintagma adjetivo
> sintagma preposicional

Se llama *predicado verbal* al formado por un verbo que no sea *ser* o *estar:* los niños *escriben* sus ejercicios; los atletas *corren* en el parque.

Los verbos *ser* y *estar* no siempre cumplen una misión de cópula, pueden ser también verbos predicativos; en estas oraciones:

> El paisaje *es* hermoso.
> El paisaje *está* dormido.

El paisaje = hermoso y el paisaje = dormido, por lo que *ser* y *estar,* en estas oraciones, son copulativos.

Pero en las oraciones:

> La asamblea *fue* en el salón.
> Los asistentes *estuvieron* en el salón.

la *asamblea* y los *asistentes* no se pueden identificar con salón. Por tanto, *ser* y *estar,* en estas oraciones, son predicativos, porque predican o dicen algo del sujeto como otros verbos.

Resumiendo podemos decir que los verbos *ser* y *estar:*

1) Son *copulativos* cuando identifican al sujeto con su atributo, sirviendo de unión entre ellos.

2) Son *predicativos,* cuando no cumplen una función de unión, sino que indican una circunstancia del sujeto.

11.3.3. *Verbos intransitivos*

Son aquellos que pueden formar por sí solos un sintagma predicativo.
En oraciones como:

> Los niños *duermen.*
> La anciana *vino.*
> El padre *llegó.*

Al decir: *Los atletas corren en el parque,* si suprimimos el sintagma preposicional (en el parque), la oración subsiste: *Los atletas corren.* Pero si decimos: *Los niños dicen sus ejercicios,* al suprimir el sintagma nominal (sus ejercicios), la oración pierde su sentido, es decir, *dicen* constituye un sintagma predicativo incompleto.

11.3.4. *Verbos transitivos*

Son los que necesitan un *sintagma nominal* para formar el sintagma predicativo.

En el ejemplo visto antes: *Los niños dicen sus ejercicios,* la oración perdía sentido, al suprimir *sus ejercicios.* El verbo *decir* es, por tanto, un verbo transitivo, porque necesita de un sintagma nominal para completar su sentido. El *sintagma nominal,* que acompaña necesariamente al verbo transitivo, recibe el nombre de *complemento directo.*

Con frecuencia, un verbo transitivo aparece en superficie sin complemento directo:

Bebimos anoche.
Juan *lee* en el jardín.

Pero en la estructura profunda de la oración se encuentra el complemento directo. Ante las oraciones anteriores podemos preguntar: ¿qué bebimos anoche?; ¿qué lee Juan en el jardín? Ese *qué* es precisamente el complemento directo que está en la estructura profunda y que el hablante ha callado, pero que puede incluir:

Bebimos *ron* anoche.
          C.D.

Juan lee *el periódico* en el jardín.
              C.D.

Por tanto, los verbos *beber* y *leer,* en estos casos, no son transitivos usados como intransitivos, sino verbos transitivos que aparecen superficialmente sin el complemento directo que llevan en la estructura profunda.

De acuerdo con estas clases de verbos, podemos establecer la siguiente regla gramatical:

$$\text{Sintagma predicativo} \begin{cases} \text{Cópula} \quad + \begin{cases} \text{S. N.} \\ \text{S. Adj.} \\ \text{S. Prep.} \end{cases} \\ \\ V + (S.\ N.) \end{cases}$$

O sea, el sintagma predicativo puede estar compuesto, en español, con un verbo copulativo, seguido de sintagma nominal o de sintagma adjetivo, o de sintagma preposicional; o con un verbo seguido o no de sintagma nominal (por eso escribimos S.N. entre paréntesis). *Si V. va seguido de S.N., es un verbo transitivo; si no presenta S.N., es un verbo intransitivo.*

11.3.5. Verbos pronominales

Dentro de los verbos intransitivos, añadiremos los *pronominales*. Son los que, necesariamente, han de ir unidos a un pronombre: *atreverse, quejarse* (no podemos decir: *yo arrepiento, él queja*).

La gramática tradicional llamaba a estos verbos *reflexivos,* pero esto no es acertado, porque cuando él *se queja,* no realiza una acción que vuelve sobre sí mismo, que es lo que significa *reflexivo,* sino que es una acción que se produce en la interioridad del sujeto y que no se la puede hacer a otra persona (puede hacer que se queje, pero no *quejarlo).* Sin embargo, sí puedo *entristecerme* o *entristecerle.*

En estos verbos pronominales, el pronombre es un *morfema constitutivo del verbo* (no es un complemento, como en los transitivos), de la misma forma que es el lexema o la desinencia, ya que sin él la forma verbal no existiría.

Tampoco es reflexivo el pronombre cuando diferencia dos significados distintos del mismo verbo: *ir-irse; marchar-marcharse.* En estos verbos pronominales, el pronombre es un prefijo o sufijo modificador de la significación del lexema verbal.

11.3.6. Verbos regulares

Son aquellos verbos que, al ser conjugados, no cambian su **raíz:** *(cant-o, cant-aría, cant-ará)* y reciben las mismas desinencias que otros verbos tomados como modelos, como *am-ar, tem-er, part-ir.*

11.3.7. Verbos irregulares

Son los que, al ser conjugados, o cambian su lexema: *record-é, recuerd-o* o no reciben las mismas desinencias de sus modelos *(andar* hace un pretérito *and-uve* y no *and-é,* como le correspondería según el modelo *amar: am-é);* o presentan irregularidades, como: *vino* y no *vinió; tuvo* y no *tenió.*

Hay que distinguir entre estos verbos irregulares y aquellos que, al escribirlos, hacemos algún cambio ortográfico, pero que no representan ninguna modificación en los fonemas. Por ejemplo: *tocar,* muestra en su indefinido: *toqué,* pero esto no implica una irregularidad. Se han cambiado las letras, pero el fonema del lexema /k/ se conserva. Si mantuviéramos la /c/ ortográfica, nos daría entonces otro fonema /θ/: *tocé.*

Las irregularidades de los verbos afectan siempre a un grupo de tiempos determinados:

1) Si es irregular el presente de indicativo, lo son también los otros presentes, el de subjuntivo e imperativo. Por ejemplo, el verbo *acertar* forma en el presente de indicativo *acierto,* luego también serán irregulares los demás presentes: *acierte* (subjuntivo), *acierta* (imperativo).

2) Si es irregular el pretérito indefinido, también lo son el pretérito imperfecto de subjuntivo y el futuro imperfecto del mismo modo. Por ejemplo: *tener,* forma un pretérito indefinido *tuv-e* y así los otros dos tiempos *tuv-iera, tuv-iese, tuv-iere.*

3) Si es irregular el futuro imperfecto de indicativo también lo es el condicional simple; el futuro de *caber,* es *cabré* y no *caberé,* y su condicional es *cabría* y no *cabería.*

VERBOS REGULARES

PRIMERA CONJUGACIÓN

CANTAR

Simples

Infinitivo: cantar
Gerundio: cantando
Participio: cantado

Compuestas

haber cantado
habiendo cantado

IMPERATIVO

Presente

canta tú
cantad vosotros

INDICATIVO

Presente

1.ª ... canto
2.ª ... cantas
3.ª ... canta
1.ª ... cantamos
2.ª ... cantáis
3.ª ... cantan

Pret. perf. compuesto

he cantado
has cantado
ha cantado
hemos cantado
habéis cantado
han cantado

Pret. imperfecto

1.ª ... cantaba
2.ª ... cantabas
3.ª ... cantaba
1.ª ... cantábamos
2.ª ... cantabais
3.ª ... cantaban

P. pluscuamperfecto

había cantado
habías cantado
había cantado
habíamos cantado
habíais cantado
habían cantado

Pret. perf. simple

1.ª ... canté
2.ª ... cantaste
3.ª ... cantó
1.ª ... cantamos
2.ª ... cantasteis
3.ª ... cantaron

Pret. anterior

hube cantado
hubiste cantado
hubo cantado
hubimos cantado
hubisteis cantado
hubieron cantado

Futuro imperfecto

1.ª ... cantaré
2.ª ... cantarás
3.ª ... cantará
1.ª ... cantaremos
2.ª ... cantaréis
3.ª ... cantarán

Futuro perfecto

habré cantado
habrás cantado
habrá cantado
habremos cantado
habréis cantado
habrán cantado

Condicional simple

1.ª ... cantaría
2.ª ... cantarías
3.ª ... cantaría
1.ª ... cantaríamos
2.ª ... cantaríais
3.ª ... cantarían

Condic. compuesto

habría cantado
habrías cantado
habría cantado
habríamos cantado
habríais cantado
habrían cantado

SUBJUNTIVO

Presente

1.ª ... cante
2.ª ... cantes
3.ª ... cante
1.ª ... cantemos
2.ª ... cantéis
3.ª ... canten

Pret. imperfecto

1.ª ... cantara o cantase
2.ª ... cantaras o cantases
3.ª ... cantara o cantase
1.ª ... cantáramos o cantásemos
2.ª ... cantarais o cantaseis
3.ª ... cantaran o cantasen

P. pluscuamperfecto

1.ª ... hubiera o hubiese cantado
2.ª ... hubieras o hubieses cantado
3.ª ... hubiera o hubiese cantado
1.ª ... hubiéramos o hubiésemos cantado
2.ª ... hubierais o hubieseis cantado
3.ª ... hubieran o hubiesen cantado

Futuro imperfecto

1.ª ... cantare
2.ª ... cantares
3.ª ... cantare
1.ª ... cantáremos
2.ª ... cantareis
3.ª ... cantaren

Futuro perfecto

1.ª ... hubiere cantado
2.ª ... hubieres cantado
3.ª ... hubiere cantado
1.ª ... hubiéremos cantado
2.ª ... hubiereis cantado
3.ª ... hubieren cantado

VERBOS REGULARES   SEGUNDA CONJUGACIÓN

TEMER

FORMAS NO PERSONALES

Simples	Compuestas
Infinitivo: temer	haber temido
Gerundio: temiendo	habiendo temido
Participio: temido	

IMPERATIVO

Presente

teme tú
temed vosotros

INDICATIVO

Presente	Pret. perf. compuesto
1.ª ... temo	he temido
2.ª ... temes	has temido
3.ª ... teme	ha temido
1.ª ... tememos	hemos temido
2.ª ... teméis	habéis temido
3.ª ... temen	han temido

Pret. imperfecto	P. pluscuamperfecto
1.ª ... temía	había temido
2.ª ... temías	habías temido
3.ª ... temía	había temido
1.ª ... temíamos	habíamos temido
2.ª ... temíais	habíais temido
3.ª ... temían	habían temido

Pret. perf. simple	Pret. anterior
1.ª ... temí	hube temido
2.ª ... temiste	hubiste temido
3.ª ... temió	hubo temido
1.ª ... temimos	hubimos temido
2.ª ... temisteis	hubisteis temido
3.ª ... temieron	hubieron temido

Futuro imperfecto	Futuro perfecto
1.ª ... temeré	habré temido
2.ª ... temerás	habrás temido
3.ª ... temerá	habrá temido
1.ª ... temeremos	habremos temido
2.ª ... temeréis	habréis temido
3.ª ... temerán	habrán temido

Condicional simple	Condic. compuesto
1.ª ... temería	habría temido
2.ª ... temerías	habrías temido
3.ª ... temería	habría temido
1.ª ... temeríamos	habríamos temido
2.ª ... temeríais	habríais temido
3.ª ... temerían	habrían temido

SUBJUNTIVO

Presente

1.ª ... tema
2.ª ... temas
3.ª ... tema
1.ª ... temamos
2.ª ... temáis
3.ª ... teman

Pret. imperfecto

1.ª ... temiera o temiese
2.ª ... temieras o temieses
3.ª ... temiera o temiese
1.ª ... temiéramos o temiésemos
2.ª ... temierais o temieseis
3.ª ... temieran o temiesen

P. pluscuamperfecto

1.ª ... hubiera o hubiese temido
2.ª ... hubieras o hubieses temido
3.ª ... hubiera o hubiese temido
1.ª ... hubiéramos o hubiésemos temido
2.ª ... hubierais o hubieseis temido
3.ª ... hubieran o hubiesen temido

Futuro imperfecto

1.ª ... temiere
2.ª ... temieres
3.ª ... temiere
1.ª ... temiéremos
2.ª ... temiereis
3.ª ... temieren

Futuro perfecto

1.ª ... hubiere temido
2.ª ... hubieres temido
3.ª ... hubiere temido
1.ª ... hubiéremos temido
2.ª ... hubiereis temido
3.ª ... hubieren temido

VERBOS REGULARES

TERCERA CONJUGACIÓN

PARTIR

FORMAS NO PERSONALES

Simples

Infinitivo: partir
Gerundio: partiendo
Participio: partido

Compuestas

haber partido
habiendo partido

IMPERATIVO

Presente

parte tú
partid vosotros

INDICATIVO

Presente

1.ª ... parto
2.ª ... partes
3.ª ... parte
1.ª ... partimos
2.ª ... partís
3.ª ... parten

Pret. perf. compuesto

he partido
has partido
ha partido
hemos partido
habéis partido
han partido

Pret. imperfecto

1.ª ... partía
2.ª ... partías
3.ª ... partía
1.ª ... partíamos
2.ª ... partíais
3.ª ... partían

P. pluscuamperfecto

había partido
habías partido
había partido
habíamos partido
habíais partido
habían partido

Pret. perf. simple

1.ª ... partí
2.ª ... partiste
3.ª ... partió
1.ª ... partimos
2.ª ... partisteis
3.ª ... partieron

Pret. anterior

hube partido
hubiste partido
hubo partido
hubimos partido
hubisteis partido
hubieron partido

Futuro imperfecto

1.ª ... partiré
2.ª ... partirás
3.ª ... partirá
1.ª ... partiremos
2.ª ... partiréis
3.ª ... partirán

Futuro perfecto

habré partido
habrás partido
habrá partido
habremos partido
habréis partido
habrán partido

Condicional simple

1.ª ... partiría
2.ª ... partirías
3.ª ... partiría
1.ª ... partiríamos
2.ª ... partiríais
3.ª ... partirían

Condic. compuesto

habría partido
habrías partido
habría partido
habríamos partido
habríais partido
habrían partido

SUBJUNTIVO

Presente

1.ª ... parta
2.ª ... partas
3.ª ... parta
1.ª ... partamos
2.ª ... partáis
3.ª ... partan

P. pluscuamperfecto

1.ª ... partiera o partiese
2.ª ... partieras o partieses
3.ª ... partiera o partiese
1.ª ... partiéramos o partiésemos
2.ª ... partierais o partieseis
3.ª ... partieran o partiesen

Pret. imperfecto

1.ª ... hubiera o hubiese partido
2.ª ... hubieras o hubieses partido
3.ª ... hubiera o hubiese partido
1.ª ... hubiéramos o hubiésemos partido
2.ª ... hubierais o hubieseis partido
3.ª ... hubieran o hubiesen partido

Futuro imperfecto

1.ª ... partiere
2.ª ... partieres
3.ª ... partiere
1.ª ... partiéremos
2.ª ... partiereis
3.ª ... partieren

Futuro perfecto

1.ª ... hubiere partido
2.ª ... hubieres partido
3.ª ... hubiere partido
1.ª ... hubiéremos partido
2.ª ... hubiereis partido
3.ª ... hubieren partido

PARTICIPIOS IRREGULARES

Existen verbos que presentan el participio pasivo irregular. Por ejemplo: *escribir,* forma *escrito; abrir, abierto; hacer, hecho; morir, muerto; poner, puesto; romper, roto; ver, visto.*

Todos los compuestos de estos verbos poseen la misma irregularidad: *reabierto, rehecho, repuesto, superpuesto,* etc.

Algunos verbos, además, presentan dos participios, uno regular y otro irregular. Cuando se conjugan estos verbos siempre se usa el participio regular para formar los tiempos compuestos; por ejemplo: *confesar,* presenta el participio regular *confesado* y el irregular *confeso.* Al conjugar, usamos el primero: *nosotros habíamos confesado.*

Los principales verbos con esta peculiaridad son los siguientes:

VERBOS CON DOS PARTICIPIOS

Verbos	Participio regular	Participio irregular
abstraer	abstraído	abstracto
atender	atendido	atento
bendecir	bendecido	bendito
concluir	concluido	concluso
confesar	confesado	confeso
confundir	confundido	confuso
convencer	convencido	convicto
convertir	convertido	converso
despertar	despertado	despierto
elegir	elegido	electo
eximir	eximido	exento
freír	freído	frito
hartar	hartado	harto
imprimir	imprimido	impreso
incluir	incluido	incluso
maldecir	maldecido	maldito
manifestar	manifestado	manifiesto
proveer	proveído	provisto
soltar	soltado	suelto
suspender	suspendido	suspenso
torcer	torcido	tuerto

Las irregularidades que presentan los verbos en español —aparte de las exclusivas de uno o dos verbos: *quepa, iba, estoy...*— son éstas:

a) *De los presentes*
diptongación de la vocal radical *(aprieto, muerdo).*
adición de consonante al radical *(envejezco, vengo, luzco).*

b) *De los presentes y pretéritos*
debilitación de la vocal radical *(gimo, gimió, sintió).*

c) *De los pretéritos*   pretérito fuerte *(tuve)*.

                        síncopa de la vocal *(cabré)*.

d) *De los futuros*   síncopa de vocal y consonante *(haré)*.

                        epéntesis de consonante *(tendré)*.

a) Irregularidad de los presentes.

— Diptongación de la vocal del radical. Los verbos que tienen una «e» o una «o» en el radical la transforman en los diptongos «ie», «ue» respectivamente.

            Apretar + presente: apr*ie*to, as, a...
            m*o*rder — presente: m*ue*rdo, es, e...

Jugar, adquirir y los verbos terminados en *-irir* que presentan «ue», «ie» en lugar de «u», «i». Poder y querer también diptonga: p*ue*do, qu*ie*ro.

— Adición de consonantes al radical. Los verbos terminados en -acer, -ecer, -ocer y -ucir, excepto «cocer», toman una «z» antes de la «c» del radical.

            Complacer-complazco
            envejecer-envejezco
            lucir-luzco

— Los verbos: «tener», «poner», «venir», «valer», «salir», «oír» y «traer» toman una «g» detrás de la «n» o la «l» del radical.

            oír-oigo, traer-traigo, valer-valgo, salir-salgo

— Tener y venir diptongan también la vocal del radical en la segunda y tercera personas de singular y la tercera de plural del Presente de Indicativo.

            Tener: Tengo, t*ie*nes, t*ie*ne, tenemos, tenéis, t*ie*nen

— Los verbos hacer y decir cambian la «c» en «g»: hacer-hago, decir-digo.

— Los verbos terminados en -uir, añaden una «y» entre radical y desinencia.

            huir-hu*y*o, atribuir-atribu*y*o, construir-constru*y*o, influir-influ*y*o

— Los verbos «hacer», «valer», «poner» y «salir» hacen el imperativo apocopando la «e» final: haz, val, pon, sal. Decir: di

— Los verbos «caber», «saber» y «estar» tienen formas especiales:

Caber   {   Presente de Indicativo: quepo, cabes, cabe...
           {   Presente de Subjuntivo: quepa, quepas, quepa...

Saber $\left\{ \begin{array}{l} \text{Presente de Indicativo: sé, sabes, sabe...} \\ \text{Presente de Subjuntivo: sepa, sepas, sepa...} \end{array} \right.$

Estar $\left\{ \begin{array}{l} \text{Presente de Indicativo: estoy, estás, está...} \\ \text{Presente de Subjuntivo: esté, estés, esté...} \end{array} \right.$

b) Irregularidad de los presentes y pretéritos.

— Debilitación vocálica. Hay verbos que cambian las vocales «e» y «o» de sus radicales en «i» y «u». La debilitación en los pretéritos ocurre cuando sigue «i» átona en la desinencia. Se observa esta irregularidad en «servir» y los terminados en -ebir, -egir, -eguir, -eir, -emir, -enchir, -endir, -eñir, -estir, -etir y -edir.

Gemir	- Presente:	gimo,	Pretérito:	gimió
competir	”	compito	”	compitió
vestir	”	visto	”	vistió
pedir	”	pido	”	pidió
servir	”	sirvo	”	sirvió
seguir	”	sigo	”	siguió

— Los verbos en -eñir -(ceñir, reñir y teñir) hacen el pretérito indefinido: reñí, reñiste, *riñó*, reñimos, reñisteis, *riñeron,* suprimiendo la i que sigue a la «ñ» en el imperfecto, el futuro de subjuntivo y el gerundio:

reñir: Imperfecto de Subjuntivo: *riñera* o *riñese*
Futuro de Subjuntivo: riñ*ere*
Gerundio: riñ*endo*

c) Irregularidad de los pretéritos

— Pretérito fuerte. Existen en español verbos con acentuación en la penúltima sílaba, esta acentuación se conserva del latín, son los llamados pretéritos fuertes:

Andar: anduve, caber: cupe, conducir: conduje, decir: dije, estar: estuve, haber: hube, hacer: hice, poder: pude, poner: puse, querer: quise, saber: supe, tener: tuve, traducir: traduje, traer: traje, venir: vine

d) Irregularidad de los futuros.

— Pérdida de la vocal de la desinencia: poder + e > pod(e)re > podré.
— La pérdida de la vocal desinencial lleva consigo la síncopa de la consonante que la sigue en algunos verbos: decir: diré, hacer: haré.
— La pérdida de la vocal desinencial obliga a la introducción de una consonante epentética, la «d»: valer: valdré, salir: saldré, venir: vendré, poner: pondré, tener: tendré.

Conjugación del verbo IR.

Presente de Indicativo: voy, vas, va, vamos, vais, van.
Pretérito Imperfecto de Indicativo: iba, ibas, iba, íbamos, ibais, iban.
Pretérito Indefinido de Indicativo: fui, fuiste, fue, fuimos, fuisteis, fueron.
Futuro Imperfecto de Indicativo: iré, irás, irá, iremos, iréis, irán.

Presente de Subjuntivo: vaya, vayas, vaya, vayamos, vayáis, vayan.
Pretérito Imperfecto de Subjuntivo: fuera o fuese, fueras o fueses, fuera o fuese, fuéramos o fuésemos, fuerais o fueseis, fueran o fuesen.
Futuro Imperfecto de Subjuntivo: fuere, fueres, fuere, fuéremos, fuereis, fueren.

Imperativo: ve, vaya.

11.3.8. *Verbos defectivos*

Son aquellos que carecen de algunos tiempos o de algunas personas, como *atañer,* que se usa sólo en las terceras personas: *atañe, atañen; soler,* se usan las formas de presente: *suelo, sueles,* etc., y las de imperfecto de indicativo: *solía, solías,* las del presente de subjuntivo: *suela, suelas;* las del participio: *solido. Abolir, agredir, transgredir,* se emplean sólo las formas cuya desinencia comienza por *-i: abol-ieron, agred-ieron, transgred-ieron,* pero no se usa: *abolo, agredo, transgredo.*

Concernir, se usa sólo en las terceras personas de los presentes de indicativo y subjuntivo: *concierne, conciernen, concernían;* del gerundio: *concerniendo.*

Balbucir, se emplean todas las formas, excepto aquellas en que debería producirse el grupo consonántico *zc: balbuzco, balbuzcas,* que se sustituyen por las correspondientes de *balbucear:* balbuceo, balbucees.

EJERCICIOS 11

11. El verbo

11.1.   Señale en las siguientes oraciones el sintagma nominal y el sintagma predicativo y exprese cuál es el núcleo de este último.

Mi padre estuvo ayer en Jamaica.

No nos ha contado nada nuestro primo.

Esos rosales florecerán en la primavera.

Este hermoso edificio fue construido por aquel arquitecto.

El ciclón arrancó esos árboles.

No ha dormido en toda la noche. Está enferma.

El abuelo habrá ganado mucho dinero en América.

Ella jamás perdió la vitalidad y el optimismo.

Esta vieja roca embellece el paisaje.

Mi tía tiene el pelo blanco.

11.2.   Explique en qué se distinguen, desde el punto de vista del aspecto, las siguientes formas verbales:

anduve   -   andaba

cantaré   -   habré cantado

habrá cantado   -   cantaba

trabajas   -   habrás trabajado

leyó   -   estaba leyendo

comenzó a llorar -   lloraba

11.3.   Señale las formas verbales que tienen aspecto imperfecto y las que tienen aspecto perfecto en la siguiente lista:

miré   habré salido   cantaré

hablaría   hayáis venido   escribió

estudiaba   lloro   habrá bailado

hube esperado

11.4.   Señale las diferentes clases de perífrasis verbales progresivas, terminativas, reiterativas, etc. que encuentre en las siguientes oraciones:

Deben de ser los vecinos del primer piso.

Tenemos que salir enseguida.

Volvió a contarnos la historia.

Empezó a insultarnos en cuanto llegamos.

Acabamos de llegar de Tegucigalpa.

Iba cantando por la calle.

Tenía pensado que el trabajo sería para él.

Dejaron de estudiar al saber la noticia.

Llegó a contarnos todos sus secretos.

Ve a estudiar lo antes posible.

Se puso a llorar sin consuelo posible.

Terminó por ganar el pleito él solo.

11.5.   Distinga las oraciones activas y las pasivas de la siguiente lista:

La estancia es luminosa.

La puerta fue abierta por el mayordomo.

Mi tío fue capitán en los años treinta.

Mi tío fue ascendido en los años cuarenta.

Quevedo escribió *Los sueños*.

La enciclopedia fue publicada en Buenos Aires.

El equipo más joven ganó el partido.

Los secuestradores fueron descubiertos por la policía.

11.6.   Señale los tiempos absolutos y relativos en las siguientes oraciones:

La cantante interpreta muy bien a Villalobos.

Acostumbraba a ducharse al amanecer.

Mañana saldremos para Río de Janeiro.

Habrá vigilado toda la noche al ladrón.

El informe del general es muy esclarecedor.

Ha llegado esta mañana de México.

Venga inmediatamente.

El equipo triunfador salió en hombros del estadio.

Si tuviera dinero, te lo prestaría.

Salgan ustedes aprisa.

Vendría a menudo si encontrara razones.

Hemos trabajado mucho hoy.

11.7.   Señale las distintas clases de presente de Indicativo en las siguientes oraciones:

El domingo no hay partido de base-ball.

Ud. se sienta y no dice palabra.

Mañana vamos a la playa.

Colón descubre América en 1492.

Todos los sábados vamos a bailar.

La semana próxima tengo mucho trabajo.

Te arreglas pronto y no dices nada.

El año próximo vamos a Europa.

Me levanto siempre a las siete de la mañana.

España pierde sus colonias en 1898.

11.8.   Construya cinco oraciones usando el pretérito indefinido (pretérito perfecto simple), y el pretérito perfecto (pretérito perfecto compuesto) de
Indicativo.

11.9.   Construya cinco oraciones con el pretérito imperfecto de Indicativo en
sus distintos usos.

11.10.   Señale qué clases de futuro de Indicativo se encuentran en las siguientes
oraciones:

Ya me devolverás el dinero que te presté.

Mañana no habrá juego.

En ese hospital habrá lo menos mil enfermos.

No matarás.

Tendrá veinte años.

Habrá sido un accidente.

11.11. Explique lo que expresan las siguientes oraciones:

Ya había comenzado a llover, cuando llegó ella.

Cuando hubo comenzado a llover, llegó ella.

Ya había estudiado cuando me telefoneó.

11.12. Construya cinco oraciones con las distintas clases de condicional simple.

11.13. Construya diez oraciones con los distintos tiempos del modo Subjuntivo.

11.14. Transforme las siguientes oraciones en negativas:

Vengan acá, muchachos.

Trae los dulces.

Toca la campana.

Parte ahora mismo.

Tómate el café con leche.

11.15. Señale qué funciones realizan los infinitivos en las siguientes oraciones:

Queremos comprar unas flores.

Es muy saludable pasear por las mañanas.

Nos gusta levantarnos temprano.

Vimos torear en España.

Los cantares de los gitanos les parecieron buenos.

El pagar las deudas es obligación de caballeros.

Ese llegar a medianoche no es conveniente.

No te libras de purgar tu crimen.

Amar es esperar siempre.

Ha llegado el momento de partir.

No fue capaz de comprenderlo.

Llegó tarde por esperarla.

11.16. Señale, en las siguientes oraciones, aquéllas en que esté usado incorrectamente el gerundio.

Cayó de un tercer piso, muriendo horas después.

En llegando ella, comenzó la función.

Habiéndoles confiado su secreto, le denunciaron.

Salió llorando del examen.

Vino corriendo hacia mí.

Estaba leyendo el periódico cuando oí un ruido.

Creyéndose enfermo, decidió suicidarse.

Le vieron saltando por la ventana.

Dieron el nombre de los premiados, aplaudiendo la concurrencia.

Recibió un sobre, conteniendo propaganda religiosa.

11.17. Señale qué clases de proposiciones absolutas de gerundio hay en las siguientes oraciones:

Inyectándole en el brazo, volvió en sí.

Despidiendo a ese actor, la obra ganó en calidad.

Despidiendo a ese actor, la obra ganaría en calidad.

Vive como un millonario siendo un pobretón.

Terminando esta película, se habrá despedido del cine.

11.18. Exprese con un participio las proposiciones de relativo que aparecen en las siguientes oraciones:

Ellos, que iban distraídos, no vieron nada.

El asesino, que había sido denunciado, fue atrapado.

El propósito que buscaban era saber la verdad.

El puente que inauguraron se derrumbó.

11.19. Distinga los participios en construcción explicativa y construcción especificativa de las oraciones anteriores.

11.20. Señale a qué clase de proposiciones absolutas de participio pertenecen las que se encuentran en las siguientes oraciones:

El espectáculo, si bien complicado, fue un éxito.

Bailaba, levantada la cabeza, con suma maestría.

Abierta la sesión, comenzaron los discursos.

Empezada la botella, hay que acabarla.

Si bien esperado, fue un fracaso el partido.

11.21. Señale los verbos auxiliares y copulativos que encuentre en las siguientes oraciones:

El coronel la habrá conocido en Quito.

La fiesta fue en Río Piedras.

El cielo está muy azul hoy.

La tragedia fue muy bien interpretada por los actores.

El violinista es muy alto.

El perro ladró para amedrentar al mendigo.

La batalla fue ganada por los soviéticos.

El azúcar subió en el mercado mundial.

Los árboles son altos y umbrosos.

La monja bordaba pañuelos para las señoras.

El policía fue golpeado por los jóvenes.

Los desórdenes fueron a principios, de enero.

Tu pantalón está en el patio.

Los griegos escribieron obras maestras.

La lámpara está encendida.

Esos mexicanos habrán peleado cuando la revolución.

El paisaje es hermoso.

Los monjes leían en el patio del convento.

La tierra habrá estado mojada.

11.22. Señale los casos en que *ser* y *estar* son *atributivos* o *predicativos* en las oraciones del ejercicio anterior.

11.23. Señale los verbos transitivos e intransitivos que aparecen en las oraciones del ejercicio 21.

11.24. Construya cinco oraciones con verbos pronominales.

11.25. Señale en la siguiente lista de formas verbales las que presenten irregularidades:

alcemos	conduzco	utilicé
toqué	tendremos	caí
dije	pasaron	produjeron
hirió	almuerzo	pudo
anduvo	hará	conjugaron
antepuso	cupo	predijo
desataron	confieso	veía
vino	escrito	vistieron
tendieron	empleaban	consistieron
cobré	contradijo	

11.26. Agrupe las formas verbales irregulares del ejercicio anterior según la clasificación de los verbos irregulares.

11.27. Subraye en las siguientes oraciones el participio que más les convenga:

¿Por qué no lo han (eximido - exento)?
Mi primo está (eximido - exento) del servicio militar.
El alcalde (elegido - electo) vendrá hoy.
Fue (elegido - electo) presidente.
Tu libro está bastante (confundido - confuso).
En la iglesia hay agua (bendecida - bendita).
Los fieles fueron (bendecidos - benditos) por el obispo.
Espero no estar (suspendido - suspenso) en Algebra.
Fueron (suspendidos - suspensos) los servicios públicos.
Hoy me he (hartado - harto) de bailar.

11.28. Señale las formas de verbo defectivo usadas correctamente en las siguientes oraciones:

Solía venir todos los domingos.

No balbuzcáis tanto al leer.

No me agredas de esa forma.

Abolieron todos los privilegios de los ricos.

Mi hermano solió vender paraguas.

Este asunto te concierne.

El monarca aboló la pena de muerte.

Balbució unas pocas palabras.

12. Las partes invariables de la oración

Reciben este nombre aquellas clases de palabras que no sufren modificaciones morfológicas, o sea que nunca cambian de forma.

Hay tres clases de estas palabras: los *adverbios,* las *preposiciones* y las *conjunciones.*

El adverbio tiene significación *léxica,* las otras dos restantes, la *preposición* y la *conjunción,* tienen únicamente significado gramatical. Son, por tanto, *morfemas* gramaticales.

12.1. El adverbio

Es, como hemos visto antes (ver 6.3), la clase de palabra que puede tener una *función de rango terciario* en la oración. Complementa, por tanto, a palabras de rango secundario, como el verbo y el adjetivo.

> Escribe *despacio.*
> El cielo está *muy* azul.

También puede complementar a otro adverbio.

> Vino *demasiado* temprano.

El adverbio puede desempeñar las siguientes funciones:

1) Complemento circunstancial de un verbo.
2) Complemento de un adjetivo.
3) Complemento de un adverbio.

El adverbio puede clasificarse atendiendo a varios aspectos:

1) Según el aspecto formal, el adverbio se divide en:
   Simples: los que se componen de una sola palabra (ayer, mañana, no, etc.).

   Compuestos: los que se forman con sufijos o dos o más palabras. Se subdividen a su vez en dos.

   a) *Adverbios terminados en mente: solamente, tristemente, alegremente,* etc.
   b) *Locuciones adverbiales,* conjuntos de dos o más palabras que funcionan como adverbios: *en un tris, a hurtadillas, a pie, en primer lugar, a ciegas, ante todo, a escondidas.*

2) Desde el aspecto *semántico* o del significado, se dividen en adverbios y locuciones adverbiales:

a) De *modo*: bien, mal, despacio, claramente, a ciegas, a manos llenas, a la buena de Dios.
b) De *tiempo*: hoy, ayer, mañana, anoche, ahora, entonces, después, tarde, temprano, en un santiamén.
c) De *lugar*: aquí, allí, arriba, abajo, encima, debajo, en medio, en frente.
d) De *duda*: acaso, quizá, tal vez, probablemente.
e) De *afirmación*: sí, también, en verdad, en efecto.
f) De *negación*: no, nunca, jamás, tampoco.
g) De *cantidad*: mucho, poco, suficiente, bastante, nada, más, menos, a más y mejor.

Hay adverbios de cantidad que formalmente son iguales a algunos determinantes indefinidos. Pero se diferencian de éstos desde los puntos de vista morfológico y sintáctico: el adverbio morfológicamente es invariable y acompaña a un verbo o un adjetivo. El determinante puede ser variable y siempre acompaña a un nombre o sustituye al sintagma nominal.

ADVERBIOS	DETERMINANTES
Trabajaron *bastante*.	Tuvo *bastante* suerte.
Bebió *bastante*.	Vinieron *bastantes* niños.
Habló *bastante* claro.	Asistieron *bastantes*.

La variedad de funciones y clases del adverbio determina que esta clase de palabras resulte demasiado heterogénea y, por ello, ha sido estudiada ampliamente por la gramática moderna, que ha llegado a algunas conclusiones nuevas sobre la misma.

Lo más importante es que el adverbio no aparece en la estructura profunda de las oraciones, sino en la superficie como consecuencia de transformaciones.

El adverbio es un sustituto superficial de otros sintagmas de la estructura profunda. Los sintagmas que sustituye el adverbio son generalmente sintagmas preposicionales seguidos de adjetivos.

Ejemplos: la oración superficial:

Los muchachos vinieron hoy

corresponde en la estructura profunda a:

Los muchachos vinieron *en el día actual*
S. Prep.

La oración superficial:

El boxeador peleó magistralmente

es el resultado de dos oraciones nucleares:

El boxeador peleó *de alguna manera*
La manera fue magistral

La oración: La maestra vive *lejos* es transformación de la oración nuclear:

La maestra vive *en un lugar lejano*

Como puede observarse, existe una evidente relación entre los adverbios y los adjetivos.

Esta relación, evidente en el tránsito de las oraciones nucleares de la estructura profunda a las oraciones de la estructura superficial se pone de manifiesto también en estos casos:

1)   La admisión en los adverbios de construcciones de tipo comparativo:

Peleó *más fuerte* que antes.

2)   Gran número de adjetivos en su forma masculina se utilizan como adverbios:

Ejemplo: *alto, bajo, recio, quedo.*

Cantó *alto.*
Hablaste *bajo.*

3)   La composición de muchos adverbios con un *adjetivo + mente* para indicar modo o manera: *alegremente,* etc.

4)   La posibilidad de algunos adverbios de admitir los sufijos del *diminutivo* y del *superlativo,* fenómenos típicos del adjetivo.

Los *adverbios diminutivos* se usan con mayor frecuencia en Hispanoamérica que en España. Los más usados son: despacito, ahorita, cerquita, tempranito, arribita, aprisita, lejitos.

Ejemplos de formas superlativas:

Vive *lejísimos.*
Habla *bajísimo.*
Vino *tempranísimo.*
Llegó *tardísimo.*

12.2.   La preposición

Es la clase de palabras invariables que unen una palabra *(nombre, pronombre, adjetivo, verbo o adverbio)* con su complemento.

Mesa *de* madera.
Café *con* leche.
Lejos *de* aquí.
Loco *de* atar.
Voy *hacia* París.

La *conjunción,* que veremos en seguida, une también palabras, pero hay diferencias muy claras entre ésta y la preposición.

Como hemos dicho, la *preposición* une palabras de distinta categoría gramatical: una es siempre complemento de la otra. La preposición establece una relación de dependencia.

LAS PREPOSICIONES ESPAÑOLAS SON:

a, ante, bajo, cabe, con, contra, de, desde, en, entre, hacia, hasta, para, por, según, sin, so, sobre, tras.

Cabe (junto a) y *so* (debajo de) están desde hace tiempo en desuso.

Además de las preposiciones hay las *locuciones prepositivas,* compuestas de dos o más palabras: *debajo de, delante de, tras de, a fuerza de, por junto a, en favor de, por debajo de, detrás de, en medio de, en pos de, por delante de, en lugar de, con rumbo a, a través de, junto a, encima de, en contra de, por encima de, en vez de, con destino a.*

Las preposiciones agrupadas. Algunas veces dos preposiciones pueden agruparse para unir sus significaciones gramaticales respectivas. Los casos más frecuentes son:

de + a: Sombreros *de a* cien pesos.
de + entre: Apareció *de entre* la multitud.
de + hacia: Viene lluvia *de hacia* el norte.
desde + por: Nieva *desde por* la mañana.
hasta + de: Vino gente *hasta de* la costa.
hasta + en: Hasta en el pueblo hace calor.
hasta + con: Vino *hasta con* su madre.
hasta + para: Hay que pedir permiso *hasta para* comer.
hasta + por: Se pelea *hasta por* saludar a los amigos.
hasta + sin: Vino *hasta sin* zapatos.
hasta + sobre: No vendrá *hasta sobre* las diez.
para + de: Esto no es *para de* repente.
para + por: Lo dejaré *para por* la mañana.
por + bajo: Pasó *por bajo* de la cama.
por + entre: Huyó *por entre* los matorrales.

La preposición origina los *sintagmas preposicionales,* que, como ya sabemos, se componen de *preposición + sintagma nominal.*

La preposición va siempre seguida de un nombre. Este nombre se llama *término de la preposición.*

El sintagma preposicional aparece en oraciones nucleares y oraciones transformadas y puede realizar las siguientes funciones:

1) Complemento de un nombre: café *con* leche.
2) Complemento de un pronombre: varios *de* nosotros.
3) Complemento de un adjetivo: verde *de* envidia.
4) Complemento de un verbo:

> Directo: Miré *a* los estudiantes.
> Indirecto: Mandé rosas *a* la profesora.
> Circunstancial: Paseamos *con* los muchachos.

12.3. La conjunción

Es la clase de palabras invariables que enlazan dos palabras de igual función gramatical (dos sujetos, dos atributos, dos predicados o dos complementos) o dos proposiciones.

Existen dos grupos de conjunciones:

1) Las *conjunciones coordinantes,* que son las que relacionan dos palabras de igual función gramatical o dos proposiciones de la misma jerarquía gramatical.

> Ejemplos: El niño *y* su madre salieron de paseo.
> ¿Vienes *o* te quedas?
> *Unas veces* vamos al cine y *otras* a bailar.
> Lees *bien* novelas *bien* revistas.

2) Las *conjunciones subordinantes,* que son las que establecen una relación entre dos proposiciones de distinta jerarquía. Una de ellas está subordinada a la otra.

> Vendremos *aunque* sea tarde.

La segunda proposición, *aunque sea tarde,* no tiene significado pleno, pues depende, está subordinada a la proposición principal: *Vendremos,* que sí tiene significado completo.

Las conjunciones coordinantes. Están compuestas bien por una sola palabra o varias, que funcionan como una conjunción. Estas últimas reciben el nombre de *locuciones conjuntivas.*

Las conjunciones coordinantes se dividen en:

1) *Copulativas,* que relacionan, añadiendo los contenidos de las proposiciones. Son: *y, e, ni. E* es una variante de *y,* que se usa, por razones eufónicas, cuando la palabra que va a continuación comienza por *i* o *hi.*

> El padre *y* el hijo pelearon.
> Padre *e* hijo se llevan muy mal.
> No sabe escribir *ni* le interesa saber hacerlo.

202

2) *Disyuntivas.* Son como las opuestas a las anteriores: expresan que es necesario seleccionar o excluir. Son *o, u, o bien.* *U* es una variante de *o* y se usa cuando la palabra a continuación empieza por *o* u *ho.*

> Puedes quedarte *o* irte.
> ¿Te da confianza *u* horror mi confesión?
> ¿Vienes conmigo *o bien* te vas sola?

3) *Distributivas.* Relacionan palabras o proposiciones que alternan: Son *bien... bien; ya... ya; ora... ora; unas veces* (y) *otras.*

> *Ora* te vayas *ora* te quedes, siempre te apurarán.
> *Ya* seas feliz, *ya* desdichado, te llegará la muerte.
> *Unas veces* cocinas bien, *otras* no.

4) *Explicativas.* La segunda palabra o proposición sirve de explicación a la primera. Son: *esto es, o sea, es decir.*

> La conferenciante, *es decir,* la esposa de Luis, estuvo muy bien.

5) *Adversativas.* La segunda palabra o proposición modifica la primera. Son: *pero, mas, sino, antes, aunque..., antes bien, no obstante, sin embargo, por lo demás.*

> Salí temprano, *pero* se me estropeó el automóvil.
> Se esfuerza, *mas* no consigue triunfar.
> Seguiremos adelante *no obstante* lo sucedido.
> No bebe cerveza *sino* vino.

Las *conjunciones subordinantes.* Se estudiarán cuando hablemos de las oraciones subordinadas.

12.4. La interjección

La gramática tradicional incluía la interjección entre las partes de la oración, pero modernamente se ha rectificado este criterio. La interjección no es una parte específica de la oración, sino que equivale a una oración completa (ver 6.3). Son generalmente palabras o expresiones breves que se escriben entre signos de admiración y tienen siempre significados muy emotivos. Es la manifestación más evidente de la afectividad.

En el lenguaje este grupo de palabras se divide en:

1) *Interjecciones propias,* que son aquellas palabras que sólo se usan como interjección: ¡bah! ¡caramba! ¡hola! ¡ea! ¡huy! ¡olé! ¡ah! ¡oh! ¡ay!

2) *Interjecciones impropias,* que son palabras que siendo nombres, adjetivos, verbos

o adverbios o breves expresiones, a veces funcionan como interjección: *¡ojo! ¡atención! ¡socorro! ¡anda! ¡bravo! ¡vamos! ¡cómo! ¡Dios mío! ¡qué horror! ¡viva! ¡muera!*

Se consideran interjecciones también:

1) Las blasfemias y los juramentos.
2) La reproducción de ciertos ruidos, como: *¡pum! ¡cataplum! ¡bum! ¡plaf!*
3) Los vocablos con que se llama o guía a los animales: *pío, arrea, so.*
4) Las fórmulas de saludo y despedida: *buenos días, adiós, felices pascuas.*

EJERCICIOS 12

12. Las partes invariables de la oración

12.1.   ¿Por qué se llaman partes invariables de la oración el adverbio, las preposiciones y las conjunciones?

12.2.   Señale los adverbios y locuciones adverbiales de las siguientes oraciones:

Quizás este paisaje sea hermoso para los extranjeros.

Le trajeron a la fuerza.

Estaré a tu lado por los siglos de los siglos.

Lo hizo en un abrir y cerrar de ojos.

Llegó enseguidita.

Nunca estuve allí.

Ahorita me dejas solo.

Estaré pronto a tu lado.

No lo permitió de ninguna manera.

Se vio claramente su culpabilidad.

Cada mañana llega tarde.

Vino tempranísimo.

Ha llovido mucho este año.

Posiblemente tardará en volver.

Quiero que venga solamente para verla.

Efectivamente, tienes razón.

No volveré nunca allí.

Lo veía a escondidas todas las tardes.

En primer lugar, no debes hacerle caso.

12.3.   Clasifique los adverbios y las locuciones adverbiales anteriores según su forma (simples o compuestas) y según su significado (de modo, de tiempo, de lugar, etc.).

12.4.   Señale qué funciones realizan los adverbios y las locuciones adverbiales en las oraciones del ejercicio 2.

12.5. Señale qué funciones realizan los adverbios y las locuciones en las oraciones siguientes:

Salieron ayer.

No me parece bien.

Vives lejísimo de tu trabajo.

El asunto salió bastante bien.

Anoche regresamos tempranito.

El mar allí es extremadamente peligroso.

Se puso muy triste.

Llegó despacito.

Tal vez lo sepa todo.

Llegó demasiado tarde.

12.6. Señale cuáles de las palabras en cursiva funcionan como *adverbios* y cuáles realizan funciones de *determinantes indefinidos*.

Creo que es *bastante* rico.

Tiene *bastante* dinero para invertir.

Me diste muy *poco* café.

Resulta una persona *poco* agradable.

La prueba fue *suficiente*.

12.7. ¿Aparece el adverbio en las oraciones nucleares que se han estudiado? ¿Qué indica esto?

12.8. ¿Cuál es la estructura profunda de estos adverbios?

hoy   lejos   aquí

estupendamente   cerca

12.9. Exprese la estructura profunda de las oraciones siguientes:

El médico vino hoy.

La cocinera guisa estupendamente.

El mar está lejos.

Vive cerca.

Andan por aquí muchos marineros.

12.10.   Exprese gráficamente la estructura profunda de las oraciones anteriores.

12.11.   Señale las preposiciones y locuciones prepositivas que encuentre en las oraciones siguientes:

Interpretarán «El martirio de San Sebastián».
Gritaron en favor de los presos.
No tomó té con limón.
Se cayó en medio de la calle.
Pasamos por México rumbo a Guatemala.
A fuerza de decirlo, se lo creyó.
Encima de la mesa hay varios ceniceros.
Salió en pos de él.
Se encontraron junto al río.

12.12.   ¿Qué significa la regla S PREP → PREP + SN?

12.13.   Señale qué funciones realiza el sintagma preposicional en las oraciones del ejercicio 11.

12.14.   Señale y clasifique en las siguientes oraciones las preposiciones y las conjunciones:

Saludamos a Juan en la calle y le preguntamos por su mujer.
Iremos a la fiesta, pero sé que no nos divertiremos allí.
¿Estuvieron en Caracas o en Bogotá?
Aunque le vi en la playa hoy, sé que tiene problemas en su trabajo.
Ya se quede aquí, ya se vaya, le atraparán.

12.15.   Explique para qué sirven las preposiciones y las conjunciones en las oraciones anteriores.

12.16.   Señale las diferencias entre *preposición* y *proposición*.

12.17.   Distinga en las siguientes oraciones las conjunciones coordinantes y las subordinantes.

Tiene quince años, es decir, la edad de las ilusiones.

Si llevaras el automóvil con cuidado, no habrías chocado.

Trajimos pollos e hicieron una comida estupenda.

¿Sales o entras?

No es mi tía, sino mi hermana.

Aunque intentamos ir, nos fue imposible.

¿Prefieres té o café?

Unas veces viene contento y otras triste.

12.18.   Señale las clases de las conjunciones coordinantes que aparecen en las oraciones anteriores.

12.19.   Señale a qué clase (propias o impropias) pertenecen las interjecciones que aparecen en las oraciones siguientes:

¡Ay! ¡Qué dolor de pies tengo!

¡Atención! ¡Peligro!

¡Socorro! ¡Se ahoga un anciano!

¡Olé la gracia!

¡Bravo! ¡Este bailarín es genial!

¡Oh! ¡Qué susto me ha dado usted!

¡Bah! ¡Tendrá todavía un millón de dólares a salvo!

¡Ah! ¡Entonces era cierto el rumor!

¡Viva!

¡Dios mío! ¡Qué suerte hemos tenido!

13. La sintaxis

Al mencionar las distintas partes de la gramática hemos definido la sintaxis como la que se dedica al estudio de la oración (ver 3).

Según el enfoque que seguimos en este trabajo, la sintaxis es el punto de partida de todo el estudio gramatical, así pues, según las distintas funciones que dentro de la oración desempeñan sus componentes hemos dividido y estudiado morfológicamente éstos.

En el capítulo dedicado a la introducción a la sintaxis (ver 7) ya hemos explicado la fundamentación de nuestro punto de vista: hemos hablado de las distintas clases de sintagmas, de la estructura profunda y de la estructura superficial, y de las transformaciones que ocurren al pasar las oraciones de la primera estructura, las llamadas oraciones nucleares, a la segunda.

Vamos ahora a referirnos exclusivamente a la oración y sus distintas clases, que, como hemos señalado, constituye el cuerpo de estudio de la sintaxis.

Antes recordemos algunos conceptos fundamentales (ver 7).

La *oración* es la unidad mayor que estudia la gramática, así como el fonema es la unidad más pequeña, según hemos comprobado.

La oración es una unidad lingüística dotada de significación que no pertenece a otra unidad lingüística superior y se caracteriza porque expresa un sentido completo. La palabra, por ejemplo, tiene un sentido completo, pero no expresa nada si no combina con otras palabras.

Si en un grupo de personas decimos simplemente: *Rosas,* hemos pronunciado una palabra que tiene un sentido, pero este sentido no es completo. Pero si decimos *traigo rosas,* sí comunicamos un sentido completo. Hay casos en que una sola palabra expresa un sentido completo, pero esta palabra está ayudada por el contexto social y por el pensamiento del hablante y del oyente (ver 7.2).

Aunque en la estructura superficial la oración aparezca enunciada a veces por una palabra, en la estructuca profunda siempre tiene dos o más palabras.

13.1. Clasificación de las oraciones

Las oraciones pueden clasificarse según tres puntos de vista:

1) Según su *origen*.
2) Según su *significación*.
3) Según su *estructura*.

LAS ORACIONES SEGÚN SU ORIGEN

Se dividen, como ya sabemos, en *nucleares* y *transformadas*.

Recordemos que las *nucleares* son las originadas por las reglas de la gramática de base (ver 7.4).

Las *transformadas* son las oraciones que no responden a estas reglas fundamentales, sino a las diferentes transformaciones que ocurren al pasar las oraciones de la estructura profunda a la estructura superficial.

LAS ORACIONES SEGÚN SU SIGNIFICACIÓN

Se dividen en seis grupos:

1) *Enunciativas:* las que expresan lo que ha pasado, pasa o pasará.

    a) Afirmativa: *El niño salió esta mañana.*
    b) Negativa: *Las frutas no están maduras.*

2) *Interrogativas:* las que preguntan. La pregunta puede ser *directa (¿Qué día es hoy?)* o *indirecta (Quisiera saber qué día es hoy).*

Las *interrogativas directas* se escriben entre signos de interrogación. Las *interrogativas indirectas* no los llevan.

Las *interrogativas directas* se dividen a su vez en *generales* y *parciales.*

Las *generales* son las que se responden con *sí* o *no.*

        ¿Ha llegado la sirvienta?
        No.
        ¿Has estudiado tus lecciones?
        Sí.

Las *parciales* son aquellas en las que desconocemos una parte de la oración.

        ¿Quién ha venido?
        Tu hermano.

En estas oraciones hay siempre una palabra interrogativa *(determinante, pronombre, adverbio)* que ejerce la función de la palabra por la que se pregunta.

El sintagma desconocido puede ser:

Sujeto: ¿*Quién* ha venido? *Tu hermana* ha venido.
Atributo: ¿*Qué* es eso? Eso es *un cuadro.*
Complemento directo: ¿*Qué* compraste? (Compré) *un anillo.*
Complemento indirecto: ¿*A quién* vendiste el reloj? (Lo vendí) *a Pedro.*
Complemento circunstancial: ¿*Dónde* vives? (Vivo) en Argentina.

3) *Imperativas*. Expresan una orden o un ruego. Cuando expresan un ruego reciben también el nombre de *exhortativas*.

> *Callad todos.*
> *Por favor, ven acá (exhortativa).*

El mandato se expresa con el presente de imperativo.

> *Llévate los platos.*

Si se expresa en forma negativa, es decir, como una prohibición, se usa el presente de subjuntivo:

> No te *lleves* los platos.

También se usa, con carácter enfático, el presente:

> Tú te *llevas* los platos.

y a veces el futuro de indicativo:

> Te *llevarás* los platos.

En estas oraciones es muy frecuente la transformación de supresión: (Venid) *Aquí.* (Pase) *Adelante.*

4) *Exclamativas*. Comunican ironía, emoción, sorpresa, etcétera.

> *¡Qué buena es, la pobre!*
> *¡Qué alegría!*
> *¡No me digas tal cosa!*

Dentro de esta clase de oraciones pueden incluirse las interjecciones, tanto *propias* como *impropias,* que, como dijimos, son equivalentes de oraciones.

> *¡Oh! ¡Hola! ¡Bravo! ¡Fuera!*

Estas oraciones exclamativas a menudo son consecuencia de transformaciones de supresión: *¡Tú!* (estás aquí y no te esperaba).
El carácter emotivo de estas oraciones explica el uso frecuentísimo de *morfemas ilativos* en ellas:

> *¡Qué dolor! ¡Cómo lo siento!*

5) *Dubitativas*. Expresan duda.

> *Quizá venga mañana.*

6)   *Optativas* o *desiderativas.* Indican un deseo del hablante.

> *Ojalá todo resulte bien.*

LAS ORACIONES SEGÚN SU ESTRUCTURA

Hay dos clases: oraciones *simples* y *compuestas.*

En la mayor parte de los ejemplos anteriores podemos ver que existe un solo sintagma nominal en función de sujeto y un solo sintagma predicativo, pero otras veces encontramos en una oración dos o más sujetos y predicados.

Cuando la oración contiene un solo sujeto y predicado se llama oración *simple.*

> *La tía salió de compras.*

Cuando tiene dos o más sujetos o predicados recibe el nombre de oración *compuesta.*

> *Los niños corren y las madres descansan.*

Todas las oraciones nucleares son simples, pero no todas las oraciones simples son nucleares, porque dentro de una oración simple puede haber transformaciones de orden de palabras, por ejemplo, que modifiquen su condición de oración nuclear.

Oración nuclear: *El mar está azul.*

Oración simple (pero transformada) no nuclear: *Está azul el mar.*

La gramática tradicional daba otra definición de las oraciones simple y compuesta. Según ella, la oración simple era la que tenía uno o más sujetos y un solo predicado. También consideraba como oración simple la que tenía dos o más atributos o dos o más complementos. Nosotros estimamos que todas estas oraciones son compuestas, pues son consecuencia de transformaciones de oraciones nucleares. También creemos que son compuestas las oraciones que llevan un adjetivo junto a un nombre:

> *Asistimos a un concierto estupendo.*
> *(Asistimos a un concierto — El concierto fue estupendo).*

La oración compuesta está formada, en la estructura profunda, pues, por dos o más proposiciones. Recordemos que llamamos proposición a un grupo de palabras dependientes de un verbo, que junto con otra o varias proposiciones forman una oración.

En el ejemplo siguiente hay dos proposiciones:

> Los niños *corren.*
> Las madres descansan.

Otros ejemplos:

> Aunque *llueva, iremos* al cine.
> *Juan, Pablo y Enrique vendrán esta noche.*

Recordemos que esta oración es una oración compuesta porque en la estructura profunda se compone de tres oraciones.

> *Juan vendrá esta noche.*
> *Pablo vendrá esta noche.*
> *Enrique vendrá esta noche.*

Todas las oraciones compuestas son oraciones transformadas.

13.2. La oración compuesta: la coordinación y la subordinación

En los dos ejemplos anteriores vemos que al descomponer las oraciones compuestas nos hallamos ante resultados diferentes. En la primera oración:

> *Los niños corren y las madres descansan.*

ambas proposiciones: *Los niños corren, Las madres descansan,* mantienen un sentido completo, pero en la segunda,

> *Aunque llueva, iremos al cine.*

advertimos al dividirla en proposiciones que la primera deja de tener sentido completo, aunque lo conserva la segunda:

> *Aunque llueva*
> *iremos al cine.*

En el primer ejemplo vemos que la oración está formada por dos *proposiciones independientes.* En el segundo ejemplo vemos que la oración está compuesta por una proposición que depende de otra.

Cuando la oración compuesta está formada por proposiciones independientes que conservan un sentido completo por sí mismas, se dice que estas *proposiciones son coordinadas.*

> *Llegamos a la ciudad, / vimos la catedral / y / regresamos al atardecer.*
> *Quise escribirte / pero / no tenía tus señas.*

Cuando la oración compuesta está formada por una proposición que deja de tener un sentido completo al separarse de otra proposición, se dice que esta proposición es *subordinada* a la otra, que recibe el nombre de proposición *principal.*

> *Si te portas bien / te llevaremos al cine el domingo.*
> prop. subordinada   prop. principal

> *Se fue / cuando anochecía.*
> prop. principal   prop. subordinada

13.3. La yuxtaposición

En los ejemplos anteriores hemos visto que las proposiciones de las oraciones compuestas se unen a veces por medio de conjunciones o locuciones conjuntivas, pero en otras no existen nexos. Cuando las proposiciones de una oración (bien sean subordinadas o coordinadas) se unen sin nexo alguno, decimos que son proposiciones yuxtapuestas, y este hecho recibe el nombre de yuxtaposición. Por ejemplo:

> *Llegué, vi, vencí.*
> *Quiero me confiese todo.*

13.4. Las proposiciones coordinadas: sus clases

1) *Copulativas.* Sólo añaden unas proposiciones a otras. Van unidas por las conjunciones copulativas *y, e* cuando las proposiciones son afirmativas. Se usa *ni* cuando las proposiciones son negativas.

> *El padre trabaja / y / el hijo estudia.*
> *No bebe / ni / come.*

2) *Disyuntivas.* En ellas es preciso seleccionar o excluir. Se unen por *o, u, o bien.*

> *¿Llegas / o / te vas?*
> *¿Estudias esta noche / o bien / te vas a bailar?*

3) *Distributivas.* Son proposiciones que se alternan, pero no se excluyen. Se unen por las conjunciones y locuciones *bien... bien; ya... ya; ora... ora; unas veces* (y) *otras.* A veces se unen con palabras que no son conjunciones: *aquí... allí; cerca... lejos; este... aquel;* etcétera.

> *Ora lee, / ora descansa.*
> *Bien estudia, / bien pasea.*
> *Aquí descansaba, / allí trabajaba mucho.*

4) *Explicativas.* La segunda proposición sirve de explicación a la primera y van unidas por las locuciones conjuntivas *esto es, o sea, es decir.*

> *La noche fue funesta, / es decir, / todo quedó mal.*

5) *Adversativas.* La segunda proposición modifica a la primera. Son dos acciones que coexisten, aunque oponiéndose la una a la otra. Se unen por las conjunciones y locuciones *pero, mas, aunque, sino, antes, antes bien, sin embargo, por lo demás, no obstante.*

> *Quería salir a pasear, / pero (mas) / no tenía tiempo.*
> *No corre, / sino / vuela.*

13.5. Las proposiciones subordinadas: sus clases

La proposición subordinada tiene siempre una función gramatical en relación con la proposición principal. Estas funciones pueden ser:

Sujeto: Me alegra *que seas así.*
Atributo: Esta mujer es *la que canta.*
Cualquier clase de complemento:
    Luis descubrió *que no lo esperaban.*
                complemento directo
    Cuando escampó, salimos del refugio.
      c. circunstancial

De acuerdo con esta variedad de funciones, las proposiciones subordinadas se dividen en tres clases:

1) *Sustantivas.* Son las que dentro de la proposición principal desempeñan las funciones inherentes al nombre. Son introducidas en la oración por la conjunción *que.*

Ello no significa que estas proposiciones puedan ser sustituidas siempre por un sustantivo, aunque hay veces que puede ocurrir. En la oración: Me entristece *que se haya ido,* la proposición sustantiva puede sustituirse por *su ida* o *su partida,* pero no siempre sucede así.

Como estas proposiciones sustantivas tienen las principales funciones de un nombre, pueden ser:

Sujeto: Me alegra *que tenga buena salud.*
Complemento de un nombre: Tengo la idea de *que venga con nosotros.*
Complemento de un adjetivo y con preposición: Estoy enterado *de que quieres irte.*
Complemento directo de un verbo: Espero *que vengas.*
Atributo: Luis está *que se da golpes con las paredes.*

2) *Adjetivas.* Son las que dentro de la proposición principal desempeñan la función característica del adjetivo, la de ser complemento de un nombre. También reciben la denominación de proposiciones de *relativo.* Son oraciones transformadas, que se incrustan en la proposición matriz, como ya hemos visto, mediante uno de los pronombres relativos (*que, cual, quien, cuyo*) (ver 10.9.5).

Aquella niña es rubia.
Aquella niña canta.
Aquella niña es rubia — aquella niña canta.
Aquella niña *que* canta es rubia.

Aquella niña   △   es rubia

              que canta
             (cantante)

El nombre al que hace referencia el relativo se llama *antecedente*. A veces el antecedente no está expresado porque es desconocido, no interesa o se sobreentiende:

> *El que* desee estudiar puede matricularse.
> *Quien* bien te quiere, te hará llorar.
> Ya no tengo en *qué* pensar.

Como el relativo cumple una función determinada dentro de su oración, a veces va precedido de una preposición que indica la situación:

> Aquella mujer *con* quien discutía era mi suegra. (compañía)
> Ese es el camino *por* el que vino. (lugar)
> Este es el patio *en* el que solía meditar. (lugar)

A veces el sintagma formado por *preposición + pronombre relativo* se puede sustituir por un adverbio, que por la función que desempeñan en esos casos son llamados *adverbios relativos: donde* (en el que); *como* (con el que); *cuando* (en el cual).
Existe también el adverbio relativo neutro *cuanto*, que equivale a *lo que*.

> Este patio *donde* solía meditar (en el que).
> No sé el modo *cómo* llegar temprano (con el cual).
> No recuerdo el año *cuando* nos conocimos (en el cual).
> Tiene todo *cuanto* quiere (lo que).

El pronombre relativo en la proposición de relativo puede tener la misma función que la de su antecedente, pero también puede desempeñar otras.

> *El barco que* acaba de zarpar es holandés.
>   sujeto   sujeto
> *El colegio que* visitó el ministro era el mejor.
>   sujeto   compl. directo
> *El profesor* con *quien* hablé era muy agradable.
>   sujeto   compl. circunstancial

Las proposiciones de relativo, por su carácter de adjetivo, participan como éstos de la condición de ser *especificativas* y *explicativas* (ver 9.3).
Las proposiciones de relativo *especificativas* destacan al nombre antecedente dentro del conjunto al que pertenece:

> Los soldados *que estaban fatigados* durmieron toda la noche.

En esta proposición de relativo aludimos sólo a algunos soldados, no a todos.
Las proposiciones de relativo *explicativas* sólo informan sobre alguna característica del antecedente.

> Los soldados, *que estaban fatigados,* durmieron toda la noche.

Aquí no establece una distinción entre unos soldados y otros. Hay una referencia a todos los soldados.

Así como se podía prescindir de los adjetivos explicativos sin que se alterara mucho la significación de la oración, las proposiciones de relativo *explicativas* pueden suprimirse sin que afecte al sentido principal.

Las proposiciones de relativo *explicativas* van siempre entre pausas (entre comas en la escritura). Las proposiciones de relativo *especificativas* no llevan nunca pausas.

3) *Adverbiales.* Las que dentro de la proposición principal funcionan como un adverbio o locución adverbial.

Partió cuando había amanecido (= al amanecer).

Como en los tipos anteriores, no siempre la proposición adverbial puede estar sustituida por un adverbio o locución concretos, pero la función que cumple *sí* es la misma que la del adverbio, o sea, la de complemento circunstancial del verbo principal.

Así como hay varios complementos circunstanciales, encontramos varias subclases de proposiciones adverbiales:

a) *De lugar.* Indican el lugar en relación con el verbo principal. Su nexo principal es el adverbio *donde*, que puede ir acompañado o no de preposiciones: (preposición + *donde*).

Cenamos donde nos llevaste ayer.
Iremos adonde tú quieras.

Estas proposiciones frecuentemente pueden ser consideradas como proposiciones relativas, porque, como hemos visto antes, *donde* es un *adverbio relativo* que equivale a *el lugar + preposición + pronombre relativo*: Iremos *al lugar al que* tú quieras.

b) *De tiempo.* Indican si la acción de la proposición subordinada se realiza antes, después o al mismo tiempo que la del verbo principal. Se introducen por los nexos siguientes: *Cuando, mientras, no bien, tan pronto como, apenas.*

Juan llegó mientras comíamos.
No bien salió el sol, se levantaron los niños.
Apenas cesó de llover, regresaron a casa.

Estos nexos pueden aparecer combinados:

No bien supe la buena nueva, cuando fui a decirla.
Apenas cesó de llover, cuando regresaron a casa.

Adverbio o locución adverbial + *que* (conjunción): *antes* (de) *que, después* (de) *que, mientras que, a medida que, en tanto que*.

Vinieron antes que salieran los soldados.
Se emborrachará a medida que pase la noche.
Lo matarán antes que comprenda el motivo.

Si el verbo de la subordinada adverbial va en infinitivo se suprime la conjunción *que*:

> Vinieron *antes de* salir los soldados.
> Lo mataron *antes de* comprender el motivo.

Al + infinitivo:

> *Al salir,* encontró mucha gente.
> Llegó *al caer* la noche.

c) *De modo*. Indican la forma en que se ejecuta la acción principal. Se introducen con las conjunciones *como y según*.

> Lo haré *como* pueda.
> Actúo *según* me has dicho.

En estas tres clases de proposiciones adverbiales podemos comprobar que se usa el verbo en indicativo cuando el verbo de la proposición principal está en presente o pretérito. Cuando el verbo principal está en futuro, *generalmente* el verbo de la subordinada adverbial va en subjuntivo.

> Lo *haré* como *pueda*.
> *Iremos* donde tú quieras.

d) *Comparativas*. Se usan como término de comparación a la proposición principal. Esta comparación puede establecer relaciones de *igualdad,* de *superioridad* y de *inferioridad*.
La comparación se establece usando dos morfemas interrelacionados, uno en la proposición principal y otro en la subordinada.
En estas construcciones, cuando el verbo de la subordinada es el mismo que el de la principal, se omite.

> Tiene tantos fracasos como (*tiene*) empresas que acomete.

La relación de *igualdad* usa: *tal... cual; tal... como; tanto... como; tanto... cuánto; tan... como* y los morfemas *igual que* o *como si*, precediendo a la subordinada.

> Su defensa fue *tal / como* se esperaba.
> Gasta *tanto / como* gana.
> Se comporta *como si* fuera joven.

La relación de *superioridad* usa: *más... que; más... de*.

> Gasta *más* dinero *del* que puede ganar.

En estas proposiciones, cuando se trata de los adjetivos que tienen formas especiales para las comparaciones, se usan éstas:

> Esta casa es *mejor* que la que vimos ayer.
> Este automóvil es *peor* que el que compramos antes.

La relación de *inferioridad* usa: *menos... que.*

La película de ayer es *menos* interesante *que* la de hoy.

e) *Consecutivas.* Indican la consecuencia que trae la realización de la oración principal.

Tuvo *tanta* suerte *que* ganó el premio de la lotería.

Se construyen con las conjunciones *luego, conque, así* (es) *que, por* (lo) *tanto, pues, por consiguiente.*

Vino temprano, *luego* pudo verle.
Tiene mucho dinero, *por consiguiente,* vive muy bien.
Estoy alegre, *pues,* cantaré.

f) *Causales.* Indican la razón por la cual se realiza la acción del verbo principal. Se introducen por las conjunciones *pues, puesto que, ya que, como* y *porque.*

Vine temprano, *pues* quería acostarme en seguida.
No come *porque* quiere adelgazar.
Trabaja mucho, *puesto que* quiere aumento de sueldo.

También se construyen con los siguientes elementos:

tan + adjetivo + que: Salió *tan alocado que* no vio el auto.
tal + nombre + que: Dice *tales cosas que* hace reír mucho.
tanto + nombre + que: Posee *tanto orgullo que* no es feliz.
tanto + verbo + que: *Tanto comiste que* te hizo daño.
tan + adverbio + que: Vino *tan tarde que* no llegó a la cena.

g) *Condicionales.* Expresan una condición necesaria para que se realice la acción principal.

Si atiendes al concierto, te gustará.

La conjunción condicional más usada es *si,* pero también se pueden formar con *como, en el caso de que, a condición de que, a menos que, en el supuesto de que, siempre que, con tal que, sólo con que, con que.*
En estas oraciones compuestas se llama *prótasis* a la proposición condicional y *apódosis* a la principal.

Si llegas temprano, iremos al cine.
  prótasis   apódosis

Con todas las conjunciones y locuciones conjuntivas, excepto *si*, se usa el verbo de la *prótasis* en subjuntivo.

> Como lo *sospeche*, te mata.
> En el caso de que *vinieras*, podríamos salir.
> Siempre que *sea* honrado, lo contrataré.
> Con que *esté* a tiempo, es suficiente.

La conjunción *si* puede acompañarse del modo indicativo y del subjuntivo.

Se usa el indicativo cuando la condición es de realización posible y el hablante la expone con neutralidad.

> Si *vienes* mañana, te esperamos.
> Si *es* tarde, me voy.

Se usa el subjuntivo cuando la condición es de realización imposible y cuando siendo la condición de realización posible, el hablante expresa cierta duda sobre su cumplimiento.

> Si *fuera* rico, no trabajaría.
> Si *hiciera* calor mañana, iríamos a la piscina.

En estas oraciones, el verbo de la *apódosis* depende del verbo de la *prótasis*.

Si la prótasis lleva el verbo en pretérito imperfecto de subjuntivo, la apódosis se construye con el potencial simple:

> Si *supiera o supiese* la verdad, hablaría.

Si la prótasis lleva el verbo en pretérito pluscuamperfecto de subjuntivo, la apódosis se construye con el potencial compuesto o la forma *hubiera + participio*.

> Si *hubiera o hubiese sabido* la verdad, *hubiera o habría hablado.*

Si la prótasis lleva el verbo en indicativo, la apódosis va en indicativo o imperativo.

> Si *sabes* la verdad, *di*la.
> Si *viene* temprano, *conseguirá* el empleo.

h) *Concesivas.* Expresan una dificultad para la realización de la acción principal que no llega a impedir ésta.

> *Aunque se oponga el mundo,* seguiremos adelante.

Se usa en ellas principalmente la conjunción *aunque*, pero también pueden construirse con *si bien, así, aun cuando, a pesar de que.*

Las subordinadas concesivas introducidas por *aunque* se pueden construir con indicativo o subjuntivo.

Se usa el indicativo cuando la acción es real.

> *Aunque es domingo,* hay poca gente.
> Aunque *le atacaron*, consiguió salvarse.

Se usa el subjuntivo cuando la acción no se cumplió en el pasado y es dudosa su realización en el presente o futuro.

> Aunque *hubiera venido*, no hubiese logrado nada.
> Aunque *vengas*, no le convencerás.
> Aunque *sea así*, no puede hacer nada.

i) Finales. Indican la finalidad de la acción principal. Se construyen con las conjunciones y locuciones conjuntivas *a que, para que, a fin de que, con el objeto de que, con el fin de que, con vistas a que*. Estas proposiciones se construyen siempre con subjuntivo.

> Lo dije para que lo *supiera*.
> Vino a que *pagaras* la deuda.
> Explicó todo *a fin de que* su conducta no despertara sospechas.

Cuando el sujeto del verbo principal y el del subordinado es el mismo, el verbo de la subordinada final va en infinitivo y el nexo pierde *que*.

> Vino *a morir* aquí.
> Uníos *a fin de* triunfar.

EJERCICIOS 13

13. La sintaxis

13.1. Distinga, en las siguientes oraciones, las que pertenecen a la categoría de nucleares o a la de transformadas:

La anciana reza en la iglesia.

Clara está la mañana.

La casa que pertenecía a mi familia tenía dos patios.

Las gardenias son blancas.

Allí todo era alegría.

El viento arrancó los árboles.

El abogado salió de la cárcel.

Tu hermano es médico.

Las leyes fueron abolidas por la revolución.

Alegres son los jóvenes.

Allí todo era alegría.

Hubo muchas víctimas en el accidente.

13.2. Distinga las siguientes oraciones por su significación (*enunciativas, interrogativas, directas o indirectas, imperativas, exclamativas, dubitativas y optativas*):

Dígame sus señas.

¡Qué problema tan grande!

¡No seas imbécil!

¿Quiere Ud. venir conmigo?

Por favor, déme ese vaso de leche.

¿Quién ha tocado en la puerta?

¿Qué resultó de la entrevista?

No tuvo tiempo de hacerlo.

Don Quijote es uno de los mitos españoles.

Electra no asesinó a su madre.

Tal vez obtenga un buen empleo.

Le prohibo que diga una palabra más.

¡Qué suerte hemos tenido!

Ojalá tenga suerte esta vez.

¿Dónde está el traje azul?

13.3.   Señale las oraciones interrogativas generales y las parciales en la siguiente lista:

¿Ha venido nuestra madre?

¿Qué traes en el bolso?

¿Cómo quieres que te lo diga?

¿Te examinas el lunes?

¿Tienes idea de cuándo llegará Marta?

13.4.   Señale qué función desempeña la palabra interrogativa en las siguientes oraciones:

¿A quién pediste tan gran favor?

¿Dónde tiene su oficina ese hombre?

¿Quién ha ensuciado la puerta de la cocina?

¿Qué es eso?

¿Qué decía la carta de mi hermana?

¿Para qué vendiste tan pronto el automóvil?

13.5.   Distinga las siguientes oraciones por su estructura (simples o compuestas):

Recibimos regalos porque es Navidad.

Llegó, vio y venció.

Visitó la ciudad al amanecer.

Le trajo el libro para que disfrutara de él.

Cuando la encuentre, dígale que la recuerdo mucho.

Compró caramelos para sus nietos esta mañana.

Juan y Luis estuvieron aquí temprano.

No tenían miedo y salieron a medianoche.

Se echaría a perder la fiesta si lloviera.

Pedro trabajó muy duro y ganó mucho dinero.

Busqué la libreta pero no la encontré.

Ulises, Nausicaa y Penélope son personajes de Homero.

Me pregunta si sabemos dónde está su hermano.

El sol se está poniendo.

¡Qué noche hemos pasado!

13.6.   Señale en las oraciones compuestas que haya encontrado en el ejercicio 5, aquellas proposiciones que estén unidas por coordinación y las que estén unidas por subordinación.

13.7.   Señale las distintas clases de proposiciones coordinadas (*copulativas, disyuntivas, distributivas* o *adversativas*) que se encuentran en las siguientes oraciones compuestas:

Unas veces dice que estudiará medicina y otras que hará derecho.

Ni lo pienso ni lo acepto.

No trabaja, sino que estudia matemáticas.

Te lo contaré, pero no lo repitas.

O te tranquilizas o me voy.

Se fue al campo y echó a correr.

Me lo han dicho, aunque no sé si lo deba creer.

O sales tú o salgo yo.

Ya sale con unos, ya sale con otros.

Vino a la fuerza, es decir, le trajeron por los pelos.

Aquí no se come y allí se tira la comida.

Oyelo, pero no le digas nada.

Tan pronto lo llama como lo echa a la calle.

Oí su voz e intenté salir enseguida.

13.8.   Señale la proposición principal y la proposición subordinada en las siguientes oraciones:

A pesar de que no me gusta la idea, iré con ellos.

Te lo diré todo para que sepas la verdad.

Cuando salgan, avísame.

Si no tuviera la certeza, no te lo contaría.

Como era temprano, nos fuimos de paseo.

He concluido, así que me voy ahora mismo.

El viento, que era muy fuerte, arrastraba las hojas.

Cuando me encuentre con ella, la dejaré pasar.

Te suplico que aceptes mis disculpas.

Me entristece mucho que no hayas aprobado.

Toma dinero para que salgas con tu novia.

El collar que te regalaron es muy hermoso.

Lo anima la idea de que puede encontrar a su madre.

13.9.   Distinga en las oraciones anteriores las proposiciones subordinadas, sustantivas, adjetivas o adverbiales.

13.10. Señale las proposiciones subordinadas sustantivas en las siguientes oraciones compuestas:

Sabíamos que no podía llegar a tiempo.

Vino a que le arreglaran los zapatos.

Dijo que vendría temprano.

No es posible que lo sepas.

Será inútil que insistas.

Te he llamado para que acudas pronto.

No es seguro que haya sido asesinado el presidente.

Les suplicaba que le dijeran la verdad.

Se contenta con que vengan a verle cada domingo.

Tememos que se suicide.

El miedo de que nos descubran me hace temblar.

Descubrieron huellas de que habían pasado caballos.

Estoy satisfecho de que hayas ganado la oposición.

La chica está que se muere de envidia.

13.11. Señale las funciones (sujeto, complemento, atributo, etc.) que realizan las proposiciones subordinadas sustantivas en las oraciones anteriores.

13.12. Señale las proposiciones subordinadas adjetivas en las siguientes oraciones compuestas:

La carne que hemos comido estaba muy sabrosa.

Hemos venido por una avenida que acaba de ser inaugurada.

La tarde, que cada vez se ponía más oscura, invitaba a dormir.

El río, que traía animales muertos, era muy ancho allí.

La noche en que conoció al joven era muy clara.

El señor con quien hablé era su padre.

El rey, cuya fortuna era fabulosa, estaba muy enfermo.

Ese es el campo donde pasta mi ganado.

La historia sucedió cuando ella era muy pequeña.

La tía, que era muy egoísta, no la dejaba sola.

El camino por el que vino era pedregoso.

13.13. Señale las funciones (sujeto, complemento directo, etc.) que realiza el pronombre relativo en las oraciones anteriores.

13.14. Distinga en las oraciones del ejercicio 12 las proposiciones de relativo *explicativas* y *especificativas*.

13.15. Señale las proposiciones subordinadas adverbiales en las siguientes oraciones compuestas:

Cuando se firmó la paz, estaban en Italia.

Estoy feliz, pues he logrado el éxito que esperaba.

Ya no recordaba dónde lo había conocido.

Aunque no pudiera creerlo, ella le había querido siempre.

Ponte tu traje azul para que seas la más hermosa de la fiesta.

Se saludaron como si nunca se hubiesen peleado.

El conflicto se agrava a medida que pasan los años.

Haremos el trabajo según nos ha enseñado el director.

Dio un grito tan pavoroso que pareció que se moría.

Si vinieras temprano, podríamos ir al cine.

Tan pronto como lo supimos, fuimos a decírselo.

Huyeron antes de llegar los invasores.

Tiene tantos éxitos como obras representa.

Actúa como si tuviera veinte años menos.

No viene porque no quiere encontrarse con él.

A menos que tenga un problema, llegará a tiempo.

Aunque todos la despreciaban, ella continuó adelante.

Vinieron para vernos.

Los periodistas llegaron mientras le aplaudían.

Jugó tan bien que su equipo ganó el partido.

13.16. Diga a qué clase de subordinadas adverbiales pertenecen las proposiciones subordinadas de las oraciones anteriores.

13.17. Repaso general.

1. Construya cinco oraciones nucleares.

2. Construya cinco oraciones transformadas.

3. Construya dos oraciones de cada una de las siguientes clases: enunciativas, interrogativas directas generales y parciales, interrogativas indirectas, imperativas, exclamativas, dubitativas y optativas. (Recuerde que todas estas oraciones se pueden construir de forma afirmativa y negativa.)

4. Construya cinco oraciones simples.

5. Construya cinco oraciones compuestas por coordinación.

6. Construya cinco oraciones compuestas con proposiciones subordinadas sustantivas.

7. Construya cinco oraciones compuestas con proposiciones subordinadas adjetivas (explicativas y especificativas).

8. Construya tres oraciones compuestas con proposiciones subordinadas adverbiales de lugar.

9. Construya tres oraciones compuestas con proposiciones subordinadas adverbiales de tiempo.

10. Construya tres oraciones compuestas con proposiciones subordinadas adverbiales de modo.

11. Construya tres oraciones compuestas con proposiciones subordinadas adverbiales comparativas.

12. Construya tres oraciones compuestas con proposiciones subordinadas adverbiales causales.

13. Construya tres oraciones compuestas con proposiciones subordinadas adverbiales consecutivas.

14. Construya tres oraciones compuestas con proposiciones subordinadas adverbiales condicionales.

15. Construya tres oraciones compuestas con proposiciones subordinadas adverbiales concesivas.

16. Construya tres oraciones compuestas con proposiciones subordinadas adverbiales finales.

14. La semántica

Recordemos lo que dijimos sobre los conceptos de *significante + significado = signo,* según Saussure. El estudio del significante afecta a la fonología y a la morfología y del estudio del significado se ocupa la *semántica,* que, por tanto, se puede definir como la *ciencia de las significaciones de las palabras.*

El término fue establecido por el lingüista francés Michel Bréal, en 1883. Se le señaló la función del estudio de la evolución del significado de las palabras; es decir, era una rama de la lingüística diacrónica.

A partir de Saussure, que, como sabemos, dio auge a los estudios sincrónicos, se desarrolla la semántica estructural que estudia las significaciones de las palabras relacionadas con otras dentro del sistema lingüístico.

Antes de hablar de esta semántica estructural lo haremos de la *semántica histórica tradicional.*

14.1. Semántica histórica

Cuando se produce un cambio lingüístico puede ocurrir que quede desconocido o que sea aceptado por un gran número de hablantes. En este caso se produce el *cambio semántico,* lo que en su origen fue un fenómeno del habla, pasa a formar parte de la lengua y lo que era de uso restringido llegará a una utilización generalizada.

CAUSAS DEL CAMBIO SEMÁNTICO

El significado de las palabras no es constante. Su valor está en función de varios factores que afectan su estabilidad:

1) *Factores lingüísticos:* una palabra que va con frecuencia junto a otra en la oración puede tomar el significado de esta última. Así, cuando Juan de Mena dice que el rey *jamás* solemniza una fiesta, quiere decir que lo hace *siempre.* Pero al ir *jamás* junto a una negación en frases como *no iré jamás,* pasó por contagio a significar *nunca.*

2) *Factores históricos:* la forma o el uso que se da a un objeto puede variar completamente y, sin embargo, se le sigue designando con el primer nombre. Nada tiene que ver la antigua pluma de ave con las modernas plumas, excepto en su utilidad.

3) *Factores sociales:* los términos empleados por restringido número de hablantes pueden cambiar de significación, ampliándola, cuando aumenta ese número de hablantes. También puede ocurrir el fenómeno inverso cuando una palabra generalizada especializa su significado al ser usada por un círculo más restringido. Los factores sociales que más determinan cambios lingüísticos son las prohibiciones de llamar a algunas cosas por su nom-

bre, que por la elegancia o pudor se imponen en una sociedad. A lo que no se puede nombrar se le aplica el término polinesio de *tabú* (prohibido), y a la palabra que sustituye a la prohibida se le llama *eufemismo*. Uno de estos eufemismos es *dar a luz* por *parir, amiga* por *amante*. Otras veces son motivos supersticiosos, como lo explica el llamar *bicha* a la culebra. Causas sociopolíticas determinan el usar *productor* por obrero.

4) *Factores psicológicos:* cualidades animales que se atribuyen a personas: *burro, asno, lince, ardilla, cordero*.

14.2. Clasificación de los cambios semánticos

La gramática tradicional clasificaba los cambios semánticos desde un punto de vista lógico y psicológico.

La *clasificación lógica* se fundamenta en que el cambio de significado de una palabra puede ampliar, restringir o no alterar la extensión del significado.

La *ampliación del significado* se ha producido en palabras como: *maestro* (en origen, sólo maestro de escuela), *romántico* (antes, un estilo del siglo XIX), *pastor* (ministro religioso).

Existe restricción en el sentido en *república* (antes, cualquier clase de gobierno), *atuendo* (antes, conjunto de muebles, ropas que llevaba el rey cuando viajaba; después, cualquier clase de vestido).

En ejemplos como: *está loco de alegría* (contentísimo); *araña* (lámpara), no se ve alterada la extensión del significado.

La *clasificación psicológica* afecta a las similitudes que el hablante capta en los *significados,* fenómeno que recibe los nombres de *metáfora* y *metonimia*.

La *metáfora,* palabra de origen griego que significa transposición, consiste en aplicar el nombre de algo a otra cosa con la idea de semejanza: *el ocaso de la vida* por *la vejez; red de ferrocarriles* porque el dibujo sobre un mapa tiene semejanza con una red; *cuello* de la botella; *arterias* por calles principales de una ciudad.

La *metonimia* (en griego significa *cambio de nombre)* parte también de la asociación de ideas. La diferencia con la metáfora estriba en que los objetos que se asocian *no ofrecen semejanza,* sino que tienen alguna relación de inmediatez.

Esta relación puede ser entre un objeto y el lugar donde se produce: *coñac,* de la región francesa de Cognac; *jerez,* de la ciudad española de Jerez de la Frontera; *campana,* de la región italiana de Campania, célebre por la calidad de sus bronces; *cuello* de la camisa, por su proximidad con nuestro cuello. Otras veces se denomina a una parte de un todo con el nombre de otra parte de ese mismo todo: *tomo una copa,* en lugar de: *tomo coñac.*

En ocasiones, el nombre de una parte designa al todo: *almas,* por personas; *cabezas,* por la totalidad del ser: *tocan a un ejemplar por cabeza.* Y al contrario, el nombre del todo para designar a una parte: los *mortales,* por los hombres. Puede ocurrir que la relación sea de efecto a causa, o viceversa: respetar las *canas,* por la ancianidad; leer a *Cervantes,* por leer las obras de Cervantes.

Hay cambios semánticos que se producen cuando el hablante cree advertir algún parecido en la *forma* de las palabras, cuyo cambio se llama *etimología popular*.

14.3. Semántica estructural sincrónica y diacrónica

Según los postulados de Saussure, la *semántica estructural sincrónica* trata de estudiar los sectores léxicos de una lengua en un momento dado, presente o pretérito. La *semántica estructural diacrónica* estudia la evolución de esos sectores léxicos a través del tiempo.

EL CAMPO SEMÁNTICO

El campo semántico es un grupo de palabras que tienen algo en común, pero de tal forma distribuido que cada una de ellas tiene sentido en oposición a las demás con características propias.

RASGOS	mueble que sirve para sentarse	con respaldo	con brazos	para una persona	para dos personas
silla	+	+	−	+	−
sillón	+	+	+	+	−
sofá	+	+	+	−	+
taburete	+	−	−	+	−

Campo semántico aplicado a muebles que sirven para sentarse y en cuyo esquema se subrayan los rasgos diferenciales. (De Lingüística y Significación. *Salvat Editores.*)

A cada una de estas características se la llama *sema.*

Las palabras *viento, brisa, ciclón, simún, huracán,* forman un campo semántico porque tienen un contenido común, pero cada una significa algo distinto en función de las demás que constituyen el campo semántico de las palabras que expresan movimientos más o menos rápidos del aire.

En el campo semántico correspondiente al tiempo en *años, meses, días, horas, minutos, segundos;* el sentido de los nombres se deriva de que cada uno de ellos tiene semas que no poseen los otros: *meses,* por ejemplo, está formado por los semas «contenido en el año» y «continente de los días». Así como el sema de segundo es el ser la unidad de tiempo más pequeña.

Un campo semántico no está formado de manera arbitraria, sino que las palabras que lo constituyen han de estar sujetas a ciertas condiciones lingüísticas. El campo semántico está constituido por una palabra que es un eslabón de una cadena hablada y que excluye a otros vocablos con su presencia. Si decimos *iré de viaje en junio, junio* excluye a los nombres de los otros meses que forman con *junio* un campo semántico.

No hay que confundir el concepto *campo semántico* con el de *familia de palabras*. Éste se refiere a palabras con el mismo origen etimológico, pero en aquél no entra en juego la etimología.

La formación de los campos semánticos *no es permanente,* ya que el tiempo y el uso pueden hacer desaparecer unas palabras e introducir otras nuevas; *no es universal,* pues cada lengua, aunque haya casos en que participe con otra u otras del mismo campo semántico, se diferencia por una formación propia del mismo, que le da peculiaridad.

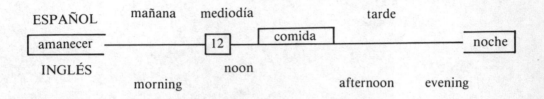

La semántica tradicional daba gran importancia a la inadaptación entre el significado y el significante de las palabras. A cada significado debería corresponderle un significante distinto. Pero no ocurre siempre así y se producen algunos desajustes.

Una misma palabra sirve para expresar dos significados distintos: *basta* significa a la vez *tosca* y la interjección. Este fenómeno recibe el nombre de *homonimia:* dos palabras son homónimas cuando tienen el mismo sonido, aunque se escriban de modo diferente y tengan distinto significado: *rebelar, revelar.*

Por el contrario, ocurre que un mismo significado tiene dos o más formas de expresarse, fenómeno llamado *sinonimia,* como ocurre con: *formas, maneras, modos; distinto, diferente.*

También puede ocurrir que un solo significante haya dado lugar a diferentes significados, a esto se le llama *polisemia.* Existen muchas palabras polisémicas, así: *cabo* significa accidente geográfico, grado militar y extremo de una cuerda; *lomo* tiene los significados siguientes: parte central e inferior de la espalda; carne de cerdo situada junto al espinazo; tierra que levanta el arado entre dos surcos; parte opuesta al filo en los instrumentos cortantes y parte del libro opuesta al corte de las hojas.

Hay palabras con mayor *extensión* que otras, pues se pueden aplicar a un mayor número de cosas; así el concepto *persona* es más extenso que el de *mujer,* porque se puede aplicar sin distinción de sexos; pero el concepto de *mujer* tiene mayor *comprensión,* porque está en posesión de unos atributos que la especifican dentro de las personas.

La palabra *persona* es hiperónimo de *mujer, niño, hombre, joven, anciano.* Y al contrario, estos vocablos son *hipónimos* de *persona.* Todos ellos entre sí son *co-hipónimos* de *persona.*

La semántica tradicional explicaba el concepto de *antonimia* como un fenómeno que se produce cuando dos palabras tienen significado opuesto: *blanco - negro; hombre - mujer; anciano - joven.*

232

Podemos observar que, efectivamente, al referirnos a un hombre, es porque necesariamente no es mujer.

Pero lo que no es *blanco* no tiene por qué ser *negro,* o quien no es *joven* no es por fuerza *anciano.*

Para explicar estas relaciones, que no siempre son opuestas y excluyentes, existen hoy tres términos diferentes.

Dos vocablos son *complementarios* cuando la existencia de uno excluye al otro: *hombre - mujer.*

Son *antónimos* cuando entre ellos hay una gradación: *día - noche* (antes de que llegue la noche la luz del sol va gradualmente perdiendo fuerza).

Dos vocablos son *recíprocos* cuando uno supone al otro: *ofrecer - aceptar* (no puedo ofrecer si no hay alguien que acepte).

EJERCICIOS 14

14. La semántica

14.1.   Defina la Semántica y señale quién estableció ese término.

14.2.   Señale las causas de los cambios semánticos.

14.3.   ¿Qué es la metáfora? Ponga dos ejemplos.

14.4.   ¿Qué es la metonimia? Ponga dos ejemplos.

14.5.   Señale la diferencia entre la Semántica estructural sincrónica y la Semántica estructural diacrónica.

14.6.   ¿Cómo está constituido un *campo semántico?*

14.7.   ¿Qué es el *sema?*

14.8.   Escriba diez palabras de cada uno de los siguientes campos semánticos:

república   tiempo

14.9.   Agrupe las siguientes palabras según los semas que posean:

ballena	salmón	grillo
paisaje	rinoceronte	cigarra
jabalí	narciso	gallina
mero	autorretrato	mosca
cachalote	azucena	flamboyant

pantera	marina	ceiba
tigre	león	pino
bodegón	plátano	cerezo
alhelí	pato	naranjo
merluza	abeto	perro
crisantemo	palma	cisne
clavel	pulga	

14.10. En las siguientes palabras de significado próximo trate de encontrar algún sema que posea una y no la otra.

gritar	-	chillar
rumor	-	calumnia
adular	-	elogiar
sofá	-	diván
dar	-	conceder
pez	-	pescado

14.11. Señale las diferencias entre *campo semántico* y *familia de palabras*.

14.12. Escriba cinco palabras pertenecientes a las siguientes familias de palabras:

pan	amar	arte
padre	tierra	canto

14.13. Escriba cinco pares de palabras homónimas.

14.14. Escriba diez palabras polisémicas, señalando todos los significados que de ellas conozca.

14.15. Diga un sinónimo de cada una de las siguientes palabras:

plegaria	admirado	fobia
oculista	disoluto	carencia
medroso	canto	diligente
obeso	portugués	candidez
mentar	colindar	cerro
hambriento	herida	embriaguez
absurdo	hollar	

14.16. Escriba, junto a estos nombres, otros que designen un concepto de mayor *extensión:*

boxeador	catedrático	naranja
adjetivo	vaso	gallina
ministro	gasolina	libro
automóvil		

14.17. Escriba, junto a estos nombres, otros que designen un concepto de mayor *comprensión:*

batracio	glándula	obra
alimaña	cuadro	música
astro	tienda	deporte
piedra		

14.18. En la siguiente lista hay varios co-hipónimos dispersos. Agrúpelos y señale cuál es su hiperónimo:

purpúreo	globo	mentira
azufrado	carmín	lenteja
bulo	pajizo	garbanzo
gualdo	**reactor**	encarnado
áureo	helicóptero	engaño
bermejo	haba	**aeroplano**
tergiversación	escarlata	carmesí
chisme	avión	guisante

14.19. Señale si las palabras emparejadas en la siguiente lista son *complementarias, antónimas* o *recíprocas:*

culto	-	inculto
ofrecer	-	aceptar
lícito	-	ilícito
empezar	- ·	acabar
abúlico	-	voluntarioso
abierto	-	cerrado
ancho	-	estrecho
aprobado	-	suspenso
entrega	-	recepción
casado	-	soltero
grande	-	pequeño
alto	-	bajo

14.20. Señale las palabras complementarias de las siguientes:

fuera	exacto	hablar
nacional	saber	completo
par	poseer	idéntico
oloroso		

14.21. Señale las palabras *antónimas* de las siguientes:

estirar	abundancia	cóncavo
meridional	ligero	castigo
rápido	ganador	progresista
claro		

14.22. Señale las palabras *recíprocas* de las siguientes:

maestro	cobrar	aprender
atacar	dar	modelo
vencedor	hijo	sobrino
esposo		

RESPUESTAS

1. LA LENGUA ESPAÑOLA

1.1. Español, porque es la lengua oficial de España y el conjunto de territorios colonizados por España que reciben el nombre de Hispanoamérica. Castellano porque tuvo su nacimiento en Castilla.

1.2. El catalán, el gallego y el euskera.

1.3. El latín culto era usado en la oratoria y en la lengua escrita. Se mantuvo estático, fiel a reglas determinadas. El latín vulgar era usado en la conversación cotidiana y por los grupos de bajo nivel cultural. Evolucionó frente al estatismo del latín culto. Entre ambas lenguas existían diferencias morfológicas, sintácticas y léxicas.

1.4. La Romania es la parte del mundo antiguo cuyas lenguas actuales proceden del latín. La componen: Francia, Italia, parte de Suiza, la Península ibérica y Rumanía.

1.5. Neolatinas, romances o románicas.

1.6. Argentina, Uruguay, Chile, Perú, Bolivia, Ecuador, Venezuela, Colombia, Panamá, Costa Rica, Honduras, El Salvador, Guatemala, México, Cuba, República Dominicana, Puerto Rico y Paraguay.

1.7. El judeo-español o sefardí es la lengua que los judíos expulsados de España en 1492 llevaron a las regiones donde se establecieron. Esta lengua la mantuvieron viva en el núcleo familiar. Hoy resulta un español fosilizado y es de gran interés por conservar muchas características de la lengua castellana del siglo XV. Actualmente se habla en los países balcánicos (Yugoslavia, Bulgaria, Grecia), Turquía, Israel, Marruecos y Norteamérica.

1.8. Las lenguas prerromanas, las germánicas, el árabe, la griega, el francés, el italiano, el gallegoportugués, el catalán, las lenguas indoamericanas y el inglés.

1.9. Helenismos: aula, fábula, antropología, tragedia, antídoto.
Prerromanas: espuela, estribo, guerra, botín, Rodrigo, guardia, feudo.
Galicismos: manjar, jardín, mensaje, vinagre, banquete, detalle.
Italianismos: novela, campeón, fachada.
Lusismos o lusitanismos: biombo, bandera, caramelo.
Catalanismos: paella.
Americanismos: chocolate, tiburón, huracán, patata.
Anglicismos: túnel, cheque, yate.

1.10. Lignum - leño: transformación de la i en e, el grupo gn en ñ, la u átona en o y pérdida de la m final.
Pĕctu - pecho: transformación del grupo ct en ch, la u átona en o y pérdida de la s final.
Vita - vida: transformación de la t intervocálica en d.
Plorare - llorar: palatalización de la l en el grupo consonántico inicial pl y pérdida de la e final.
Lingua - lengua: transformación de la i en e.
Corpus - cuerpo: diptongación de la o en ue, transformación de la u en o y pérdida de la s final.

Martius - marzo: transformación de ti en z, de la u en o y pérdida de la s final.

Multu - mucho: transformación de ult en ch, de la u en o y pérdida de la s final.

Sperare - esperar: transformación de la s líquida en es y pérdida de la e final.

Debita - debda - deuda: pérdida de la i átona, transformación de la t intervocálica en d y transformación de la b en u.

Palumbu - palomo: transformación de la u en o.

Bibere - beber: transformación de la i en e y desaparición de la e final.

Cŭltĕllŭ - cuchillo: transformación del grupo ult en uch, de la u en o y pérdida de la s final.

Flamma - llama: palatalización del grupo pl en ll.

Civitate - cibdad - ciudad: transformación de la t intervocálica en d, de la v en b y posteriormente en u.

Farina - harina: cambio de la f inicial por h.

Autŭmnu - otoño: transformación del diptongo latino au en o, de la u en o, del grupo mn en ñ y pérdida de la s final.

Clave - llave: palatalización del grupo inicial cl.

Sapere - saber: transformación de la p intervocálica en b, pérdida de la e final.

Ferrum - hierro: cambio de la f inicial en h, diptongación de la e tónica en ie, transformación de la u en o y pérdida de la m final.

Inter - entre: transformación de la i tónica en e, rotacismo de la r.

Nocte - noche: transformación del grupo ct en ch, de la i en e, pérdida de la s final.

Plovere - llover: palatalización del grupo inicial pl y pérdida de la e final.

Petra - piedra: diptongación de la e tónica en ie, transformación de la t en d.

Somnu(m) - sueño: diptongación de la o en ue, transformación del grupo mn en ñ, de la u en o y pérdida de la s final.

Bonu - bueno: diptongación de la o en ue, transformación de la u en o y pérdida de la s final.

Catena - cadena: transformación de la t intervocálica en d.

Clamare - llamar: palatalización del grupo inicial cl y pérdida de la e final.

Semper - siempre: diptongación de la e, rotacismo de la r.

Causa - cosa: transformación del diptongo au en o.

1.11.   El Poema de Mio Cid, escrito hacia 1140.

1.12.   Bajo Fernando III el Santo.

1.13.   Mester de Clerecía es una escuela literaria culta que utiliza la estrofa llamada cuaderna vía. Mester de Juglaría es una escuela de espíritu popular dentro de la que aparece el Poema de Mio Cid.
Cuaderna vía o tetrástrofo monorrimo es una estrofa de cuatro versos de catorce sílabas que tienen una misma rima.
Cultismo es la palabra que pasa directamente del latín al español, sin evolucionar apenas.

1.14.   Alfonso X el Sabio, porque realizó una amplia labor en el desarrollo de la lengua castellana, como mandar a traducir, en aquellos tiempos primitivos, obras de ciencia y literatura a esta lengua.

1.15.   El Infante Don Juan Manuel fue el primer escritor castellano que se preocupó de dar a sus obras un sello estilístico personal.

1.16.   En su obra «El Libro de Buen Amor» da al lenguaje literario una frescura popular que hasta ese momento no había tenido.

1.17.   a) Vacilación de la pronunciación de algunas vocales, especialmente de la e final.
        b) Existencia de algunos sonidos que desaparecieron en el español posterior, como la ç (ts), x (sh), la s sonora, z (ds), j, g (j francesa), h aspirada todavía.

- *c)* Presencia de muchas consonantes iniciales dobles.
- *d)* Terminación del participio pasivo en udo en vez de ido.
- *e)* El uso del verbo haber con la significación de tener.
- *f)* Uso de la u con oficio de v y viceversa.
- *g)* Uso del artículo delante del posesivo.
- *h)* Fusión de varias palabras en una sola.
- *i)* Concordancia del participio pasivo con el complemento directo.

1.18. «La Celestina» de Fernando de Rojas.

1.19. *a)* Se usan los fonemas que conforman el español moderno.
- *b)* Conservación de la ç con sonido de ts.
- *c)* Pérdida de la aspiración de la h.

1.20. Sobresale por la mesura y el equilibrio. Sus figuras principales: Garcilaso de la Vega, Santa Teresa de Jesús, Fray Luis de León, San Juan de la Cruz y Miguel de Cervantes.

1.21. El Barroco se preocupa mucho por la forma y por el juego de palabras y significados. Las figuras principales: Góngora y Quevedo.

1.22. El culteranismo utilizó muchas palabras latinas y el hipérbaton. Góngora fue su máximo representante.

1.23. El conceptismo se preocupó por los significados y el juego de palabras. Quevedo es su figura más destacada.

1.24. *a)* La decadencia política y militar de España.
- *b)* La influencia francesa, consecuencia del florecimiento de la literatura en ese país y la llegada al trono español de la familia de los Borbones, de procedencia francesa, tras la muerte del último Austria, Carlos II.

1.25. La Academia se fundó en 1713 con el fin de defender y codificar el idioma español.

1.26. El Neoclasicismo se propuso restablecer el equilibrio y la sensatez en la literatura, mediante el llamado buen gusto. El estilo resultó frío y rígido y las obras producidas dentro de él debían ajustarse a reglas estrictas de composición.

1.27. El Romanticismo fue una reacción contra la rigidez neoclásica y un regreso a los temas nacionales.

1.28. La etapa que comprende la generación del 98, el Modernismo y la generación del 27, más o menos desde 1890 a 1936.

1.29. *a)* El seseo, o sea, la pronunciación del fonema /θ/ como si fuera /s/.
- *b)* El yeísmo, o sea, la pronunciación de /λ/ como /y/.
- *c)* Aspiración de la s final en sílabas y palabras.
- *d)* Confusión mutua entre r y l.
- *e)* Aspiración de la h inicial procedente de la f inicial latina.

1.30. *a)* El voseo o uso de vos en vez de tú.
- *b)* Formas peculiares de aumentativos y diminutivos: cerquita, platita, cansazo.
- *c)* Variantes de género: comedianta, el llamado (por la llamada).
- *d)* Incorporación de extranjerismos: carro por coche (de *car,* inglés), parquear por aparcar (de *to park,* inglés), rentar por alquilar (de *to rent,* inglés).

1.31. Lucir por parecer, guapo por valiente, prometer por asegurar.

1.32. *a)* Hipérbaton en las oraciones interrogativas: ¿Qué tú quieres? por ¿Qué quieres tú?
       b) Sustitución del futuro por la expresión va más presente.

2. LAS APORTACIONES LINGÜÍSTICAS DEL SIGLO XX

2.1. La lingüística se ocupa del lenguaje oral mientras que la filología se dedica al lenguaje escrito.

2.2. El espacio, el tiempo y el ser humano.

2.3. *a)* Mayor importancia de la lengua escrita sobre la lengua hablada.
      b) Creencia de que la lengua alcanza una etapa de máxima perfección a la que es necesario ajustarse.
      c) La gramática debe enseñar a hablar y a escribir.
      d) Las categorías del lenguaje corresponden a las del pensamiento lógico.

2.4. La gramática comparada nació a fines del siglo XVIII. Su objetivo era comparar entre sí lenguas próximas y lejanas para establecer parentescos y familias.

2.5. Según esta teoría existió un primitivo idioma desaparecido —que fue llamado indoeuropeo— del cual surgieron muchas lenguas que a su vez originaron otras.

2.6. Es una disciplina que nació como consecuencia de los supuestos de la gramática comparada. Se dedica al estudio de las leyes de evolución que rigen los cambios de una lengua y sus dialectos.

2.7. Ferdinand de Saussure.

2.8. *a)* Mayor importancia de la lengua hablada sobre la lengua escrita.
      b) Los conceptos de lenguaje, lengua y habla.
      c) Los conceptos de sincronía y diacronía.
      d) El concepto del signo lingüístico.

2.9. Lenguaje es la capacidad que tiene el ser humano de comunicarse mediante signos orales y escritos.
      La lengua está formada por un sistema de signos. Es un código de signos. El habla es el acto personal mediante el cual un hablante emite un mensaje acudiendo a los signos del lenguaje.

2.10. Sincronía es el estudio de una lengua en un momento dado.
      Diacronía es el estudio de la evolución de una lengua a través del tiempo.

2.11. Es un estudio sincrónico porque es el estudio de la lengua en un momento dado.

2.12. El signo lingüístico es la combinación de un significante con un significado. La palabra silla (significante) alude a un concepto (el que tenemos del objeto silla).

2.13. No. Sí. La arbitrariedad.

2.14. Ella consiste en que un mismo concepto (significado) puede tener múltiples significantes, como sucede en las distintas lenguas con un solo objeto.

2.15. La fonología.

2.16. Luis Hjelmslev.

2.17. El estructuralismo norteamericano centró su interés en las lenguas indígenas de ese país.

2.18. La morfología y la sintaxis.

2.19. Edward Sapir y Leonard Bloomfield.

2.20. Sapir es mentalista: cree que la interpretación del lenguaje está unida a los actos de la mente. Bloomfield es antimentalista: considera que hay una separación entre los significantes y los significados y excluye a éstos de su estudio. Bloomfield estudia la lengua desde un punto de vista solamente formal.

2.21. Noam Chomsky.

2.22. La competencia es el conocimiento que el hablante-oyente tiene de su idioma y que le permite construir y entender mensajes.
La actuación es el uso que en un momento específico el hablante-oyente hace de su competencia.

2.23. La gramática generativa, como la tradicional, establece reglas y como el estructuralismo destaca la importancia de los signos lingüísticos.

3. LA GRAMÁTICA: SUS CLASES Y SUS PARTES

3.1. La gramática es la ciencia que estudia lo sistemático del lenguaje en un momento o fase de éste para formular las reglas gracias a las cuales se construyen o generan todas las frases de un idioma y sólo aquellas que son correctas.

3.2. La gramática tradicional se define como el arte de hablar y de escribir correctamente.

3.3. No.

3.4. La gramática tradicional responde a necesidades prácticas y se basa en el uso idiomático, en la lengua de los grandes autores y en la opinión de los especialistas.

3.5. La fonología, que es el estudio de los fonemas y sonidos.
La morfología, que es el estudio de los monemas.
La sintaxis, que es el estudio de la oración.
La semántica o estudio de la significación de los monemas y oraciones.

3.6. La ortografía es el estudio de la escritura correcta.

3.7. La ortología es el estudio de la pronunciación correcta.

4. LA FONOLOGÍA

4.1. Sí.

4.2. Los fonemas son los elementos más pequeños de que consta el lenguaje. Ellos se combinan y dan lugar a unidades mayores (sílabas, morfemas, palabras).

4.3. La fonología estudia los fonemas de una lengua. La fonética es una disciplina experimentada y aplicada de la fonología que estudia los sonidos de la lengua.

4.4. El fonema es el sonido ideal que está en nuestras mentes. Es el sonido que el hablante desea pronunciar. El sonido es la realización física de un fonema. El fonema pertenece a la lengua. El sonido pertenece al habla. Los fonemas forman un número fijo y cerrado en cada idioma. Los sonidos, por el contrario, son innumerables y dependen de muchos factores.

4.5. Las variantes fonéticas o alófonos son las realizaciones físicas de un fonema.

4.6. Venticuatro.

4.7. No.

4.8. La c y la z.

4.9. La b y la v.

4.10. Dos: ks cuando está entre vocales y s cuando está ante consonante.

4.11. No. Se conserva en la escritura por razones históricas.

4.12. Los fonemas vocálicos son los que pueden formar sílabas por sí solos. Los consonánticos son los que no pueden formar sílabas por sí solos y para formarlas tienen que combinarse con los vocálicos.

4.13. Anteriores (e, i), posteriores (o, u) y medio (a).

4.14. Abertura máxima (a), abertura media (e, o), abertura mínima (i, u).

4.15. Diagrama en página 43 del libro.

4.16. Bilabiales: /p/, /b/, /m/; labiodental: /f/; interdental: /θ/; dental: /t/, /d/; alveolar: /s/, /n/, /l/, /r/, /r̄/; palatal: /ch/, /λ/, /ñ/, /y/; velar: /k/, /gu/, /j/.

4.17. Nasales: /n/, /m/, /ñ/; no nasales u orales: los restantes.

4.18. No.

4.19. La neutralización es el fenómeno por el cual en un fonema a veces desaparecen los rasgos distintivos que lo diferencian de otros fonemas.
    El archifonema es el resultado del conjunto de los rasgos comunes a dos fonemas neutralizados.

4.20. La sílaba es el fonema o conjunto de fonemas que se pronuncia con cada una de las intermitencias de la voz.

5. ORTOGRAFÍA

5.1.   Ejercicio libre.

5.2.

b, b.	b, v, b.	v, v.
b, v.	b, b, v.	b, b, v.
v, v.	v, b, b.	v, b, b.
v, v, b.	v, v.	b, b, v.
v, b, b.	b, b, b, v.	b, b, v.
v.	v, b.	v, b.
b, b, v.	b, v, b.	v, v, b, v.
b, b, v.	v, v, v.	v, b.
v.	b, v, v, v.	b, v, v, v.
b, b, v.	v, v, b.	v, v.
v, b.	v, v.	v.
b, b	v, b, v.	b, v.
v, b, v, b.	b, v, v, v.	v.
v, v.	v.	v, v.
v.	b.	

5.3.   Las palabras correctas:

Ha	→	Hay	→	a ver
oí		oyó		¡ay!
¡Ah!		Ahí		Haber
asta		errar		hecho
desecho		he		hierro
Hojeé		¡Oh!		hunos
hay		Herrar		

5.4.   Las palabras correctas:

rehenes			
Huyeron	bahía		
he	hecho	huellas	
inquietos			
hinchazón	asta	hasta	hombro
oyó	hueco		
hirió			
áreoles	había	hongos	hormigas
hepatitis	hígado		
Horacio	hasta		
astas	estaban	azul	
horas	orando		
ahorró	hacer		
hilo	ahora		
desahuciaron	iban		
Hace	enhebrar	aguja	ojo
hombres	hambre		
hembras	huevos	especie	
hombre	hosco	huraño	
heliotropo	originaria		
heno	hierba		

hemisferio
Ahuecó   almohada o almoada
harapos
orfanatos   huérfanos
oquedades   árbol   hechas
Echa   huelen
Hecho
ahumada

5.5.   pozo   conquista   rica
        paz   boca   nuez
        feliz   quitamanchas   poco
        aquella   cobarde   quilo
        hallazgo   ceniza   cazar
        nueces   paces   borriquillo
        cuñado   felices   boquete

5.6.   intención   acción
        perfección
        facciones
        fricciones
        sección
        operación
        cocción
        infección
        lección
        calefacción
        discreción
        solución
        inanición
        inspección
        elecciones
        relaciones
        continuación
        ración
        noción
        moción
        ebullición
        reaccionó
        ambición
        vacaciones
        traición
        acceder
        occidentales
        occipital
        afección
        alteración
        accidental
        antelación   anticipación
        aproximación
        ociosidad
        aceptación
        accionistas

corrección   ejercicios   calificación
calcificación
aleación
complicación
construcción
continuación
contracción
acusación
reconciliación
cavilación
cooperación
destrucción
coacción   convicción
vocación
educación   instrucción

5.7.
gemelo	elegiré
gigante	coger
género	tejido
mujer	perejil
regir	plagio
condujimos	monje
congelar	paisaje
ángel	carruaje
álgebra	gente
higiene	sujeto
vegetal	legítimo
cabotaje	sujetar
régimen	página
ojiva	mexicano o mejicano
ligero	maneje
engendrar	prodigio
régimen	ajedrez
ingenio	extranjero
distraje	sugerir
agitación	traje
regenerar	vigilar

5.8.
convexo	espontáneo
texto	reflexivo
excelente	excusa
exuberancia	estrecho
estricto	auxiliar
especular	estornudar
espiar	estúpido
extranjero	expiar
laxante	espectáculo
flexión	explicar
plexo	extender
estirar	esperanza
estómago	

5.9.   sexual   →   sesudo
         exigir   eximidos   examen
         esbelto   eslabón
         exorbitante   escarbaban
         espabilarse   exacerba
         éxodo   esfinge
         extraviados   espléndido
         excedía   estupenda
         inoxidable

5.10.   haya   →   arroyo
         poyo   olla
         Huya   cayada
         valla   rayada
         hulla

5.11.   para   cortar   parra
         corro   coro
         arte   arte   comprendido
         orla
         pero   perro
         corrida   aburrida
         ahora   ahorra
         turrón
         superioridad   razas
         alrededor
         enriqueció
         pararrayos
         hispanorruso o hispano-ruso
         hispanorromana o hispano-romana
         antirreglamentarias
         Enrique
         israelitas
         honra   honra
         contrarréplica
         ratón   recorrió   alrededores

5.12.

voy	sí	no	no
vien-to	sí	no	no
a-pre-ciáis	no	sí	no
sua-ve	sí	no	no
co-hi-bi-do	sí	no	no
a-ve-ri-guáis	no	sí	no
bue-no	sí	no	no
liéis	no	sí	no
te-néis	sí	no	no
ba-úl	no	no	sí
mau-lli-do	sí	no	no
pa-tri-mo-nio	sí	no	no
aun (hasta)	sí	no	no
aún (todavía)	no	no	sí
rey	sí	no	no
pei-ne	sí	no	no

au-ro-ra	sí	no	no
ma-lo	no	no	no
a-güéis	no	sí	no
ca-os	no	no	sí
re-í-do	no	no	sí
Da-rí-o	no	no	sí
co-ac-ción	sí	no	sí
ca-ó-ti-co	no	no	sí
ro-er	no	no	sí
ai-re	sí	no	no
la-úd	no	no	sí
Ca-ma-güey	no	sí	no
de-sa-hu-cio	sí	no	no
o-í	no	no	sí
hoy	sí	no	no
reuma	sí	no	no
reúma	no	no	sí
ga-le-rí-a	no	no	sí
a-hu-mar	sí	no	no
ex-ha-la-ción	sí	no	no
re-hén	no	no	sí
po-li-cí-a	no	no	sí
sie-te	sí	no	no
fui-mos	sí	no	no
rí-o	no	no	sí
ne-go-cio	sí	no	no
con-si-guió	sí	no	no
i-ner-cia	sí	no	no
hu-í-a	no	no	sí
ven-dien-do	sí	no	no
va-cí-o	no	no	sí
a-ta-úd	no	no	sí
pe-rió-di-co	sí	no	no
bo-hí-o	no	no	sí
pi-ra-gua	sí	no	no
fra-güéis	no	sí	no
po-nien-te	sí	no	no
ma-mey	sí	no	no

5.13.

guión	→	sonreír
célula		prácticamente
huésped		país
árbol		Félix
mío		telefonía
óvalo		milímetro
miércoles		tío
médula		decimoséptimo
Sión		matrás
raíz		rústico
próximo		panteón
dieciséis		sábado
devuélvelo		cráter
revolváis		reúma (acento opcional)

5.14.

automóvil	estudiábaselo	aúlla
jardín	reúne	releí
escándalo	álbum	máquina
vendríais	dátil	clavícula
tubería	dióle	vendíamelo
Héctor	anárquico	raído
después	atún	régimen
regímenes	freír	redacción

5.15.

cons-truir	aguda
com-ple-men-to	llana
in-tran-si-gen-te	llana
al-fi-ler	aguda
je-sui-ta	llana
ca-cha-rro	llana
in-do-len-cia	llana
sol-te-ro	llana
at-le-tis-mo	llana
trans-at-lán-ti-co	esdrújula
con-na-tu-ral	aguda
in-mu-ne	llana
gim-na-sia	llana
res-pi-ra-ción	aguda
obs-tá-cu-lo	esdrújula
pers-pi-caz	aguda
cons-pi-ra-ción	aguda
glo-tón	aguda
ha-bla	llana
trans-fe-ren-cia	llana
al-ha-ja	llana
vo-so-tros o vos-otros	llana

5.16.

el	más		
mas	él		
que	déle	esto	
tu	tú		
Sí	si	mi	
sí			
mí			
ti			
Sé	se		
sé	qué	se	se
té	te	te	
Aun	te		
Se			
él	solo	sólo	
solos			
sola			
se	porqués		
porqué	se		
Porque	se		
porque	él		
por qué	esta		

Por qué
Porque   más
ésta   más
Aquella   esta
éstos   mi
Aquellos
Qué   qué
Que   qué   te
Cuándo
Cuando
Quien   que
Cuál   tú
como
Cuánta   cuanta
adonde   tú
dónde
Cuál
que   aquella
sé   sí
de   dé   él

5.17.   F   →   V   →   F
         V   V   F
         F   V   F
         V   V   F
         V   F   V
         F   F   V
         V   V   F

5.18.   a: a-ta-úd
         a: en-fria-do
         b: u-nión
         b: re-í-a-mos
         c: ce-ce-ar
         c: di-lui-do
         a: son-de-ar
         b: des-truc-ción
         b: le-í-ais
         a: sub-te-nien-te
         a: re-e-du-ca-ción
         a: ve-í-a

5.19.   Puerto Rico, patria mía,
                la de blancos almenares,
                la de los verdes palmares,
                la de la extensa bahía.

                ¡Qué hermosa estás en las brumas
                del mar que tu playa azota
                como una blanca gaviota
                dormida entre las espumas!

En vano, patria, sin calma
muy lejos de ti suspiro,
yo siempre, siempre te miro
con los ojos de mi alma.

En vano me trajo Dios
a un sueño extraño y distante
en vano está el mar de Atlante
interpuesto entre los dos.

En vano se alzan los montes
con su manto de neblinas,
en vano pardas colinas
me cierran los horizontes.

Con un cariño profundo
en ti la mirada fijo;
para el amor de tu hijo
no hay distancias en el mundo.

¡Ay, qué lindo es mi bohío
y qué alegre mi palmar
y que fresco el platanal
de la orillita del río!

¡Qué sabroso tener frío
y un buen cigarro encender!
¡Qué dicha no conocer
de letras ni astronomía!
¡Y qué buena hembra la mía
cuando se deja querer!

¡Piedad, Señor, piedad para mi pobre pueblo,
Donde mi pobre gente se morirá de nada!
Aquel viejo notario que se pasa los días
En su mínima y lenta preocupación de rata.
Este alcalde adiposo de grande abdomen vacuo
Chapoteando en su vida tal como en una salsa.
Aquel comercio lento, igual, de hace diez siglos,
Estas cabras que triscan al resol de la plaza,
Algún mendigo, algún caballo que atraviesa,
Tiñoso, gris y flaco, por estas calles anchas.
La fría y atrofiante modorra del domingo
Jugando en los casinos con billar y barajas.
Todo, todo el rebaño tedioso de estas vidas
En este pueblo viejo donde no ocurre nada.
Todo esto se muere, se cae, se desmorona
A fuerza de ser cómodo y de estar a sus anchas.

Algo debí decirte y hoy me pesa.
Orfeo, cuánto amor, cuánto silencio;
me conformé al oírte, nada dije,
ni siquiera te dije que te quise.

La voz se me agolpaba en mis entrañas
dejándome caer en tu mirada.
Tu canción a las venas me llegaba
y en tus ojos quedé joven y triste.

Hoy me pesa el silencio sin silencio,
esta lluvia, esta muerte por tu muerte
quedada desde mí para no verte.

Si al menos me inventara cosas dulces
y tú volvieras para yo decirlas.
¡Cuánto valen las cosas ya perdidas!

Civilización es racionalización, y no se racionaliza una humanidad, como la actual, que por una parte lleva el juicio hasta una concepción tan exacta de su destino como la hoy intuitiva en todas las generaciones que se levantan a recibir el legado del pensar contemporáneo, y por otra parte lleva la locura hasta no poderse guiar en la vida real o práctica o concreta por la noción de su destino.

Don Tomás Navarro Tomás ha vivido más de una vez en la menor de las Grandes Antillas. De 1948 es su libro *El español en Puerto Rico,* obra de especialista. De la página 228 de la misma cito: «En conjunto, las formas del español hablado por los campesinos puertorriqueños coinciden en gran parte con el fondo del habla popular que se oye entre esas mismas clases en todos los países hispánicos.»

Y ahora reproduzco de la página 230:

«Desde mediados del siglo XIX se suceden sin interrupción escritores puertorriqueños de alto prestigio en los campos de la novela, de la poesía, del ensayo y de la erudición histórica.»

El primer aserto de Navarro Tomás se refiere al campesino puertorriqueño; el segundo, al intelectual.

Por el monte resonaron unos estallidos sordos, como bajo tierra. Venían acercándose rápidamente. El sargento intentó levantarse, pero cayó de espaldas.

¡No! —dijo, y lanzó un rugido.

Genaro puso la mano sobre su frente; lo devoraba la fiebre. Vino aquí porque estaba herido, pensó, pero no me lo dijo; los tiene en su sitio. Y esta vez la frase no le produjo malestar alguno.

—¿Cómo se siente? —le preguntó, y comprendió que la pregunta no tenía objeto.

—Frío.

Genaro le subió el abrigo hasta la barbilla. Pero eso tampoco tenía objeto.

—Calma —le dijo, y le pareció que la palabra había sonado a burla.

Alguien cruzó chapoteando frente a la puerta. Luego pasaron hacia el sur, a escape, otros hombres.

6. LA MORFOLOGÍA

6.1.   El monema es la unidad lingüística más pequeña dotada de significación.

6.2.   Los lexemas, que son los que tienen significación plena. Los morfemas que son los que poseen sólo significado gramatical.

6.3.   Los morfemas libres son los que funcionan o pueden funcionar constituyendo por sí solos una palabra: mi, su, para, y.

Los morfemas trabados son los que necesariamente tienen que combinarse con uno o más monemas para formar una palabra. Se dividen en prefijos, morfemas que anteceden al lexema y modifican su significación, como in-consolable, y sufijos, que son los que se sitúan a continuación del lexema: desdich-ado.

6.4. Morfemas libres:

los	la	de	
la	la		
ha	el	a	su
el	del	muy	
el	por	el	
su	para		

Morfemas trabados:

-os	pre-	-eron
-imos	-a	-a
-ado		
-á	-a	
-ido	-a	
-o	-ó	

6.5. Prefijos: pre-.
Sufijos: -a, -a, -ado, -a, -ido, -o, -o, -os.
Desinencias: -eron, -imos, -á, -ó.

6.6.
inhumano	inmóvil
indeterminado	impureza
antisocial	prejuicio
contrarrevolucionario	irreal
informal	deshacer
desarmar	inexacto

6.7.
soleado	latón
panecito	manotazo
hombrecito	bromita
animalito	cigarrillo
cañonazo	maletón
muchachón	poetisa

6.8.
sillón	
ojazo	gallegazo
brutote	bodegón
almohadón	perrazo
negrazo	catarrazo

6.9.
arbolito	cabecita
chiquillo	manecilla
peluquín	aldehuela
loquito	gitanilla
arroyuelo	tosecita
principito	cucharilla

6.10. vulgacho   camastro
       villorrio   latinajo
       poetastro   flacucho
       medicucho   libraco
       pajarraco   casucha

6.11   Pequeñez: Afecto:
       ropita, relojito   sopita, limosnita, abuelita

6.12. bisabuelo   prerromántico
       bisnieto   precedente
       bilabial   proamericano
       circunvalación   rehacer
       circundar   replantear
       coeducación   subterráneo
       colateral   subyacente
       desmelenado   superrealismo
       descreído   suprasensible
       exportar   transoceánico
       expresidente   ultraconservador
       ex-alumno   vicepresidente
       extraordinario   vicesecretario
       impuesto   traspuesto
       importar   retrógrado
       interamericano   intereuropeo
       intermediario   intravenoso
       multifacético   omnipresente
       omnipotente   perforar
       pernoctar   posguerra

6.13. amoral   sintonizar
       teléfono   telegrama
       polifacético   epigástrico
       paneuropeo   eutanasia
       metamorfosis   hemiciclo
       hidropesía   hidrofobia
       demócrata   hipérbole
       diagonal   polígono
       automóvil   asocial
       epígono   metalingüística
       hipersensible   panamericano
       eugenesia   ateo
       archiduque   autodestrucción
       eufónico   diálogo
       autodefensa   eufemismo

6.14. a: amoral   archi: primero
       in: no   a: sin
       ultra: más allá   bi: dos
       post: después   meta: más allá
       omni: todo   hemis: mitad
       pro: antes de   des: privación
       ex: fuera   circum: alrededor

des: privación   tele: lejos
eu: bueno   pro: delante
pro: delante   meta: más allá
poli: muchos   ex: que ha cesado de ser
epi: encima   inter: entre
dia: a través   omni: todo
auto: a sí mismo   pos: después
hidro: agua   re: de nuevo
retro: hacia atrás   supra: por encima
ultra: más allá   vice: en lugar de
des: privación   i: no
pre: delante   poli: muchos

6.15.   pinacoteca   microscopio
filmoteca   cinemascopio
fisioterapia   radioscopia
radioterapia   díptero
Zootecnia   Acrópolis
anglófilo   cefalópodos
sicopatía   romboide
melomanía   teléfono
piromanía   neuralgia
aerolito   teocracia

6.16.   Neuralgia: dolor de los nervios.
Comunistoide: que tiende a tener ideas comunistas.
Endogamia: matrimonio entre miembros del mismo grupo social.
Canódromo: lugar donde se celebran las carreras de perros.
Tecnocracia: el gobierno de los científicos.
Anarquía: ausencia de gobierno.
Plutocracia: gobierno de las clases adineradas.
Melómano: amante de la música.
Pirotecnia: la ciencia o el arte del fuego.
Romboide: parecido al rombo.
Matriarcado: gobierno de la madre.
Helicóptero: aparato con alas en forma de hélice.
Psicoterapia: tratamiento de la psiquis o alma, de la mente.
Germanófilo: simpatizante de los alemanes.
Dipsomanía: afición o pasión por la bebida.
Hemeroteca: depósito de revistas y periódicos.
Metropolitano: procedente de la metrópolis, de la gran ciudad.
Pinacoteca: depósito de cuadros.
Anglofobia: odio a los ingleses.
Micrófono: pequeño aparato para transmitir el sonido.

6.17.   Nombre de colores: azul, blanco, negro, amarillo, rojo.
Países de América: Honduras, Panamá, Puerto Rico, Guatemala, México.
Ríos de Europa: Volga, Sena, Guadalquivir, Tajo, Rin.

6.18.   1.   El criterio semántico: las palabras se dividen según el significado que expresan.
2.   El criterio morfológico: las palabras se dividen de acuerdo con los morfemas con que pueden combinarse.
3.   El criterio sintáctico: divide las palabras según la función que desempeñan en la oración.

6.19. y

6.20. El lechero no vino hoy.

m M M M M
d. n. adv. v. adv.

¿Sabes dónde está la máquina de sumar?
M M M m M m M
v. adv. v. d. n. p. v.

A ella le gusta más tu chaqueta verde.
m m m M M m M M
p. pro. pro. v. adv. d. n. adj.

Tuvo cinco hijos y, por fin, le nació una hija.
M m M m M m M m M
v. d. n. c. adv. pro. v. d. n.

Recibió una herida profunda en el vientre.
M m M M m m M
v. d. n. adj. p. d. n.

Hasta los veinte años trabajó en el campo.
m m m M M m m M
p. d. d. n. v. p. d. n.

La niña y su madre llegaron temprano.
m M m m M M M
d. n. c. d. n. v. adv.

El viajante y el actor salieron hacia el campo.
m M m m M M m m M
d. n. c. d. n. v. p. d. n.

Tirano Banderas es un personaje de Valle-Inclán.
M M M m M m M M
n. n. v. d. n. p. n. n.

Pedro Crespo y Segismundo pertenecen al teatro clásico español.
M M m M M m M M M
n. n. c. n. v. pd. n. adj. adj.

El ladrón quiso huir, pero no consiguió pasaje en el avión.
m M M M M M M m m M
d. n. v. v. p. adv. v. n. p. d. n.

Mi hijo vende ganado en un pueblo cerca de aquí.
m M M M m m M M m M
d. n. v. n. p. d. n. adv. p. adv.

7. INTRODUCCIÓN A LA SINTAXIS

7.1.
1. Cuando arribamos a las últimas casas, un brusco tiroteo nos aturdió.
2. Un brusco tiroteo nos aturdió.
3. Antes o después, orillamos el ciego paredón de una fábrica o un cuartel.
4. Nos internamos en una calle de tierra.
5. Un soldado surgió de una cabaña incendiada.
6. Un soldado, enorme en el resplandor, surgió de una cabaña incendiada.
7. A gritos, nos mandó que nos detuviéramos.
8. Yo apresuré mis pasos.
9. Mi camarada no me siguió.
10. Me di vuelta.
11. John Vincent Moon estaba inmóvil, fascinado y como eternizado por el terror.
12. Entonces yo volví.
13. Derribé de un golpe al soldado.
14. Sacudí a Vincent Moon.
15. Lo insulté.
16. Le ordené que me siguiera.
17. Tuve que tomarlo del brazo.
18. La pasión del miedo lo invalidaba.
19. Huimos, entre la noche agujereada de incendios.
20. Una descarga de fusilería nos buscó.
21. Una bala rozó el brazo derecho de Moon.
22. Éste, mientras huíamos entre pinos, prorrumpió en un débil sollozo.
23. Éste prorrumpió en un débil sollozo.

7.2.
1. Cuando arribamos a las últimas casas.
2. Enorme en el resplandor.
3. Que nos detuviéramos.
4. Como eternizado por el terror.
5. Que me siguiera.
6. Mientras huíamos entre pinos.

7.3.
antes: adv.
o: conj.
después: adv.
orillamos: verbo
el: determinante
ciego: adj.
paredón: nombre
de: prep.
una: det.
fábrica: nombre
un: det.
cuartel: n.
Nos: pron.
internamos: verbo
en: prep.
calle: n.
tierra: n.
soldado: n.
enorme: adj.

di: v.
la: det.
vuelta: n.
John: n.
Vincent: n.
Moon: n.
estaba: v.
inmóvil: adj.
fascinado: adj.
y: conj.
como: conj.
eternizado: adj.
por: prep.
terror: nombre
Entonces: adv.
volví: v.
derribé: v.
golpe: n.
al: contracción de prep. más det.

resplandor: n.
surgió: verbo
cabaña: n.
incendiada: adj.
a: prep.
gritos: nombre
mandó: v.
que: conj.
detuviéramos: v.
Yo: nombre personal
apresuré: v.
mis: det.
pasos: nombre
mi: det.
camarada: n.
no: adv.
me: pron. personal
siguió: verbo
descarga: n.
buscó: v.
rozó: v.
derecho: adj.
mientras: adv.
pinos: n.
débil: adj.

sacudí: v.
lo: pronombre
insulté: v.
le: pron.
ordené: v.
siguiera: v.
Tuve: v.
tomarlo: v. más pron.
del: contracción de prep. más det.
brazo: n.
pasión: nombre
miedo: nombre
invalidaba: v.
Huimos: v.
entre: prep.
noche: n.
agujereada: adj.
incendios: n.
fusilería: n.
bala: n.
hombro: n.
éste: det. en función de pronombre.
huíamos: v.
prorrumpió: v.
sollozo: n.

7.4. La transformación es la operación que se realiza al pasar de la estructura profunda a la superficial. Es el paso de lo que queremos decir a lo que decimos.

7.5. El padre regaló a los niños un perro: cambio de orden.
Hoy está hermosa la noche: cambio de orden.
Un concierto maravilloso fue escuchado por mí: pasiva.
Nuestro paseo por los campos de caña: nominalización.
El trabajador no es honesto: negación.
Es médico nuestro vecino: cambio de orden.
De Aruba es la chica: cambio de orden.
Los estudiantes no pasean: negación.
Sus hijos son atendidos cada día: pasiva.
Escribió un libro excelente el poeta: cambio de orden.

7.6. El padre   regaló un perro a los niños.
S. Nom.   S. Pred.

Escuché un concierto maravilloso.
S. Pred.

Paseamos por los campos de caña.
S. Pred.

El trabajador   es honesto.
S. Nom.   S. Pred.

Nuestro vecino S. Nom.	es médico. S. Pred.
La chica S. Nom.	es de Aruba. S. Pred.
Los estudiantes S. Nom.	pasean. S. Pred.
La madre S. Nom.	atiende a sus hijos cada día. S. Pred.
El poeta S. Nom.	escribió un libro excelente. S. Pred.

7.7.   Oración rescríbase como un sintagma nominal acompañado de un sintagma predicativo.

7.8.   Ejercicio libre.

7.9.   El primer indicador señala la regla del 7.7.
El segundo: oración rescríbase como un sintagma nominal compuesto de un determinante y un nombre, acompañado de un sintagma predicativo.

7.10. El primero: Oración rescríbase como un sintagma nominal compuesto de un determinante y un nombre, acompañado de un sintagma predicativo, compuesto a su vez de verbo copulativo, más un sintagma nominal, que como el anterior está compuesto de determinante más nombre.
El segundo: Oración rescríbase como un sintagma nominal compuesto de un determinante y un nombre, acompañado de un sintagma predicativo, compuesto a su vez de un verbo copulativo más un sintagma adjetivo.

7.11. Ejercicio libre.

7.12. Oración rescríbase como un sintagma nominal, compuesto de un determinante más un nombre, acompañado de un sintagma predicativo compuesto de un verbo copulativo más un sintagma preposicional.

7.13. Ejercicio libre.

7.14. Oración rescríbase como un sintagma nominal compuesto de un determinante y un nombre acompañado de un predicado verbal, compuesto a su vez por un verbo no copulativo y un sintagma nominal formado por un determinante y un nombre.

7.15. Ejercicio libre.

7.16. Oración rescríbase como un sintagma nominal compuesto de determinante más nombre y un predicado verbal compuesto de un verbo no copulativo y un sintagma preposicional formado por una preposición más sintagma nominal (determinante más nombre).

7.17. Ejercicio libre.

7.18. Oración rescríbase como un sintagma nominal (determinante más nombre) y un predicado verbal compuesto de verbo no copulativo, sintagma nominal (determinante más nombre) más sintagma preposicional (preposición más sintagma nominal, que a su vez se compone de determinante más nombre).

7.19. Ejercicio libre.

7.20. Ejercicio libre.

8. EL NOMBRE

8.1.
El ORANGUTÁN   un PLÁTANO
  N   N

La ARDILLA   un ÁRBOL
   N   N

Cuatro CICLISTAS   el CAMINO
     N   N

La FALDA larga   MODA
    N   N

ELLA   FLORES rojas   la MESA
 N   N   N

8.2. Tú, palabras, huellas, gaviotas, playas, collar, cascabel, manos, uvas, voces, voz, llanto, bocas, sangre, súplicas, compañera, ola, angustia.

8.3.
esquíes o esquís	cafés
baúles	pies
maniquís o maniquíes	menús
mármoles	caracteres
alhelís o alhelíes	relojes
rápidos	lunes
regímenes	cutis

8.4.
femenino	femenino
femenino	masculino
masculino	masculino
masculino	femenino
masculino	femenino
femenino	masculino
masculino	masculino

8.5.
ese agua → este arteria → este hacha
el alameda   aquel asa   el alabanza

8.6. Animados: puertorriqueño, músico, poeta, filósofo, médico, león.
Inanimados: poesía, gafas, edificio, ventana, árbol, botella, flor, libro.

8.7. Comunes: pez, perímetro, oscuridad, argentino, cristal, profesor, estudiante, carbón.
Propios: César, Andrés, Juan, Fernández, Francia, Arturo.

8.8.　Abstractos: terror, desesperación, maldad, fidelidad, depresión, tersura, mansedumbre.
　　　Concretos: gamo, flor, papel, boca, cazo, losa, cigarrillo.

8.9.　Contables: olla, libro, cuerda, paquete, tabaquera, chaqueta, habano, cápsula.
　　　Incontables: tela, metal, agua, papel, azúcar.

8.10.　Verdaderos plurales: virtudes, barcos.
　　　Plurales enfáticos: tierras, lluvias, arenas.

8.11.　Comunes: guía, artista, juez, cantante, adalid, parricida, reo, estudiantes, nómada.
　　　Epicenos: persona, gorrión, gente, jilguero, delfín, bestia, autoridades, víctima.

8.12.　Individuales: árbol, página, lámpara, álamo.
　　　Colectivos: rebaño, bosque, banda, equipo, tropa, partido, arboleda, escuadrilla, asamblea,
　　　　　coro.

8.13.　rebaño: ovejas　　　　　　　partido: políticos o jugadores
　　　bosque: árboles　　　　　　 arboleda: árboles
　　　banda: músicos　　　　　　　escuadrilla: aviones o buques
　　　equipo: personas　　　　　　 asamblea: miembros
　　　tropa: soldados　　　　　　　coro: cantantes

8.14.　mientes　　　→　　calzoncillos　　→　　exequias
　　　nupcias　　　　　　fauces　　　　　　　creces
　　　veras　　　　　　　víveres　　　　　　plácemes

8.15.　no　　　　　→　　ay　　　　　　→　　debe
　　　haber　　　　　　por　　　　　　　para
　　　hay　　　　　　　había　　　　　　cerca

8.16.　la CARRETERA　　　　　 tres HOMBRES
　　　　　　N　　　　　　　　　　　　N

　　　el POETA　　　　　　　　un LIBRO
　　　　　N　　　　　　　　　　　　N

　　　los ASALTANTES　　　　 la VENTANA
　　　　　　N　　　　　　　　　　　N

　　　el PELO largo　　　　　　MODA
　　　　　N　　　　　　　　　　　N

　　　la VIUDA　　　　　　　una LÁPIDA　　　　　la TUMBA
　　　　　N　　　　　　　　　　　N　　　　　　　　　N

8.17.　Por la carretera　　　　 a la ventana
　　　de moda　　　　　　　　en la tumba

8.18.　Vocativo　　　　　　　　Sujeto
　　　Atributo　　　　　　　　Complemento directo

8.19.　Complemento de un nombre.
　　　Complemento indirecto.

Complemento directo.
Complemento de un nombre.
Complemento de un adjetivo.

8.20. Entre todos.
El asesino y su cómplice.
Los científicos.
Tu madre y yo.
Su hermano y tú.

8.21. Predicado nominal: está fría, son de Colombia, era bueno entonces.
Predicado verbal: llegaron al amanecer, se detuvo en la puerta del palacio.

8.22. Cópula: está, son, era.
Atributo: fría, de Colombia, bueno entonces.

8.23. Él es inteligente.
Esto es un deplorable error.
Esto es una prudente decisión.

8.24. un regalo   →   la ópera   →   un cuadro
un buen descanso   al sereno   un curso
la puerta

8.25. Por el camino
en casa
mañana
en la habitación
con pluma de ave.

8.26. C. Directos: al amigo, mucha gente, al pueblo, al torero, al asesino, las joyas, al ladrón.
C. Indirectos: a su padre, al joyero, al público.

8.27. C. Directos: a sus hermanos, a Fernández, la, los dulces, a los náufragos, su dinero, la cuer-
da.
C. Indirectos: a sus hijos, a los presos, a los niños, a los pobres, le.
C. Circunstanciales: a París, a la calle, al cuello.

8.28. dramaturgo   narrador
río
defensor
obra
obra

9. EL ADJETIVO

9.1. Adjetivos calificativos y adjetivos determinativos. Los calificativos eran los que informaban
sobre algunas cualidades del nombre al que acompañan. Los determinativos eran los que concretaban la significación en que había de contemplarse al nombre por medio de diferentes
relaciones, como las de lugar (este, ese, aquel), de posesión, etc.

9.2.   La moderna gramática sólo considera como adjetivos la vieja clase de los calificativos. Los restantes se incorporan al grupo de los determinantes.

9.3.   Ejercicio libre.

9.4.   No.
       Es un buen hombre, quiere decir que es incapaz de hacer nada, que en cierto modo es un infeliz, un tímido, etc.
       Es un hombre bueno indica que tiene grandes cualidades morales.
       Me regaló un nuevo libro, indica que es de aparición reciente.
       Me regaló un libro nuevo, señala que no ha sido usado.
       Era un simple oficinista: no tenía otra categoría ni ocupación.
       Era un oficinista simple: era un hombre tonto, sin mucha inteligencia.
       Fue un gran hombre, se refiere a que hizo grandes cosas o se destacó por ello.
       Fue un hombre grande: se refiere, ante todo, a su tamaño.
       ¡Este dichoso individuo!: es una frase irónica. Alguien que molesta.
       ¡Este individuo dichoso!: hombre afortunado.
       ¡Menuda tarea tengo que hacer!: sentido irónico: labor desagradable, difícil.
       Tengo que hacer tarea menuda: cosas pequeñas.

9.5.   La primera oración expresa nostalgia, melancolía, por la tala de los árboles muy viejos.
       La segunda no implica ninguna carga afectiva.

9.6.   hermosos   →   hechas
       limpios   antiguos

9.7.   Comparativo de superioridad.
       Comparativo de igualdad.
       Comparativo de inferioridad.
       Superlativo.

9.8.   Muy mísero   →   Muy pobre   →   Muy íntegro
       Muy pulcro   Muy ácido   Muy libre
       Muy célebre

9.9.   muy frío   fortísimo
       sacratísimo   nobilísimo
       fidelísimo   amabilísimo
       sapientísimo   antiquísimo
       recientísimo
       óptimo

9.10. Complemento predicativo.
       Complemento de un nombre.
       Atributo.
       Complemento de un nombre.
       Atributo.

9.11. Especificativo   Explicativo
       Explicativo   Especificativo
       Explicativo   Especificativo

9.12. Sí, negra noche.

10. LOS DETERMINANTES

10.1.   El sintagma nominal está compuesto en la estructura profunda por un determinante y un nombre.

10.2.		
	Los	la
	Los	la
	el	su
	esos	cuatro
	Algunos	nuestra
	Su	muchos
	Ese	un
	Aquel	varios
	Mis	aquellos
	Varias	la

10.3.   Se trata de un refrán.
Es una serie de nombres.
Es lenguaje periodístico.
Es lenguaje periodístico (un titular).
Atributo.
Complemento directo plural.
Sujeto plural.
Aposición.
Aposición.
Complemento directo plural.

10.4.   Es el proceso por el cual hacemos referencia precisa a qué objetos nos referimos.

10.5.   No, porque el determinante LA (artículo) sólo se puede aplicar a un objeto previamente determinado o sobreentendido.

10.6.   Porque UN es un determinante numeral y la espalda a que se refiere la frase se sobreentiende que es la determinada de la persona con la cual se habla.

10.7.   Se usa EL porque el jardín a que nos referimos es específicamente el de la casa que vimos.
LOS se refiere a mis pies.
Se usa LA porque se refiere a la ropa anteriormente mencionada.
Se trata de un banco conocido en el parque cercano.
Se usa LOS porque se refiere a unos zapatos mencionados antes.

10.8.   La muerte del niño.
Él ha llegado.
Estuvieron anoche en una fiesta.

10.9.	los	→	las
	los		los
	los		

10.10.	el	→	la
	la		las
	la		

10.11. al
        del
        del... al,   del... al
        del
        del

10.12. un   →   El
        La   un
        La

10.13. aquellos   →   Este... esa
        Esta   estos
        Esos

10.14. mi   →   mío
        Tu... tu   Sus
        Sus

10.15. Ninguno   →   algún
        un... una   Algunas
        Ningún

10.16. cardinal   →   cardinal
        ordinal   ordinal
        cardinal

10.17. Qué   →   Cuántas
        Cuál   Qué
        Cuántos

10.18. él (tú y yo son nombres personales)
        ...
        la
        cuatro
        él

10.19. yo, tú, usted

10.20. No. Son pronombres.

10.21. la
        ...
        ...
        le
        ...

10.22. Plural de modestia.
        Plural mayestático.

10.23. recíproco
        reflexivo
        reflexivo
        recíproco
        recíproco

10.24. cuyo
que
quien
que
que

11. EL VERBO

11.1. Mi padre   ESTUVO ayer en Jamaica.
SN   N   S. Pred.

No nos   HA CONTADO nada nuestro primo.
S. Pred.   N   SN

Esos rosales   FLORECERÁN en la primavera.
SN   N   S. Pred.

Este hermoso edificio   FUE CONSTRUIDO por aquel arquitecto.
SN   N   S. Pred.

El ciclón   ARRANCÓ esos árboles.
SN   N   S. Pred.

No   HA DORMIDO en toda la noche   ESTÁ enferma.
     N   S. Pred.   N   S. Pred.

El abuelo   HABRÁ GANADO mucho dinero en América.
SN   N   S. Pred.

Ella jamás   PERDIÓ la vitalidad y el optimismo.
SN   N   S. Pred.

Esta vieja roca   EMBELLECE el paisaje.
SN   N   S. Pred.

Mi tía   TIENE el pelo blanco.
SN   N   S. Pred.

11.2. Anduve - andaba: la primera forma indica una acción pasada que finalizó. La segunda indica una acción en el pasado sin tener en cuenta el final de la misma.

Cantaré - habré cantado: la primera indica una acción que se realizará en el futuro sin otra indicación. La segunda señala una acción que se habrá terminado en el futuro.

Habrá cantado - cantaba: la primera, una acción que terminará en el futuro. La segunda, una acción que se realizaba con carácter durativo en el pasado.

Trabajas - habrás trabajado: la primera, una acción en el presente. La segunda, una acción que se terminará en el futuro.

Leyó - estaba leyendo: una acción, la primera, que se realizó en el pasado y terminó. La segunda, una acción continuada en el pasado.

Comenzó a llorar - lloraba: la primera, aspecto ingresivo; la segunda, una acción durativa en el pasado.

11.3.   Aspecto imperfecto: Aspecto perfecto:

hablaría   miré
estudiaba   hube esperado
lloro   habré salido
cantaré   hayáis venido
                               escribió
                               habrá bailado

11.4.   Hipotética   Perfectiva
         Obligativa   Terminativa
         Reiterativa   Terminativa
         Incoativa   Incoativa
         Terminativa   Incoativa
         Durativa   Terminativa

11.5.   Activa   Activa
         Pasiva   Pasiva
         Activa   Activa
         Pasiva   Pasiva

11.6.   Absoluto   Absoluto
         Relativo   Absoluto
         Absoluto   Relativos
         Relativo   Absoluto
         Absoluto   Relativos
         Absoluto   Absoluto

11.7.   Presente futuro.   Presente futuro.
         Persente performativo.   Presente performativo.
         Presente futuro.   Presente futuro.
         Presente histórico   Presente habitual
         Presente habitual.   Presente histórico

11.8.   Ejercicio libre.

11.9.   Ejercicio libre.

11.10.   Futuro
         Futuro
         Probabilidad
         Obligación
         Probabilidad
         Probabilidad

11.11.   Indica que la acción de llover se realizó antes de efectuarse la segunda.
         Indica que se había acabado de comenzar la acción cuando se efectuó la segunda.
         Igual que la primera.
         Igual que la segunda.

11.12.   Ejercicio libre.

11.13.   Ejercicio libre.

11.14. No vengan acá, muchachos.
No traigas los dulces.
No toques la campana.
No partas ahora mismo.
No te tomes el café con leche.

11.15. Objeto directo   →   Sujeto
Sujeto   Objeto directo
Sujeto   Sujeto
Objeto circunstancial   Sujeto y atributo
Complemento de un nombre
Complemento de un adjetivo
Objeto circunstancial

11.16. muriendo
aplaudiendo
conteniendo

11.17. de modo
causal
concesiva
de modo
temporal

11.18. Distraídos ellos, no vieron nada.
Denunciado el asesino, fue atrapado.
El propósito buscado era saber la verdad.
El puente inaugurado se derrumbó.

11.19. explicativa
explicativa
especificativa
especificativa

11.20. concesiva   →   de modo
tiempo   condicional
concesiva

11.21. Auxiliares: Copulativos:

HABRÁ conocido   fue
FUE interpretada   está
FUE ganada   es
FUE golpeado   son
HABRÁN peleado   fueron
HABRÁ estado

11.22. Atributos: Predicativos:

ESTÁ muy azul hoy   FUE en Río Piedras
ES muy alto   FUERON a principios
SON altos y umbrosos   ESTÁ en el patio
ESTÁ encendida
ES hermoso
Habrá ESTADO mojada

11.23. Transitivos: Intransitivos:

conocer   ladrar
interpretar   pelear
ganar
subir
bordar
golpear
escribir
leer
mojar

11.24. Ejercicio libre.

11.25. dije   →   hirió   →   anduvo
antepuso   vino   conduzco
tendremos   almuerzo   hará
cupo   confieso   escrito
contradijo   produjeron   pudo
predijo   vistieron

11.26. Participio pasivo irregular: escrito.
De presente: conduzco, almuerzo, confieso.
De presente y de pretérito: hirió, vistieron.
De pretérito: dije, anduvo, antepuso, vino, cupo, contradijo, produjeron, pudo, predijo.
De futuro: tendremos, hará.

11.27. eximido   →   exento
electo   elegido
confuso   bendita
bendecidos   suspenso
suspendidos   hartado

11.28. solía   →   abolieron
concierne   balbució

12. LAS PARTES INVARIABLES DE LA ORACIÓN

12.1. Porque nunca sufren modificaciones morfológicas, esto es, nunca cambian de forma.

12.2. quizás   →   a la fuerza
por los siglos de los siglos
en un abrir y cerrar de ojos
enseguidita   nunca
allí   ahorita
pronto   de ninguna manera
claramente   tarde
tempranísimo   mucho
posiblemente   solamente
efectivamente   allí
a escondidas   en primer lugar

12.3. Simples: quizás, enseguidita, nunca, allí, ahorita, pronto, tarde, tempranísimo, mucho.
Compuestos: terminados en mente: claramente, posiblemente, solamente, efectivamente.
Locuciones adverbiales: a la fuerza, por los siglos de los siglos, en un abrir y cerrar de ojos,
        de ninguna manera, a escondidas, en primer lugar.
De modo: a la fuerza, claramente, a escondidas.
De tiempo: por los siglos de los siglos, en un abrir y cerrar de ojos, enseguidita, ahorita,
        pronto, tarde, tempranísimo.
De lugar: allí, en primer lugar.
De duda: quizás, posiblemente.
De afirmación: efectivamente.
De negación: nunca, de ninguna manera.
De cantidad: mucho, solamente.

12.4. Complemento de un verbo.
Idem.
Idem.
Idem.
Idem.
Complemento de un adjetivo.
Complemento de un verbo.
Idem.
Idem.
Idem.
Idem.
Idem.
Idem.
Idem.
Idem.
Idem y complemento de un adverbio.
Complemento de un verbo.
Idem.

12.5. Complemento de un verbo.
Idem.
Idem.
Idem y complemento de un adverbio.
Complemento de un verbo.
Complemento de un verbo y complemento de un adjetivo.
Complemento de un adjetivo.
Complemento de un verbo.
Idem.
Complemento de un verbo y de un adverbio.

12.6. Adverbio.
Determinante.
Determinante.
Adverbio.
Determinante.

12.7. No. Indica que es un sustituto superficial de otros sintagmas de la estructura profunda que casi siempre son sintagmas preposicionales seguidos de adjetivos.

12.8.   en el día actual
       de alguna manera
       en un lugar lejano
       en un lugar cercano a
       en este lugar

12.9.   El médico vino en el día actual.
       La cocinera guisa de alguna manera - esa manera es estupenda.
       El már está en un lugar lejano.
       Vive en un lugar cercano.
       Muchos marineros andan por estos lugares.

12.10. (Según los esquemas vistos.)

12.11. de   →   en favor de
       con   en medio de
       por   rumbo a
       a fuerza de   encima de
       en pos de   junto a

12.12. El sintagma preposicional se compone de preposición más sintagma nominal.

12.13. Complemento de un nombre.
       Complemento de un verbo.
       Complemento de un nombre.
       Complemento circunstancial de un verbo.
       Idem y complemento de un nombre.
       Complemento circunstancial de un verbo.
       Idem.
       Idem.
       Idem.

12.14. Preposiciones: Conjunciones:

       a, en, por   y (copulativa)
       a   pero (adversativa)
       en, en   o (disyuntiva)
       en, en   aunque (adversativa)
                              ya... ya (distributiva)

12.15. Las preposiciones unen una palabra con su complemento.
       Las conjunciones unen dos palabras de igual función gramatical o dos proposiciones.

12.16. Explicado en el ejercicio anterior.

12.17. Coordinantes: Subordinantes:

       es decir   si
       e
       o
       sino
       aunque
       unas veces... y otras

12.18. Explicativa: es decir.
Copulativa: e.
Disyuntiva: o.
Adversativas: sino, aunque.
Distributiva: unas veces... y otras.

12.19. Propias:

¡ay!
¡olé!
¡oh!
¡bah!
¡ah!

Impropias:

¡atención!
¡peligro!
¡socorro!
¡bravo!
¡viva!
¡Dios mío!

13. LA SINTAXIS

13.1. Nuclear   →   Transformada
Transformada   Nuclear
Transformada   Nuclear
Nuclear   Nuclear
Transformada   Transformada
Transformada

13.2 Imperativa   →   Exclamativa
Exclamativa   Interrogativa directa
Imperativa exhortativa   Interrogativa directa
Interrogativa directa   Enunciativa
Enunciativa   Enunciativa
Dubitativa   Imperativa
Exclamativa   Optativa o desiderativa
Interrogativa directa

13.3 General   →   Parcial
Parcial   General
General

13.4. Complemento indirecto.
Complemento circunstancial.
Sujeto.
Atributo.
Complemento directo.
Complemento circunstancial.

13.5. Compuesta   →   Compuesta
Simple   Compuesta
Compuesta   Simple
Compuesta   Compuesta
Compuesta   Compuesta
Compuesta   Compuesta
Compuesta   Simple
Simple

13.6.   Subordinación   →   Coordinada yuxtapuesta
            Subordinación   Subordinación
            Coordinación   Coordinación
            Subordinación   Coordinación
            Subordinación   Coordinación
            Subordinación

13.7.   Distributiva   →   Disyuntiva
            Adversativa   Adversativa
            Disyuntiva   Copulativa
            Adversativa   Disyuntiva
            Distributiva   Explicativa
            Copulativa   Adversativa
            Distributiva   Copulativa

13.8.   A pesar de que no me gusta la idea   iré con ellos.
                     S   P

    Te lo diré todo   para que sepas la verdad.
           P   S

    Cuando salgan   avísame.
         S   P

    Si no tuviera la certeza   no te lo contaría.
               S   P

    Como era temprano   nos fuimos de paseo.
            S   P

    He concluido   así que me voy ahora mismo.
        P   S

    El viento arrastraba las hojas   que era muy fuerte.
                   P   S

    Cuando me encuentre con ella   la dejaré pasar.
                 S   P

    Te suplico   que aceptes mi disculpa.
       P   S

    Me entristece mucho   que no hayas aprobado.
            P   S

    Toma dinero   para que salgas con tu novia.
        P   S

    El collar es muy hermoso   que te regalaron.
               P   S

    Lo anima la idea   de que pueda encontrar a su madre.
          P   S

13.9.   Adverbial concesiva   →   Adverbial final
         Adverbial temporal   Adverbial condicional
         Adverbial causal   Adverbial consecutiva
         Adjetiva   Adverbial temporal
         Sustantiva   Sustantiva
         Adverbial final   Adjetiva
         Sustantiva

13.10.   que no podía llegar a tiempo   Complemento directo
         que vendría temprano   Complemento directo
         que lo sepas   Sujeto
         que insistas   Sujeto
         que haya sido asesinado el presidente   Sujeto
         que le dijeran la verdad   Complemento directo
         que se suicide   Complemento directo
         de que nos descubran   Complemento de nombre
         de que habían pasado caballos   Complemento de nombre
         de que hayas ganado la oposición   Complemento de un adjetivo
         que se muere de envidia   Atributo

13.11.   (Respondida a la derecha de la respuesta anterior.)

13.12.   que hemos comido
         que acaba de ser inaugurada
         que cada vez se ponía más oscura
         que traía animales muertos
         que conoció al joven
         con quien hablé
         cuya fortuna era fabulosa
         donde pasta mi ganado
         cuando ella era muy pequeña
         que era muy egoísta
         por el que vino

13.13.   Complemento directo   →   Sujeto
         Sujeto   Sujeto
         Complemento circunstancial   Idem
         Complemento de un nombre   Complemento circunstancial
         Idem   Complemento circunstancial
         Sujeto

13.14.   especificativa   →   especificativa
         explicativa   ídem
         especificativa   ídem
         explicativa   especificativa
         ídem   especificativa
         explicativa

13.15.   Cuando se firmó la paz
         pues he logrado el éxito que esperaba
         dónde lo habíamos conocido
         Aunque no pudiera creerlo
         para que seas la más hermosa de la fiesta

como si nunca se hubiesen peleado
a medida que pasan los años
según nos ha enseñado el director
que pareció que se moría
Si vinieras temprano
Tan pronto como lo supimos
antes de llegar los invasores
tantos éxitos como obras representa
como si tuviera veinte años menos
porque no quiere encontrarse con él
A menos que tenga un problema
Aunque todos la despreciaban
para vernos
mientras le aplaudían
tan bien que su equipo ganó el partido

13.16. temporal   →   causal
        lugar   concesiva
        final   modal
        tiempo   modal
        comparativa   condicional
        temporal   temporal
        comparativa   modal
        causal   condicional
        concesiva   final
        temporal   comparativa

13.17. Ejercicio libre.

14. LA SEMÁNTICA

14.1. La semántica es la ciencia de las significaciones de las palabras. Este término fue establecido por el francés Miguel Breal.

14.2. Factores lingüísticos.
       Factores históricos.
       Factores sociales.
       Factores psicológicos.

14.3. La metáfora consiste en aplicar el nombre de algo a otra cosa con la que guarda relación. Ejemplos: labios de fresa (porque los labios son tan rojos como las fresas); dientes de perla (porque los dientes son tan blancos como las perlas).

14.4. La metonimia es la asociación de objetivos no por semejanza, sino por una relación de inmediatez. Ejemplo: jerez, por proceder ese vino de la ciudad de este nombre; cuello de la camisa por la proximidad que tiene al de las personas.

14.5. La semántica estructural sincrónica estudia los sectores léxicos de una lengua en un momento dado, presente o pretérito. La diacronía estudia la evolución de esos sectores léxicos a través del tiempo.

14.6. Un campo semántico está constituido por un grupo de palabras que tienen algo en común, pero a su vez cada una de ellas tiene un sentido que se opone a las restantes.

14.7. El sema es la característica propia de cada una de las palabras que componen el campo semántico.

14.8.
presidente	siglo
vicepresidente	año
constitución	mes
senador	día
representante	hora
congreso	minuto
partido	segundo
elecciones	semana
votos	milenio
urna	trimestre

14.9. — Ballena, jabalí, pantera, tigre, rinoceronte, león, perro.
— Paisaje, bodegón, autorretrato, marina.
— Mero, cachalote, merluza, salmón.
— Alhelí, crisantemo, clavel, narciso, azucena.
— Plátano, abeto, palma, flamboyant, ceiba, pino, cerezo, naranjo.
— Pato, gallina, cisne.
— Pulga, grillo, cigarra, mosca.

14.10. Sólo las personas gritan.
El rumor puede ser algo verdadero. En la calumnia lo que siempre se dice es falso.
La adulación implica algo de hipocresía. Cuando se elogia algo se hace justicia.
El sofá tiene respaldo, el diván, no.
Al conceder se está otorgando algo a un inferior. Dar es sólo entregar algo.
El pez no ha sido pescado.

14.11. El campo semántico es un concepto de la semántica, agrupa palabras que se relacionan por significar cosas que tienen relación. La familia de palabras cae dentro de la etimología.

14.12.
panadero	amor	artista
panadería	amante	artesanía
panadear	desamor	artesano
panecillo	amoroso	artesanado
panecito	enamorado	artístico
compadre	terreno	cantante
padrino	terrenal	cantar
parricida	terrón	canción
padrinazgo	terrateniente	cancioncilla
patrono	terruño	cántico

14.13. echa - hecha
revelar - rebelar
hace - ase
dije (de decir) - dije (joya)
basto - vasto

278

14.14. Libra: medida de peso, moneda inglesa, signo del zodíaco.
Carta: papel y sobre dirigido a una persona ausente, cada una de las partes de la baraja, lista de comidas en un restaurante.
Sobre: preposición y papel engomado que sirve para guardar documentos, cartas, etc.
Haya: forma del verbo haber, árbol.
Papa: tubérculo comestible, figura máxima de la iglesia católica.
Círculo: porción de un plano comprendida y limitada por la circunferencia, grupo, sociedad.
Solo: que no está acompañado, solamente.
Dicho: participio de decir, sentencia original, deposición de un testigo.
Entre: preposición y forma del verbo entrar.
Planta: parte inferior del pie, vegetal, diseño en que se da idea para la fabricación o formación de una cosa, cada uno de los distintos planos o pisos de un edificio.

14.15.

ruego, rezo, oración	lusitano
oftalmólogo	lindar
miedoso	rasguño
gordo	pisar
nombrar	miedo
famélico	falta
ilógico	trabajador
reconocido	ingenuidad
inmoral	monte
canción	borrachera

14.16.

deportista	→	oración	→	gobierno
transporte		educación		vajilla
combustible		fruta		ave
impreso				

14.17.

rana	→	víbora	→	sol
mármol		hígado		bodegón
zapatería		escultura		sonata
boxeo				

14.18. Hiperónimos: Cohipónimos:

Color: purpúreo, azufrado, gualdo, áureo, bermejo, carmín, pajizo, escarlata, encarnado, carmesí.
Rumor: bulo, tergiversación, chisme, mentira, engaño.
Aparato aéreo: globo, reactor, helicóptero, avión, aeroplano.
Frutos: haba, lenteja, garbanzo, guisante.

14.19.

complementarias	→	recíproca
complementarias		antónimas
complementarias		complementarias
complementarias		antónimas
recíprocas		complementarias
antónimas		antónimas

14.20.

dentro	desconocer
extranjero	carecer
impar	callar

	inodoro	incompleto
	inexacto	diferente

14.21.	arrugar	→	septentrional
	lento		oscuro
	falta, carencia		pesado
	vencido		convexo
	premio		conservador

14.22.	alumno	→	defender
	perdedor		esposa
	pagar		recibir
	padre		enseñar
	artista		tío